CYBER POWER

Titre original : *Cybermania. How Israel Became a Global Powerhouse in the Domain That is Revolutionizing the Future of Humanity*

Les Arènes,
17-19, rue Visconti, 75006 Paris
Tél. : 01 42 17 47 80
arenes@arenes.fr
www.arenes.fr

CYBER POWER

EVIATAR MATANIA ET AMIR RAPAPORT

ISRAËL, LA RÉVOLUTION CYBER, ET LE MONDE DE DEMAIN

TRADUIT DE L'ANGLAIS PAR CLAIRE DARMON

LES ARÈNES

INTRODUCTION

L'Audi bleue blindée glissa lentement sur l'asphalte et s'arrêta devant le bureau du commandant de l'unité 8200. Des véhicules de police escortaient le cortège motorisé. À peine la portière ouverte, le Premier ministre israélien Benyamin Nétanyahou sortit de la voiture. Flanqué de gardes du corps et accompagné de son secrétaire militaire, le général Yohanan Locker, il pénétra dans le bureau du commandant de l'unité.

On était en 2010. Nétanyahou, surnommé « Bibi », entamait son deuxième mandat de Premier ministre. À ce stade, il avait déjà à son actif une impressionnante carrière – officier dans la célèbre unité de commando Sayéret Matkal, étudiant dans de prestigieuses universités de Boston, ambassadeur d'Israël à l'ONU, puis ministre des Affaires étrangères et, enfin, Premier ministre d'Israël. Nétanyahou fut accueilli par le commandant de l'unité 8200, le général Nadav Tsafrir. Ce dernier était passé par les meilleures unités d'élite de Tsahal (l'armée d'Israël) puis avait rapidement gravi les échelons. Il avait la réputation d'être un homme dynamique, charismatique, et de réagir au quart de tour. Tsafrir n'était pas un officier du renseignement, et il ne se considérait pas comme tel ; au contraire, la lecture des rapports des services du renseignement l'ennuyait. Il était surtout doué pour faire le lien entre la réflexion opérationnelle et la technologie, et défendre ensuite sa vision.

Au sein de l'armée israélienne, l'unité 8200 est responsable des transmissions et du renseignement. Grâce à des changements révolutionnaires, Tsafrir avait supervisé la longue mutation de cette unité dans le cyber-espace, l'un de ses principaux domaines d'action. Au cours de son mandat, l'unité se distingua comme l'un des principaux acteurs en matière de cyber à l'échelle nationale. Aux côtés de Tsafrir se tenait le chef du renseignement militaire, le général Aviv Kokhavi. Neuf ans plus tard, il serait nommé chef d'état-major de l'armée.

La visite devait être une simple routine[1]. À première vue, Nétanyahou connaissait tout de l'unité 8200 depuis son premier mandat de chef du gouvernement. Mais cette fois-ci, une surprise l'attendait. Dès que Tsafrir se mit à présenter l'ordre du jour, le Premier ministre comprit qu'il allait découvrir une foule d'opportunités tout à fait inédites dans le domaine du renseignement. Après la présentation du projet, Nétanyahou se rendit avec Tsafrir et Kokhavi vers les centres d'opération de l'unité. L'unité 8200 est auréolée d'un immense prestige, mais la base qui abrite son QG se compose d'un ensemble de bâtiments vétustes. À l'intérieur des vastes salles, on avait aligné des rangées de tables surchargées d'écrans d'ordinateurs et de toutes sortes d'instruments. Les soldats attendaient en groupes, chacun étant chargé d'exposer au Premier ministre une perspective et un potentiel différent.

Nétanyahou se mit à déambuler entre les stands, parmi les soldats qui s'adressaient à lui librement, sans formalités. Il posait des questions, exprimait son enthousiasme, étudiait sérieusement ce qu'il voyait. Chacune des présentations portait sur un domaine entièrement nouveau qui venait d'émerger au cours des dernières années. Visiblement, les capacités d'Israël s'étaient améliorées à un rythme soutenu, de semaine en semaine. Plus les soldats entraient dans les détails, plus Nétanyahou posait de questions. Ses yeux brillaient. L'atmosphère devint électrique. La révolution du cyber se dessinait sous ses yeux.

L'étalage de ces nouvelles capacités illustrait la puissance inouïe du cyber-espace. C'était le moyen, comprit Nétanyahou, pour des petits pays comme Israël, de passer dans la cour des grands. Mais parallèlement à cette fabuleuse opportunité, une menace sérieuse se profilait : avec la cyber-guerre, les ennemis d'Israël, proches ou lointains, risquaient également de lui infliger de lourds dégâts.

La longue visite s'acheva. Revenu sur la banquette arrière de sa voiture officielle, Nétanyahou réfléchit à ce qu'il avait vu. Devant lui les gyrophares clignotaient, dégageant un passage dans la circulation. Le sifflement du vent était assourdi par les vitres pare-balles. Nétanyahou pianotait sur l'accoudoir.

« Qu'avez-vous retenu de ce que nous avons vu aujourd'hui ? » demanda-t-il à son secrétaire militaire, Yohanan Locker, assis à côté de lui[2]. Locker demeura silencieux et n'encouragea pas Nétanyahou à poursuivre la conversation.

Sidéré par sa visite, Nétanyahou entreprit de rassembler des bribes de souvenirs et ses idées. Ses réflexions le ramenèrent aux années où il étudiait au MIT (Massachusetts Institute of Technology), près de Boston, et à un mystérieux complexe du service de la sécurité américaine. Les étudiants n'étaient pas autorisés à pénétrer dans ce bâtiment terne, à la peinture écaillée et aux fenêtres munies de barreaux. Chaque jour, Nétanyahou apercevait l'immeuble en effectuant le bref trajet depuis la résidence universitaire jusqu'à la faculté de gestion. Il brûlait d'envie de savoir ce qui se passait à l'intérieur.

Il fallut du temps pour que des rumeurs parviennent aux oreilles du jeune Israélien. D'après ce qu'il comprit, d'éminents professeurs, en étroite collaboration avec les services de sécurité des États-Unis et d'autres géants industriels, mettaient au point des technologies relevant encore, pour la majorité des gens, de la science-fiction. Ce souvenir[3] du Massachusetts donna une idée à Nétanyahou. Il prit une serviette en papier et la posa sur son genou. Il sortit un stylo et traça rapidement trois lignes sur la serviette froissée, gribouillant quelques notes à côté.

« Là, je vois un triangle, dit-il, expliquant son schéma dans la foulée. Le sommet, c'est la sécurité, c'est l'armée et le gouvernement. » Nétanyahou précisa qu'il considérait le cyber-espace comme un risque majeur pour les États-nations, aux côtés des armes et missiles non conventionnels, mais aussi comme une occasion sans précédent pour les petits pays de se doter d'un rayonnement mondial. La sécurité n'est cependant qu'un élément du schéma : « Les deux autres sommets sont l'université et le secteur privé, c'est-à-dire l'industrie. Et si nous réussissons à établir une coopération entre ces trois secteurs, nous pourrons faire d'Israël une cyber-puissance mondiale, aussi bien sur le plan économique que sur le plan militaire. »

Locker posa quelques questions et partagea son analyse. Le trajet, relativement court, prit fin rapidement.

Les rencontres suivantes de Nétanyahou devaient se dérouler à son bureau de la Kirya, le QG de l'état-major général de l'armée, qu'il utilisait pour des réunions et des consultations à Tel-Aviv. Nétanyahou et Locker grimpèrent quelques marches, et la lourde porte s'ouvrit. Toujours plongés dans leur conversation sur le « triangle », ils dépassèrent le garde du corps derrière son comptoir. Avant de disparaître derrière la porte de son bureau, Nétanyahou lança laconiquement à Locker : « Faites-le. » Locker n'eut pas le temps de demander à Nétanyahou ce qu'il entendait par là exactement, mais il comprit que la mission générale dont il venait d'être investi consistait à mettre en œuvre l'idée visionnaire esquissée sur la serviette en papier qu'il serrait encore dans sa main. L'objectif était de faire d'Israël une cyber-puissance.

Il n'est pas anodin – ni si rare d'ailleurs – qu'une mission aussi importante, en l'occurrence l'élaboration d'un plan ambitieux, soit confiée spontanément au secrétaire militaire, dont la fonction officielle consiste au départ à établir la liaison entre le « chef » et les services de sécurité, notamment le Shin Bet (service de sécurité intérieure) et le Mossad (service du renseignement). Mais dans ce cas précis, Locker était aux premières loges lorsque Nétanyahou avait formulé son idée. On peut y voir une certaine désorganisation, ou un mode opératoire typiquement israélien : l'improvisation permettant des raccourcis bureaucratiques.

Quant à Locker, sa première pensée fut : *Et maintenant, que fait-on ?* À première vue, rien dans sa formation ne l'avait préparé à ce projet. Il avait passé la majeure partie de sa carrière dans l'armée de l'air israélienne en tant que navigateur dans le cockpit d'un avion de chasse. Si les postes de responsabilité dans l'armée de l'air israélienne sont généralement réservés aux pilotes, et non aux navigateurs, Locker avait innové, devenant le premier navigateur à commander une escadrille, le premier à diriger la division aérienne avec la responsabilité de l'ensemble des aspects opérationnels des activités de l'armée de l'air, et le premier à prendre la direction de l'état-major – devenant ainsi le numéro deux de l'armée de l'air.

Locker était réputé pour son intégrité, sa patience limitée et son indéniable capacité à faire en sorte que les choses marchent comme sur des roulettes. Officier de l'armée de l'air, il croyait en la vertu des préparatifs minutieux, mais il saisissait toute occasion de s'affranchir de la bureaucratie pour se consacrer au travail concret. Là, dans son bureau situé au même étage que celui du Premier ministre, il prit quelques minutes pour réfléchir seul. Il lança un regard à la serviette griffonnée, tout en méditant sur les propos du Premier ministre et leurs éventuelles conséquences sur la triade armée/secteur privé/université. Selon Nétanyahou, que Locker connaissait déjà fort bien, il n'y avait pas de sécurité nationale sans une économie stable, ni de technologie sans des universités de premier ordre. La technologie de pointe est le moteur de la croissance de l'État d'Israël, aussi bien en matière de sécurité qu'en matière d'économie. Les barrières entre le secteur de la sécurité et celui de l'économie devaient être, autant que possible, démantelées.

Tels étaient les mantras de Nétanyahou. Locker savait que les perspectives révélées par l'unité 8200 n'étaient qu'un exemple. Israël possédait d'autres îlots d'excellence technologique, mais pour l'instant, Nétanyahou voulait se consacrer au cyber-espace. Malheureusement, cette certitude ne suffisait pas à mettre en œuvre un plan national. Pour promouvoir sa mission, Locker fit la chose la plus israélienne qu'on puisse imaginer : il demanda à sa secrétaire de composer le numéro de téléphone d'un de ses amis. Quelques minutes plus tard, il était en ligne avec le général de réserve Yitzhak Ben-Israël. Les deux hommes se connaissaient depuis l'époque de l'armée de l'air : alors que Locker avait passé la majeure partie de sa carrière dans des escadrilles de combat, Ben-Israël avait gagné ses galons dans les domaines de la recherche et du renseignement lors d'opérations militaires. Il était considéré comme un génie.

Après l'armée de l'air, Ben-Israël avait passé plusieurs années à la tête de l'unité militaire de recherche et développement (R&D), pour diriger ensuite le Directoire de recherche et développement de la Défense (DDR&D) au ministère de la Défense, une instance militaro-civile unique en son genre, chargée de l'infrastructure technologique et de la conception des futures armes des forces de défense israéliennes[4]. Après avoir pris sa retraite de l'armée, il devint professeur à l'université de Tel-Aviv. Il fut aussi nommé à divers postes au niveau national : président de l'Agence spatiale d'Israël et directeur du Conseil national de R&D au ministère de la Science. Son parcours comprenait également plusieurs années passées en tant que député à la Knesset, le parlement d'Israël.

« Tu dois absolument lire le roman *Babel Minute Zéro* », déclara Ben-Israël à Locker quand ce dernier lui eut raconté la mission que lui avait confiée le Premier ministre. *Babel Minute Zéro*, de Guy-Philippe Goldstein (Gallimard, 2010), est un thriller sur les conséquences de l'assassinat d'un journaliste chinois, l'un des principaux dissidents opposés au régime. Le meurtre déclenche des émeutes qui se propagent dans toute la Chine et déstabilisent le régime. Les autorités décident de recourir à une tactique de diversion, une guerre à Taïwan, qui s'emballe puis dégénère en guerre mondiale. Mais c'est là un nouveau type de guerre mondiale, associant la guerre nucléaire à une guerre électronique menée contre les systèmes informatiques civils et militaires, dans le but de paralyser des services indispensables. Les centres et systèmes de commande des marchés financiers, de l'eau, du pétrole et de l'électricité sont attaqués. Le chaos s'installe. Les États sont au bord de l'effondrement.

Ben-Israël envoya un exemplaire du livre à Jérusalem. Locker le lut immédiatement, et Nétanyahou le dévora en une nuit. Habitué à ne lire que des livres de non-fiction, *Babel Minute Zéro* était le premier roman qu'il lisait depuis son adolescence[5]. Dans l'esprit du Premier ministre, ce livre troublant avait un lien direct avec sa visite à l'unité 8200. Il était de plus en plus inquiet à l'idée qu'Israël puisse être confronté à une menace d'une ampleur inédite. Il en arriva à la conclusion qu'Israël devait se doter de cyber-capacités à une tout autre échelle, celle d'une superpuissance mondiale. Pour ce faire, il fallait créer un environnement économique et universitaire apte à promouvoir l'innovation dans le domaine de la cyber-sécurité.

Le général Locker informa Ben-Israël : « Le Premier ministre te mobilise, en tant que directeur du Conseil national de recherche et développement, pour diriger une mission nationale, afin de le conseiller, lui et le gouvernement, sur tout ce qui concerne les nouvelles perspectives d'Israël dans le cyber-espace. Mets-toi au travail aussi rapidement que possible. Tiens-moi constamment au courant. Bonne chance ! »

Voilà comment débuta une nouvelle mission pour le pays : consolider une vaste initiative nationale dans le domaine du cyber, couvrant à la fois la défense et l'économie. Une première du genre. Nétanyahou se fixa un objectif concret : l'État d'Israël allait devenir l'une des cinq premières cyber-puissances du monde.

L'AUBE D'UNE NOUVELLE ÈRE

DE WAZE À STUXNET, LES DÉBUTS D'ISRAËL DANS LE CYBER-ESPACE

Personne ne s'attendait à ce que l'objectif fixé par Nétanyahou soit atteint si tôt et avec autant de succès. Depuis deux ou trois ans, Israël est considéré comme l'une des principales puissances mondiales dans le cyber-espace, précédé seulement par les États-Unis. En 2020, ce minuscule pays (environ 0,1 % de la population du globe) a reçu près du tiers des investissements mondiaux en cyber-sécurité. Cette année-là, au total, les investissements ont atteint 3 milliards de dollars, contre 60 millions de dollars dix ans plus tôt, soit cinquante fois plus. Les exportations en cyber-sécurité ont frôlé les 7 milliards de dollars, près de 15 % de l'ensemble des exportations high-tech du pays. Plusieurs centaines d'entreprises de cyber-sécurité ont été enregistrées en Israël, ce qui représente une part considérable de l'économie mondiale du cyber. Plus d'un tiers des entreprises dites « licornes » dans ce domaine sont israéliennes[1]. Il s'agit là d'un exploit sans précédent pour Israël, désormais universellement associé au domaine de la cyber-sécurité[2].

Mais pour mieux appréhender ces chiffres et la révolution qui transforme notre monde, il faut comprendre que le cyber-espace ne se résume pas à la protection des données et à la sécurité des réseaux. C'est une dimension entièrement nouvelle, un domaine en soi – à l'instar de la terre et de la mer, où vivent les hommes depuis l'aube de l'histoire, et à l'instar de l'air, devenu un domaine de l'activité humaine au début du XXe siècle.

UN BIG BANG TECHNOLOGIQUE

Le cyber-espace est le produit de deux phénomènes : une puissance informatique colossale et une interconnexion totale en ligne. L'internet et la puissance informatique se sont développés en parallèle. Leur association a agi comme une étincelle, laquelle a créé ce nouveau monde à partir de rien. À l'échelle de l'Histoire, tout s'est produit en un clin d'œil, à un rythme vertigineux. Puis ce déluge de nouvelles données s'est répercuté dans tous les autres domaines.

Pour illustrer la rapidité de ce bouleversement, prenons l'exemple de la révolution agricole. En quelque douze mille années, les êtres humains ont cessé d'être des chasseurs-cueilleurs. Ils ont colonisé le monde et bâti les premières civilisations. Pendant des millénaires, la vie s'est organisée autour de l'agriculture, ponctuée par des rites et des fêtes que nous célébrons encore aujourd'hui. À l'époque, la plupart des êtres humains se consacraient à la production de nourriture ; le petit surplus permettait d'entretenir les membres de quelques autres professions comme les prêtres et les soldats. Jusqu'à l'arrivée des machines.

L'imprimerie a été inventée au XVe siècle, mais il a fallu attendre la fin du XVIIIe siècle pour que l'ère industrielle prenne véritablement son envol. Les machines ont fourni plus de force physique que l'homme et l'animal ne pouvaient en déployer à eux seuls, ce qui a conduit à une spectaculaire hausse du niveau de vie. De plus en plus d'hommes ont déserté l'agriculture pour s'adonner à l'industrie. La locomotive à vapeur et les chemins de fer ont ouvert des perspectives sans précédent, diminuant de façon drastique la durée des voyages. L'invention du télégraphe a marqué le début des communications à longue distance, puis l'invention des avions et des réseaux informatiques ont parachevé la révolution du monde moderne.

La révolution industrielle a changé le destin des sociétés humaines. Plus besoin d'être un propriétaire foncier pour être considéré comme riche, comme c'était le cas au Moyen Âge. Machines et avions ont mis le monde entier à portée de main. Les transmissions radio ont introduit l'époque des communications de masse. Les communautés et tribus sont devenues des nations.

Tout comme la révolution agricole, l'ère industrielle a eu des implications directes, comme la construction d'usines, et toutes sortes d'effets secondaires, telles l'urbanisation et l'émergence des classes moyenne et ouvrière, du fait de la répartition de ces usines. Il en va de même pour la création de nouveaux emplois en remplacement de ceux qui avaient complètement disparu : chauffeurs, mécaniciens et, par la suite, ingénieurs en mécanique, électriciens, ingénieurs électriciens ; toujours plus de nouveaux métiers créés pour soutenir l'industrie, suscitant l'expansion de bureaucraties d'une ampleur sans précédent. La dépendance à l'égard des machines a libéré un nombre croissant de personnes pour un nouveau type d'emploi. Le pourcentage de la population participant à la production de nourriture a commencé à chuter, rapidement et de façon spectaculaire. Une nouvelle économie était née.

La mobilité et les communications ont également affecté la nature de la guerre. Au lieu d'un seul front à la fois, on a pu se battre sur plusieurs fronts. Les armes, produites en masse, sont devenues plus meurtrières, les guerres plus sanglantes, à l'image de la guerre de Sécession aux États-Unis. Puis les mitrailleuses se sont imposées pendant la Première Guerre mondiale et ont transformé ce que le monde connaissait de la guerre jusqu'à présent. Les avions et les tanks, qui ont fait leurs débuts dans ce terrible conflit, ont imprimé une marque encore plus meurtrière à la Seconde Guerre mondiale. Pendant que les tanks écrasaient chevaux et combattants, les avions déversaient depuis le ciel un déluge de dévastation. L'ère industrielle avait atteint de nouveaux et terrifiants sommets de mortalité.

À l'instar de l'âge industriel, l'ère du cyber crée également des mondes entièrement nouveaux. Tout, dans l'existence, est inéluctablement transformé, directement ou indirectement : les méthodes de paiement et le monde de la finance dans sa globalité, les transports, la santé, le droit et son application, la politique, le politique, les relations interpersonnelles, ainsi que l'équilibre des forces entre les citoyens, les gouvernements et les entreprises – même le monde des loisirs a changé. Aucun domaine n'a échappé à la révolution du cyber. Pourtant, quand il s'agit de déterminer quand s'est produit ce Big Bang, personne ne peut désigner un moment en particulier. Historiquement, les transitions d'une époque à une autre sont souvent caractérisées par un certain flou. Et, tout comme l'industrie n'a pas supplanté l'agriculture d'un seul coup, il est impossible de mettre le doigt sur la date précise à laquelle le cyber-espace a succédé à l'industrie pour devenir la force déterminante qui façonne notre monde.

Rétrospectivement, la seconde moitié du XXe siècle avait déjà connu des progrès ayant des implications pour le cyber-espace ; le monde basculait progressivement dans le numérique. C'était l'époque de l'invention des ordinateurs et de leur emprise croissante sur nos vies. La première étape, « l'ordinateur plateforme », laissait entrevoir des capacités en informatique et en gestion auparavant inconnues de l'humanité. Les ordinateurs ont été introduits dans différentes organisations, dans un premier temps comme des systèmes locaux clos, puis sous forme de réseaux. Ils ont remplacé les hommes dans certaines tâches et sont devenus un socle de connaissance dans les entreprises et les organisations. La dépendance aux ordinateurs pour toutes sortes d'activités s'est accrue – qu'il s'agisse du stockage d'informations ou du service client, de la supervision des stocks et de la logistique, ou de gestion industrielle, d'écriture, de calculs, etc.

Mais c'est la deuxième étape du développement des ordinateurs qui a véritablement déclenché la révolution actuelle. Elle s'est édifiée par-dessus l'internet des débuts, né sous forme de réseau public en 1990 pour relier les ordinateurs et appareils de communication dans le monde entier. Le bond technologique s'est produit à ce moment-là, quand l'internet s'est propagé dans la plus grande partie de la planète, se connectant à pratiquement toute la gamme des réseaux de communication, le tout à un rythme spectaculaire. Le cyber-espace était né.

Ce nouveau domaine, celui du virtuel, est une création de l'homme. Un domaine dont l'internet est l'âme, et qui est connecté à tous les autres réseaux. Un domaine qui contient de l'information et des connaissances. Un domaine bâti à partir de câbles et de fibres, transférant des bits de données, soutenant une autre couche de transferts d'informations qui, à son tour, soutient une autre couche d'applications. Les ordinateurs ne sont plus simplement des plateformes ; ce sont plutôt des nœuds reliant des connaissances et des gens dans le monde entier et dans presque chaque entreprise ou organisation. Tout cela a stimulé l'activité humaine à un rythme étourdissant et terrifiant.

Inventé en 2007, le smartphone a élargi le cercle de l'interconnexion humaine et l'a rendue permanente, vingt-quatre heures sur vingt-quatre et sept jours sur sept. La chute du coût des équipements informatiques et de la mémoire informatique a facilité la construction d'immenses fermes de serveurs hébergeant le cloud (« nuage ») où cette mémoire est stockée), et qui ne cesse de s'étendre. On aime à comparer la puissance de traitement dont dispose une personne lambda aujourd'hui à celle de l'ordinateur qui se trouvait à bord d'Apollo 11 lorsqu'il atterrit sur la Lune en 1969. En moyenne, un ordinateur d'aujourd'hui est doté d'une mémoire et d'une puissance de traitement respectivement au moins un million de fois et cent mille fois plus élevées que celles proposées par la technologie la plus avancée de la fin des années 1960[3].

C'est donc l'interaction croissante de toutes ces évolutions qui a déclenché le Big Bang technologique que nous connaissons. Le cyber-espace s'est rapidement développé ; aujourd'hui, pratiquement personne ne peut éviter d'y avoir recours. Il est le facteur qui influe le plus sur nos vies en tant qu'individus, sociétés et États, ainsi que, dans une large mesure également, sur les relations internationales.

DU NUMÉRIQUE AU CYBER : LE CAS DE WAZE

Pour illustrer le bond prodigieux franchi depuis l'âge industriel et l'évolution du numérique jusqu'à l'âge du cyber-espace, prenons comme exemple Waze, l'application de navigation qui fonctionne grâce au partage d'informations entre les conducteurs.

Au tout début, les cartes de navigation ont simplement été mises en ligne sur l'internet, ce qui présentait d'immenses avantages : ces cartes au format numérique, qui remplaçaient les cartes imprimées, étaient mises à jour bien plus facilement. Qui plus est, les cartes numériques permettaient d'ajouter différents éléments : nouvelles routes, nouvelles villes ou stations-service. Il n'était plus nécessaire d'en imprimer de nouvelles à grands frais, alors que les données pouvaient être simplement modifiées en ligne. En outre, cela permettait, tout en fournissant d'immenses quantités d'informations au système, d'afficher uniquement ce que l'on souhaitait voir à un moment donné. Si tout ce que l'on voulait, c'était une route reliant A à B, pas besoin de détails sur les magasins et les centres de loisirs ; et si on se préoccupait seulement de la distance entre telle et telle destination, inutile d'avoir des informations sur l'état de la circulation. Bref, ces différentes « couches » facilitaient l'accès à de vastes réservoirs de données, répondant exactement aux besoins des usagers, tâche impossible auparavant.

La prolifération des téléphones portables à l'échelle de la planète et leur transformation en véritables ordinateurs ont mis ces capacités entre nos mains. Les smartphones ont été équipés d'un GPS qui détecte la position de l'utilisateur et peut le diriger vers n'importe quelle destination, en temps réel. Une quantité colossale d'informations est subitement devenue accessible en cliquant sur un bouton (ou en tapotant du doigt). Ce fut une merveilleuse innovation, une révolution de l'information, la *révolution numérique*. Mais tout cela était encore loin du Waze que nous connaissons aujourd'hui et à des années-lumière de la révolution du cyber.

Les créateurs de Waze ont compris que tout cela – les cartes téléchargées sur des téléphones portables, les multiples couches d'informations géographiques, la localisation géospatiale et la navigation – n'était que le socle de quelque chose de bien plus vaste. Ils ont décidé d'utiliser le cyber-espace à leur avantage. Après tout, nos téléphones cellulaires ne sont pas des appareils isolés, circulant sur des itinéraires basés uniquement sur des cartes et des localisations. En réalité, *tous* les téléphones cellulaires de *tous* les utilisateurs de l'application sont reliés, de façon à créer une couche d'informations, ou plus précisément une couche de *renseignements*, au-dessus de toutes les couches existant précédemment. Ce renseignement n'existe pas *à l'intérieur* d'un seul appareil connecté, mais dans l'interconnexion de tous les appareils. En fait, si l'application sait où chacun se trouve à un moment donné, elle peut diriger un utilisateur vers sa destination en utilisant toutes les connaissances relatives à la circulation et aux embouteillages glanées en temps réel dans tous les appareils.

Voilà où se trouve précisément la différence entre la technologie du cyber et la technologie numérique. Tant que nous utilisions des ordinateurs de bureau ou des ordinateurs portables comme des produits de substitution au papier, technologiquement plus perfectionnés, avec tous leurs avantages – possibilité d'écrire rapidement, de rafraîchir la page, d'accéder à des informations précises, de confirmer son identité, etc. –, nous étions encore dans l'ère du numérique. Dès lors que nous tirons parti de l'interconnexion de ces systèmes en un méga-espace unique, nous entrons dans l'ère du cyber. À partir du moment où Waze a relié les conducteurs de véhicule les uns aux autres, l'application s'est développée à une vitesse vertigineuse. Elle a remporté un tel succès qu'en 2013 Google l'a achetée pour un montant de 966 millions de dollars. Depuis, ce modèle de collaboration entre conducteurs a été adopté dans le monde entier.

L'interconnexion en ligne a donc créé une communauté d'usagers qui peuvent partager des informations les uns avec les autres, et Waze s'en sert pour les aider à trouver le trajet le plus rapide vers leur destination, compte tenu de la circulation sur les routes. Le même procédé permet aux utilisateurs de partager des informations comme le lieu d'un accident, la présence de policiers ou de véhicules arrêtés sur le bas-côté. Ces bribes d'information ne sont contenues dans aucun ordinateur ou smartphone.

Elles sont créées *dans le cyber-espace*, grâce à l'interconnexion des conducteurs et au traitement de données instantané. Les conducteurs ne sont pas les seuls à en bénéficier, les municipalités et l'ensemble du pays en profitent également, puisque l'information générée en ligne permet de réguler le trafic de façon plus efficace.

Enfin, Waze n'est pas un cas isolé. Le cyber-espace est rempli d'applications qui façonnent notre monde. Netflix, par exemple, a réussi à transformer son modèle de société de locations de films pour devenir un géant du cyber, au sens large du terme. Cette entreprise a compris que ses atouts principaux étaient son accès permanent à une vaste base de données de clients et sa capacité à analyser les données ainsi générées pour affiner son offre. L'information accumulée sur les utilisateurs, notamment le temps qu'ils passent à regarder chaque série ou chaque film, leurs centres d'intérêt – lesquels sont déduits de leurs habitudes de visionnage –, permet à Netflix de produire des films et des séries susceptibles d'intéresser le dénominateur commun le plus large et le mieux ciblé.

Le fonctionnement est identique pour Amazon ; l'entreprise est également reliée à tant de clients que ce sont *eux* qui constituent son capital le plus important. La société a débuté par la vente de livres en ligne, mais elle connaît désormais les besoins des gens, ce qu'ils veulent et où ils vont. Si elle le décide, Amazon peut rapidement s'introduire dans n'importe quel secteur de l'économie mondiale et y implanter son propre modèle.

Apparue en 2020, l'épidémie de Covid-19 a accéléré des évolutions déjà en cours. En une seule année, le monde a fait d'énormes progrès dans son utilisation des technologies cyber-numériques, dans des domaines comme l'éducation, les communications d'affaires, les services gouvernementaux, la vie sociale ou la télémédecine. Grâce au cyber-espace, l'humanité a supporté les restrictions et les distanciations sociales d'une façon inenvisageable dix ou vingt ans plus tôt. Ainsi, le cyber-espace a créé de nouvelles formes de sociétés humaines. La vie était différente avant Facebook, WhatsApp, Google et Amazon, ou leurs équivalents chinois Alibaba et WeChat (un puissant centre de services intégrés à une seule application pour les réseaux sociaux, la messagerie et les services de paiement, une sorte de conglomérat composé de Waze, Facebook, YouTube, WhatsApp et Instagram).

À travers le monde, l'âge du cyber ébranle aussi l'équilibre général de la puissance et de la guerre. À quoi ressembleront les conflits dans un proche et un lointain avenir ? Peut-être aux événements relatés dans *Babel Minute Zéro*, peut-être à pire. Les guerres écrasantes que cette nouvelle ère déclenchera ne se prêtent pas encore à de véritables prédictions. Aucun auteur, aussi imaginatif et aussi bien informé soit-il, ne peut les prévoir, tout comme les événements de la Seconde Guerre mondiale dépassèrent de loin l'imagination la plus débridée des hommes vivant au tournant de la révolution industrielle. C'est le propre des changements spectaculaires.

Réfléchissons aux bouleversements intervenus dans notre vie, ne serait-ce qu'au cours des dix ou vingt dernières années, depuis l'ère pré-smartphone. Maintenant, tentons d'imaginer le monde dans cinquante ou même seulement vingt ans. C'est presque impossible. Une partie de la technologie qui façonnera notre monde prochainement n'a pas encore été inventée. Personne n'y a peut-être même pensé. Du moins pas encore.

LES PREMIÈRES ATTAQUES

Le cyber-espace évolue à pas de géant. La circulation d'informations s'y développe à un rythme accéléré, à l'aide notamment de câbles sous-marins. Plus de la moitié de la population du monde est déjà reliée à l'internet, et chaque jour, de nouveaux appareils sont connectés : smartphones, caméras, capteurs industriels, automobiles, avions et moyens de communication. La plupart des nouvelles télévisions proposent aujourd'hui une fonctionnalité internet. Il en est de même pour les imprimantes, les climatiseurs et les réfrigérateurs, et ce n'est qu'un début.

La quantité d'informations ainsi engendrée augmente donc à un rythme exponentiel, s'ajoutant encore à l'information déjà présente en ligne. Les ordinateurs peuvent désormais contenir une mémoire d'un téraoctet. Un milliard de téraoctets (To) égale un zettaoctet (Zo). En 2010, la quantité d'informations dans le cyber-espace mondial était estimée à 2 Zo. En 2020, ce chiffre s'élevait à quelque 65 Zo, et en 2025, il devrait atteindre environ 180 Zo[4]. Cet océan de nouvelles opportunités a attiré les hackers en tout genre. Tout comme les pirates se risquaient sur les mers à la poursuite d'explorateurs et de navires marchands, les hackers naviguent dans ce nouveau monde qu'est le cyber-espace. Il n'y a là ni marchandises ni lingots d'or à voler, mais une quantité phénoménale d'argent ; et il existe bien d'autres raisons de pirater les ordinateurs et les réseaux – notamment pour les hackers mandatés, opérant pour le compte d'États.

Alors comment éviter un chaos total ? La cyber-sécurité fournit le socle de confiance dont dépend l'existence même du cyber. Sans confiance, pas d'interconnexion et donc pas d'internet. Et à l'heure actuelle, sans l'internet, les entreprises s'effondreraient, les institutions financières disparaîtraient, les États se désintégreraient.

Le premier signal d'alarme s'est manifesté peu après la naissance du premier réseau mondial d'ordinateurs, en 1979. C'est le début de l'après-midi à l'université de Stanford, en Californie. Danny Dolev, un jeune Israélien postdoctorant récemment arrivé à Stanford, reçoit un appel de l'équipe d'informaticiens de Berkeley, l'université voisine[5]. « Nous avons un problème avec le réseau. Il faut que tous ceux qui sont connectés éteignent leurs ordinateurs », demandent poliment les chercheurs de Berkeley. À l'époque, le premier réseau de données du monde compte très peu d'ordinateurs ; il relie simplement entre elles plusieurs grandes universités des États-Unis, dont Stanford.

Internet avait commencé dans le cadre d'un projet dirigé par l'ARPA (Advanced Research Projects Agency), organisme créé par les Américains au début de 1958 en réaction au choc causé par le lancement, l'année précédente, du satellite Spoutnik par les Soviétiques[6]. Tirant les leçons de ce revers temporaire dans la course à l'espace, et espérant préserver la supériorité technologique et scientifique des États-Unis, les Américains décidèrent d'investir dans les technologies futuristes. Dans le secret le plus complet, ils lancèrent des programmes tirés directement de la science-fiction. L'un d'eux consistait à élaborer un réseau informatique conçu de sorte qu'aucun serveur ne puisse être endommagé ou ne risque de faire tomber le réseau tout entier. Les scientifiques de l'ARPA voulaient que les instituts de recherche qui travaillaient avec eux puissent communiquer les uns avec les autres et transférer des données entre leurs ordinateurs aussi rapidement que possible. Le premier réseau informatique fut appelé ARPANET, en hommage à l'organisme qui l'avait conçu.

Ce qui rendait ARPANET unique en son genre, c'était la façon dont il faisait voyager les données entre les ordinateurs : de minuscules « paquets » d'informations étaient transférés sur des lignes existantes sans avoir besoin d'ajouter des connexions spéciales entre des ordinateurs spécifiques. Grâce à cette méthode, qui sous-tend toujours l'internet d'aujourd'hui, messages et données sont divisés en très petits éléments, envoyés séparément. Chaque paquet se déplace à tout moment le plus rapidement possible. Ces paquets n'atteignent pas nécessairement leur destination ultime dans l'ordre où ils ont été envoyés ; c'est pourquoi un modem local les rassemble dans leur ordre d'origine. Ce mode opératoire comprend également un mécanisme de supervision et de réparation, qui évite les encombrements de données sur des lignes dédiées et permet d'utiliser efficacement des lignes distantes en augmentant la bande passante.

Le premier message envoyé avec cette méthode transita entre l'UCLA (Université de Californie à Los Angeles) et Stanford à la fin de l'année 1969. Dans les années 1970 et 1980, le réseau s'amplifia pour englober de plus en plus d'ordinateurs, toujours dans les instituts de recherche. D'autres réseaux se développèrent à la même époque, fondés eux aussi sur un système de transmission de paquets. Puis un protocole fut mis au point pour relier ces réseaux les uns aux autres afin que les paquets quittant un ordinateur dans un réseau donné puissent cheminer jusqu'à leur destination dans un autre réseau, sous réserve que ce dernier fonctionne selon la même méthode.

Telle fut la seconde percée capitale dans le développement de l'internet : partir d'un réseau unique à un réseau de réseaux communiquant les uns avec les autres, d'où son nom : l'*inter*-net[7]. Dès lors, son développement s'accéléra à un rythme spectaculaire.

Revenons au mystérieux bug et au jeune postdoctorant de Stanford. Après l'extinction du dernier ordinateur connecté au réseau, on donna l'autorisation de les rallumer, et toutes les machines recommencèrent à fonctionner comme d'habitude.

Aujourd'hui, Danny Dolev est professeur et directeur du Centre de cyber-sécurité à l'Université hébraïque de Jérusalem. Il estime que si l'on avait correctement tiré les leçons de ce premier bug, quelle qu'en ait été la source, on aurait pu améliorer les protocoles sur lesquels l'internet est bâti, afin de le rendre beaucoup plus résilient face au piratage et aux autres attaques. Mais dans les années 1970 et 1980, personne n'aurait imaginé que le réseau d'une université allait évoluer pour se propager dans le monde entier. La candeur régnait en maître. Les concepteurs de l'internet investirent tous leurs efforts dans le transfert de données de la façon la plus rapide et la plus fiable possible. Personne ne prêta sérieusement attention à la prévention des « infections ».

Pour comprendre comment les protocoles de l'internet auraient pu être différents si nous avions adopté une approche plus résiliente, considérons le fonctionnement de notre système immunitaire. À l'instar des protocoles de l'internet, le corps est bâti pour maximiser l'efficacité, qu'il s'agisse de réflexion ou du transfert de messages entre les différents organes. En parallèle, notre organisme dispose d'un système naturel de défense contre les menaces ; notre peau et les cils de notre système respiratoire nous protègent des polluants, par exemple. Si nous nous entaillons la peau, le corps active les mécanismes de coagulation du sang et envoie des globules blancs pour combattre une éventuelle infection. Personne n'a pensé à cela lorsque l'internet a été créé.

Dolev admet qu'il aurait été impossible de construire l'internet avec un mécanisme interne parfait, qui réagirait à toute sorte d'exploitation possible, mais il soutient que si l'on avait réfléchi davantage au stade de l'élaboration de ses protocoles, cela aurait rendu la vie beaucoup plus difficile aux hackers. Une révision des protocoles de l'internet améliorerait partiellement la situation, mais selon Dolev, ce n'est plus une perspective réaliste. La tendance générale s'oriente plutôt vers l'édification d'un réseau séparé et mieux défendu, qui se superposerait à la vulnérable infrastructure existante.

Le concept de « virus informatique » se fonde lui aussi sur une analogie avec le corps humain. Dans ce contexte, un virus est un programme malveillant qui se propage d'ordinateur à ordinateur comme un virus biologique, en infligeant ou non un dommage décelable. Rétrospectivement, les virus ont constitué la première étape dans l'évolution des menaces informatiques. L'expression « virus informatique » est souvent attribuée à Fred Cohen, un étudiant en ingénierie de l'université de Californie du Sud au début des années 1980. Au cours d'une conférence et dans divers articles, il a décrit les virus informatiques comme des programmes capables d'infecter d'autres programmes en les modifiant – il en avait lui-même créé un. « Doté de propriétés infectieuses, un virus peut se propager dans un système informatique ou dans un réseau en utilisant les autorisations de chaque utilisateur pour infecter leurs programmes, a-t-il expliqué. Chaque programme infecté peut à son tour agir comme un virus ; c'est ainsi que l'infection progresse[8]. »

En réalité, ces virus s'étaient développés bien avant que Cohen ne leur donne un nom. L'un des premiers concepteurs de virus fut Richard Skrenta, un gosse de quinze ans, un as de l'informatique, originaire du Midwest. En 1982, il décida d'écrire son propre code informatique. Skrenta le transféra sur des disquettes de jeux informatiques, alors en vogue, et les donna à ses amis. Lorsque ces adolescents insérèrent les disquettes dans leurs ordinateurs, un message s'afficha, les prévenant qu'ils avaient été infectés[9]. Skrenta ne faisait que s'amuser, mais il entra dans les livres d'histoire. Son virus était passé d'un ordinateur à un autre via une disquette. Les logiciels malveillants ne tardèrent pas à se développer et à se propager dans des réseaux entiers, sans avoir à infecter chaque ordinateur séparément.

Cohen signala que les virus constituaient une menace concrète pour l'informatique mondiale. Il prédit qu'ils pourraient même entraver l'évolution du monde moderne et causer du tort aux gouvernements et aux entreprises. Après avoir présenté son modèle de virus, il proposa alors de mettre au point une technologie protectrice, un logiciel antivirus.

VIRUS ET ANTIVIRUS

En octobre 1987, deux étudiants en informatique de l'Université hébraïque de Jérusalem, Omry Mann et Yuval Rakavy, remarquèrent que les ordinateurs de l'université avaient un comportement étrange. C'était encore l'époque du système d'exploitation MS-DOS. Les deux étudiants découvrirent qu'un logiciel malveillant avait corrompu des fichiers comportant l'extension « .com » ou « .exe ». Le virus avait été programmé pour détruire chaque fichier infecté dès que la date indiquée sur l'ordinateur serait « vendredi 13 ».

Avec leur ami Eli Barkat, un ingénieur spécialisé dans les logiciels (le software), Mann et Rakavy mirent au point un programme proposant une protection contre l'infection : un logiciel antivirus. Puis ils le distribuèrent gratuitement sur disquettes à leurs amis et au personnel de l'université. À ce stade, leur logiciel antivirus nécessitait un entretien soutenu pour maintenir son efficacité face au virus ou à de futures infections. Les jeunes développeurs décidèrent de commercialiser leur invention. Nir Barkat, le frère d'Eli, jeune étudiant en gestion (futur maire de Jérusalem et futur député à la Knesset), rejoignit le groupe. Ils baptisèrent l'entreprise de leurs initiales : BRM[10].

Le logiciel antivirus de BRM rencontra un succès certain, mais l'entreprise lutta pour se maintenir à flot avant de réussir, en 1990, à s'implanter sur le marché américain. Trois ans plus tard, ils vendaient leur technologie pour plusieurs millions de dollars à l'entreprise Symantec.

Au début des années 1990, le marché mondial du logiciel antivirus était en pleine expansion. Avant le rachat de BRM, Symantec avait déjà mis au point le célèbre logiciel Norton Antivirus, utilisé sur plusieurs millions d'ordinateurs personnels. John McAfee créa le McAfee. ESET fut conçu en Slovaquie et AVG dans la République tchèque. À cette époque, la plupart des programmes antivirus étaient installés dans le produit fini, c'est-à-dire dans l'ordinateur lui-même, qu'il s'agisse d'appareils isolés ou connectés à de vastes réseaux. Le logiciel scannait tout ce qui pénétrait dans l'ordinateur, ainsi que les programmes déjà installés. Il effectuait une recherche incessante pour traquer les *snippets*, ces petites portions de code source caractéristiques des virus existants – ou extrêmement semblables au code des virus connus. Chaque fois que le logiciel trouvait un virus, il l'isolait et le détruisait.

Les laboratoires de ces entreprises d'antivirus déployèrent des efforts considérables pour étudier sans relâche les nouveaux logiciels malveillants. Ils insistèrent plus particulièrement sur les plus sophistiqués, ceux qui revêtaient des formes inhabituelles ou changeantes, afin de régulièrement mettre à jour leurs programmes.

De nos jours, les antivirus sont mis à jour automatiquement sur l'internet par les divers concepteurs de logiciels. Mais auparavant, et même à l'aube de l'internet, lorsque les transmissions et les connexions étaient lentes et irrégulières, les antivirus étaient distribués sur des disquettes dans de grandes boîtes en carton attrayantes. L'inconvénient était évident : dès leur installation, les programmes étaient dépassés. Ils fournissaient une protection uniquement contre les virus que la société qui concevait ces programmes connaissait au moment de la mise en circulation de la disquette. Plus les virus se propageaient rapidement, moins les programmes antivirus vendus en magasins étaient efficaces. La protection continue devint indispensable.

L'IDÉE DE GIL

L'autre grande invention pour protéger le cyber-espace fut celle de Gil Shwed. Au cours de sa jeunesse, passée dans le Jérusalem des années 1980, le jeune Shwed consacrait davantage de temps à lire les magazines scientifiques qu'à jouer dans la rue. Quand son père, un employé de Malam (une société informatique du gouvernement israélien), lui fit découvrir le monde des ordinateurs, Shwed fut captivé.

À l'âge de dix ans, il s'inscrivit à des clubs d'informatique extrascolaires. À quatorze ans, il eut le sentiment d'en avoir retiré tout ce qu'il pouvait et décida de passer au niveau supérieur. Il demanda à son père de l'aider à s'inscrire à l'Université hébraïque de Jérusalem avec le statut spécial réservé aux étudiants de son âge. « Si tu es assez grand pour étudier à l'université, lui répondit son père, voyons si tu peux t'inscrire tout seul[11]. » Shwed s'inscrivit.

C'est à cette époque que les premiers ordinateurs personnels furent mis en vente. Destinés à l'usage domestique, ils étaient fabriqués par diverses sociétés à travers le monde, dont certaines n'existent plus depuis longtemps : Atari, RadioShack, Commodore International, Sinclair, et bien sûr, Apple, puis IBM, qui, après tous les autres, lança sur le marché son propre PC (*personal computer*), devenu une référence. Comparés à ceux que nous connaissons aujourd'hui, ces ordinateurs avaient de bien piètres capacités. Les plus performants avaient une mémoire vive (RAM) de 16 kilobits. À titre de comparaison, en 2020, un PC moyen avait une mémoire allant de quelques centaines à 1 000 gigabits – soit au moins dix millions à cent millions de fois plus !

Jusque-là, le codage avait été l'apanage de quelques privilégiés qui avaient accès aux gigantesques ordinateurs centraux. Les adolescents comme Shwed, fascinés par les capacités de ces premiers ordinateurs personnels et par le nouveau monde qui s'offrait à eux, se mirent à la programmation. Les PC créèrent aussi un nouveau monde pour le jeu vidéo. Peu importe qu'il faille sauvegarder les programmes sur des cassettes audio, avec de longues bandes d'enregistrement qui ne cessaient de se casser ou de s'emmêler.

En tant qu'étudiant, Shwed observait le monde moderne à travers deux écrans : celui du nouveau PC et celui des gros ordinateurs de l'université. Il était particulièrement fasciné par le réseau informatique de l'université, qui permettait de transmettre de l'information, une révolution en soi pour les chercheurs ; le réseau informatique universitaire des États-Unis venait alors de parvenir en Israël. Le jeune Shwed se spécialisa en informatique.

Le moment choisi est déterminant. Dans le cas de Shwed, l'année de ses dix-huit ans et le début de son service militaire obligatoire dans Tsahal (les forces de défense du pays) coïncidèrent avec la livraison de nouveaux systèmes de communication au Directoire du renseignement militaire. Avec ses connaissances en informatique, il était tout naturel que Shwed soit envoyé dans l'unité 8200. Sa mission : assurer la connexion sécurisée de deux réseaux distincts classés « secret ».

Les réseaux informatiques se développaient rapidement, encouragés par l'essor des mini-ordinateurs et la chute de leur coût. Au début, les ordinateurs étaient reliés au réseau organisationnel situé sur un site spécifique (intranet). Par la suite, ils furent connectés à des réseaux organisationnels situés à des endroits distincts, au moyen de lignes de communication dédiées (notamment pour les armées et les gouvernements) ou via des lignes téléphoniques et des fournisseurs de réseaux de communication appelés VPN – réseaux privés dits « virtuels » car ils existent par-dessus le réseau public.

Afin de remplir sa mission, le jeune soldat entreprit de rechercher les produits existant sur le marché. Il n'utilisait pas le moteur de recherche Google – dont personne ne rêvait alors – mais traquait les livres et revues professionnelles qui publiaient, avec un retard considérable, des informations sur les innovations les plus importantes de l'époque. Shwed parvint finalement à une solution satisfaisante pour relier de façon sûre ces deux réseaux distincts. Une fois son service militaire achevé, Shwed rejoignit le monde de la technologie de pointe israélienne, alors à ses débuts. Il voulait appliquer dans la vie civile l'idée des réseaux distincts, mais il existait peu de réseaux de données d'une taille suffisante, et l'industrie du capital-risque était peu développée. En d'autres termes, il n'y avait ni marché ni investisseurs potentiels pour cette entreprise. Il mit l'idée de côté et trouva un emploi de développeur de logiciels chez Optrotech[12].

Entre-temps, la guerre froide avait pris fin avec la chute de l'Union soviétique au début des années 1990. Sans rival, les États-Unis décidèrent d'ouvrir au monde leur réseau de transmission de données, créant l'internet. Un scientifique britannique du nom de Tim Berners-Lee, qui travaillait sur l'accélérateur de particules du CERN, en Suisse, inventa le World Wide Web – domaine des pages internet et des sites web qui emprunte l'infrastructure de l'internet. En entendant parler de ces progrès technologiques spectaculaires, Shwed comprit les perspectives qu'ils offraient. Fin 1992, il appela un ami qui avait servi avec lui dans l'unité 8200, Shlomo Kramer, et le responsable du développement chez Optrotech, Marius Nacht. « Vous vous souvenez de l'idée que j'avais eue il y a quelques années ? leur demanda-t-il. Je pense que maintenant nous disposons d'un marché. » Check Point était né.

L'INVENTION DU PARE-FEU

Check Point, qui compte aujourd'hui parmi les géants mondiaux de la cyber-sécurité, est la société israélienne qui a inventé le pare-feu. Pour mieux comprendre le concept de pare-feu, prenons l'exemple suivant : imaginez que vous vouliez assurer la sécurité d'un vaste centre commercial ou d'un aéroport. Une option consiste à placer un garde à la porte de chaque magasin ou à côté de chaque comptoir d'enregistrement. Ce serait une solution coûteuse, dispersant la protection aux extrémités, ce qui permettrait à vos ennemis potentiels de circuler librement dans le centre commercial ou l'aéroport avant de détecter la cible la plus commode à attaquer.

Mais si, au contraire, vous choisissez d'édifier une barrière directement autour du centre commercial ou de l'aéroport en laissant uniquement quelques ouvertures, vous pouvez efficacement porter toute votre attention sur la sécurité des accès et filtrer quiconque les franchit. Bien évidemment, cette solution n'assure pas une protection hermétique, mais elle réduit considérablement le danger. Seuls les intrus dotés d'un talent exceptionnel pour se fondre dans la foule ou maîtriser les gardiens de la sécurité parviendront à entrer. Avec un nombre si réduit d'intrus potentiels, vous pouvez concentrer la sécurité aux points les plus sensibles, comme les salles de contrôle, ou déployer régulièrement des patrouilles.

Aux alentours de l'aéroport international Ben-Gourion, près de Tel-Aviv, on peut constater que l'Autorité des aéroports d'Israël a choisi la seconde option. Tout le périmètre est clôturé, et l'accès n'est possible que par un nombre limité de portes, premier filtre pour quiconque pénètre dans les lieux. C'est le premier anneau de sécurité, et le plus important. C'est exactement le concept du pare-feu élaboré par Shwed, Kramer et Nacht – une solution de sécurité non seulement pour des endroits précis, mais aussi pour l'ensemble des réseaux. Le programme mis au point par le trio vérifiait rapidement l'information entrante, sans interrompre le rythme de la communication, tout en triant chaque élément, désigné comme « net » ou « suspect ».

En février 1993, quelques mois après avoir créé leur start-up, Shwed et Nacht ont mobilisé leurs économies pour financer un voyage à San Diego, en Californie, où se tenait la première exposition internationale sur la sécurité de l'internet.

Ils avaient pour objectif principal d'étudier ce qui se passait dans le monde en matière de connexion du réseau universitaire. Ce fut une aventure étonnante. La bonne nouvelle, c'était que Nacht et Shwed découvrirent un marché potentiel pour leur produit, lequel séparait les réseaux en établissant des autorisations grâce auxquelles l'information pouvait ou non circuler d'un réseau à l'autre. Autre nouvelle, encore meilleure : personne, parmi la centaine de participants à la conférence, n'avait mentionné une idée semblable.

Les jeunes entrepreneurs retournèrent en Israël pleins d'optimisme. Mais pour réaliser leur rêve, il leur fallait des fonds. Ils vendirent 50 % de leur société aux hommes d'affaires qui soutenaient BRM, pour 400 000 dollars. Nir Barkat fut nommé président de la société.

La première année nécessita un travail colossal. Les trois fondateurs durent élaborer un business plan, trouver un site bêta (un réseau où tester en pratique leur pare-feu) et protéger leurs premiers clients. Ils travaillèrent du matin au soir dans un appartement qui avait appartenu à la grand-mère de Kramer, décédée un an plus tôt. Ils étaient entièrement seuls. Kramer et Shwed mirent au point le logiciel. Nacht procéda aux vérifications du logiciel, s'occupa du graphisme, etc. L'appartement n'était pas doté d'une climatisation et, en été, deux immenses ventilateurs tentaient de dissiper la chaleur émise par les ordinateurs. Ils buvaient sans arrêt du Coca-Cola glacé et, chaque soir, ils pouvaient mesurer leurs progrès au nombre de bouteilles vides qui s'entassaient dans le coin de la pièce.

C'était bien avant l'époque des ordinateurs portables ; pour faire des démonstrations de leur premier produit, les fondateurs de Check Point devaient fourrer dans un grand sac marin un ordinateur de bureau, un écran et tout leur équipement. Au cours de leurs voyages réguliers entre Israël et les États-Unis, ils mirent au point une manœuvre qui leur permettait, en exactement trois minutes, de vider le sac et faire leur présentation avec une disquette.

Les premiers clients payants ne tardèrent pas, mais la clé de la réussite, c'étaient les grands distributeurs. « C'est une idée astucieuse, dirent-ils aux jeunes entrepreneurs, mais il n'y a pas de marché pour l'internet. Ce n'est pas intéressant. » Une seule personne leur dit : « Revenez dans trois ans. » Shwed, Nacht et Kramer demeurèrent optimistes. En mars 1994, ils protégeaient déjà près de vingt sites – dix en Israël et le reste à l'étranger –, grâce à quoi ils acquirent de l'expérience. De respectables entreprises recouraient à leur produit, baptisé « FireWall-1 ». Les trois associés décidèrent d'envoyer Shwed aux États-Unis en lui faisant promettre de ne pas revenir en Israël avant d'avoir réuni leur premier million de dollars.

Avant le grand voyage, les fondateurs de Check Point envoyèrent un déluge de courriels aux États-Unis afin de fixer les rendez-vous de Shwed. L'un de ces rendez-vous était prévu avec Sergio Heker, qui dirigeait la compagnie assurant les services internet de l'université de Princeton. «Je me suis changé dans les toilettes de l'aéroport de Newark avant de me rendre à ce rendez-vous, se souvient Shwed. La réunion s'est si bien passée que je suis revenu à 22 heures pour une autre rencontre avec Sergio. Il m'a dit : "Le produit me semble intéressant. Voyons s'il y a un marché. Dans dix jours, nous organisons à Las Vegas un grand salon appelé Interop; venez, nous vous présenterons, et nous verrons quelles sont les réactions."»

À l'époque, les salons étaient pratiquement les seuls endroits où rencontrer des gens et conclure des affaires. «J'ai rarement été aussi occupé que pendant la semaine de préparatifs pour Interop, raconte Shwed. Marius et Shlomo m'ont rejoint. Nous avons imprimé des brochures et une affiche que nous avons collée à un panneau en mousse. Nous avons loué un ordinateur. Puis nous nous sommes rendu compte qu'il nous fallait une adresse et un numéro de téléphone aux États-Unis, pas en Israël. Alors, j'ai pris un annuaire téléphonique de la région de Boston et j'ai appelé des dizaines de prestataires de services, jusqu'à ce que j'en trouve un qui veuille bien nous fournir une adresse et un numéro de téléphone, et même répondre aux appels en disant : "Allo, ici Check Point" et prendre les messages. C'est toujours notre numéro de téléphone aux États-Unis !

Nous avons aussi imprimé le logo de Check Point sur les T-shirts que nous portions, et nous avons réfléchi à d'autres moyens de faire connaître notre existence, parce que nous étions hébergés sur le stand d'une autre société, sans figurer dans le guide officiel du salon. Nous avons décidé de mettre une pancarte à l'entrée : "Check Point – Allez au stand 96." Lorsqu'un agent de la sécurité est venu nous ordonner de retirer notre pancarte, nous avons répondu avec la *'houtzpa* typiquement israélienne : "Pas question." La pancarte est restée en place. »

Les trois jeunes entrepreneurs venus d'Israël remportèrent un énorme succès. De longues files se formèrent devant le stand de Princeton. FireWall-1 était présenté dans une très grande boîte accompagnée d'un gros manuel imprimé sur un papier particulièrement épais, pour conférer au logiciel un cachet sérieux. Le programme remporta le concours du Meilleur Produit du salon, renforçant l'intérêt déjà considérable accordé au trio.

À cette occasion, ils croisèrent le chemin de Sun Microsystems, un géant du monde de l'informatique (racheté par la compagnie Oracle en 2009). Après le salon, les trois entrepreneurs rencontrèrent les patrons de Sun en Californie, lesquels cherchaient à pénétrer sur le marché de l'internet, de plus en plus dynamique, mais réclamaient l'exclusivité sur la distribution du pare-feu. Shwed, Kramer et Nacht étaient sceptiques. Ils savaient que l'un des départements de Sun, dirigé par Eric Schmidt, travaillait sur son propre produit de protection informatique[13]. Ils craignaient, au cas où Sun se doterait d'un produit de protection, un tarissement total de leurs ventes à partir d'Israël. En conséquence, pendant les négociations, qui se poursuivirent à New York, les Israéliens firent à Sun Microsystems la proposition suivante : « Nous vous donnons l'exclusivité à condition que vous renonciez à votre propre conception. » Comme il fallait s'y attendre devant une telle exigence, Sun renonça à sa demande d'exclusivité et s'engagea à acheter le logiciel de Check Point pour au moins un million de dollars sur trois ans. Mission accomplie : Check Point avait en main son premier million. Dès lors, l'entreprise opéra une série de percées fulgurantes.

Les 400 000 dollars de BRM se révélèrent un investissement fabuleux qui fut réalisé lorsque la valeur marchande de Check Point franchit la barre des 100 millions de dollars. En juin 1996, la société était cotée au Nasdaq pour un montant de 450 millions de dollars. Pour Check Point, l'introduction en Bourse, loin d'être une étape parmi d'autres, était un symbole. La jeune industrie high-tech israélienne qui aspirait au succès cherchait des sources d'inspiration : Check Point et ses fondateurs furent bientôt considérés comme un modèle pour les jeunes entrepreneurs et les PDG débutants, et ce bien avant que sa valeur marchande ne dépasse le milliard de dollars. Par la suite, l'entreprise devint la plaque tournante de nombreuses autres start-up créées par d'anciens employés.

Nombre d'employés de Check Point sont allés de l'avant et ont créé leurs propres entreprises. Palo Alto, l'un des principaux concurrents de Check Point, a été fondé à Santa Clara par Nir Tsuk, qui servit avec Shwed et Kramer dans l'unité 8200 et qui fut l'un de leurs premiers employés. Tsuk a quitté la société et ses collègues en 1999 ; en juillet 2021, sa société valait deux fois celle de ses anciens camarades (36 milliards de dollars contre 15 milliards).

De nos jours, le siège de Check Point se trouve dans un bâtiment de plusieurs étages situé au cœur de Tel-Aviv. Cet immeuble de bureaux est entouré de verdure et d'espaces conçus pour ressembler à une plage, avec du sable fin et des sièges confortables. Afin de rivaliser avec les meilleurs cerveaux du trépidant marché du high-tech israélien, les sociétés doivent offrir un environnement de travail original et le rénover sans cesse. Le bâtiment est situé dans un quartier qui, jusqu'à ces dernières années, abritait principalement des ateliers de réparation automobile et de vieux immeubles de bureaux hébergeant de petites entreprises du secteur tertiaire. À proximité se trouvaient une station sanitaire municipale et une décharge de déchets végétaux.

En une dizaine d'années, ce quartier est devenu méconnaissable. Les ateliers de réparation automobile et les bâtiments peu élevés ont été démolis et remplacés par des tours de bureaux et des tours résidentielles luxueuses. En regardant par les baies vitrées de Check Point vers l'ouest, on aperçoit des voisins comme Google, PayPal, Amazon et les succursales israéliennes de Palo Alto Networks et General Electric. L'histoire de ce quartier est l'histoire de l'économie israélienne dans son ensemble, c'est-à-dire le passage de l'agriculture, de l'industrie traditionnelle et des services nationaux à une économie se fondant sur la concurrence dans les technologies de pointe et l'exportation vers le monde entier. Les nouveaux gratte-ciel qui ont transformé le paysage de Tel-Aviv rendent compte de la croissance du high-tech israélien et des sociétés de cybersécurité qui en sont l'âme.

LA CLÉ DU COFFRE : DE RSA À CYOTA

Un autre personnage a exercé une influence déterminante sur l'évolution de la cyber-sécurité : le mathématicien Adi Shamir, de l'institut Weizmann des sciences. Shamir est l'un des concepteurs du cryptage (ou chiffrement de données) RSA, un algorithme très sophistiqué qui doit son nom aux initiales de ses inventeurs : Ron Rivest, Adi Shamir et Leonard Adelman.

Les trois associés ont mis au point cet algorithme alors qu'ils étudiaient ensemble au Massachusetts Institute of Technology (MIT) en 1977. Breveté en 1983, il a remporté le prestigieux prix Turing en 2002. L'algorithme se fonde sur des multiples de deux nombres premiers extrêmement grands, chacun comportant des centaines de chiffres, qui créent deux clés : une clé publique, disponible pour tous, et une clé privée, connue seulement du récipiendaire du message[14]. RSA et les algorithmes qui en ont découlé sont l'outil de base de la protection des communications en ligne, du commerce et des transactions financières. Mais le chiffrement, comme tous les codes secrets, n'est pas entièrement à l'abri d'un décryptage. Shamir admet que les pays disposant de capacités cyber au niveau étatique, et notamment de hackers chevronnés, pourraient être capables de craquer le code.

En 1982, Shamir et ses associés ont fondé leur entreprise de cyber-sécurité, nommée RSA, tout en continuant à consacrer la majeure partie de leurs carrières à l'université. Leur société a connu plusieurs avatars avant d'être vendue à EMC en 2006 pour 2,1 milliards de dollars. Dix ans plus tard, EMC a été rachetée à son tour par

Dell, laquelle, grâce à cette acquisition, est devenue l'une des plus grosses entreprises du monde. En 2020, RSA est redevenue une société indépendante. Cependant, quelques mois avant la vente à EMC, RSA a été à l'origine de l'un des premiers exits* dans l'univers de la cybersécurité israélienne lorsqu'elle a absorbé une compagnie appelée Cyota.

Le premier produit de Cyota s'appuyait sur les numéros à usage unique des cartes de crédit utilisées dans les achats en ligne. Les entrepreneurs consacrèrent à cette idée deux années et des millions de dollars provenant de leurs investisseurs. Ce fut un échec total. En outre, Cyota dut affronter une crise majeure : l'éclatement de la bulle internet. Entre mars 2000 et octobre 2002, les investisseurs perdirent plus de 5 trillions de dollars de la valeur totale des sociétés de technologie et le Nasdaq perdit au moins 80 % de sa valeur. L'état d'esprit du marché s'en ressentit fortement ; même des compagnies en plein essor qui présentaient un bon modèle de gestion ne parvinrent pas à lever des fonds et durent fermer définitivement. Le marché était tout simplement figé. Le désastre frappa de plein fouet les sociétés internet, mais également de nombreuses entreprises de communication qui avaient injecté des milliards de dollars dans l'infrastructure pendant la période d'euphorie. Cette même infrastructure allait être utilisée à nouveau le moment venu.

---

* Dans le cas d'une start-up, un « exit » désigne le moment où la société vend ses actions, soit pour entrer en Bourse, soit dans le contexte d'un rachat par une autre compagnie ou un fonds d'investissement. *[Toutes les notes de bas de page sont de la traductrice.]*

Alors que la crise venait seulement de commencer, les États-Unis subirent les terribles attentats du 11 septembre 2001 et Israël affronta la seconde Intifada – une vague d'attentats meurtriers qui provoqua un ralentissement économique.

« Nous n'avons pas renoncé, se souvient Naftali Bennett, l'un des fondateurs de Cyota[15]. En août 2001, j'ai déclaré aux investisseurs : "Regardez, nous avons créé un nouveau produit. Je suis prêt à licencier les deux tiers de nos soixante-dix employés, à changer le produit, mais nous avons besoin de davantage de fonds."

Ils se sont éloignés pour se concerter et ont répondu : "Nous vous donnons une chance, mais il vous faut 3,5 millions de dollars dans un an. Nous vous proposons 2,5 millions de dollars, à vous de réunir 1 million d'ici telle date." » Une fois les fonds levés ici et là, il manquait encore 300 000 dollars le jour J. « C'est la grand-mère de Ben Enosh qui a sauvé la situation en plaçant toutes ses économies dans la société, raconte Bennett. Grâce à elle, Cyota est resté en vie. Dès lors, nous nous sommes sentis redevables à l'égard de sa grand-mère ; nous avons bossé aussi pour lui restituer ses économies. »

Le second produit de Cyota permettait aux entreprises de respecter, de façon relativement peu coûteuse, les normes de Visa, la société de cartes de crédit. Il aida Cyota à survivre, sans plus. La compagnie continua sa recherche d'un produit novateur, recourant à des équipes spécialisées en brainstorming et à des séminaires. Mais, comme c'est souvent le cas pour les bonnes idées, la percée suivante survint de façon tout à fait inattendue : une expédition shopping à New York.

Bennett en donne la description suivante : « Lior Golan, mon associé, m'a dit : "J'ai une idée. Adaptons le niveau d'authentification que nous demandons, c'est-à-dire notre degré de confiance dans l'usager, en fonction du degré de risque que présente l'acte qu'il souhaite accomplir." Fondamentalement, c'était comme du "profilage", destiné à adapter le niveau de sécurité au niveau de risque. Auparavant, tout le processus de sécurisation était extrêmement compliqué, et toujours proposé au plus haut degré possible. Même si vous vouliez simplement vérifier le solde de votre compte en banque, il vous fallait passer par tout un long processus, taper vos mots de passe et vos coordonnées avec le même niveau de sécurité que si vous vouliez retirer des espèces.

« Spontanément, j'ai répondu à Lior : "C'est dingue." J'ai rapidement testé l'idée auprès de quelques clients et j'ai compris que nous étions tombés sur notre future marque de fabrique, un concept qui allait rendre complètement obsolète le *token* de la compagnie RSA – un authentifieur qui établissait une connexion USB pour permettre une communication sécurisée. »

La ligne de conduite qu'emprunta l'équipe de Cyota semble presque évidente de nos jours, mais en cette époque de protection des données de bout en bout (*end-to-end*), c'était une idée novatrice et un changement de direction inédit. Non pas du fait de la technologie utilisée, mais parce qu'il fallait du courage pour affirmer qu'il n'était pas nécessaire d'offrir une sécurité totale pour chacun, à tout moment et en toute situation. Tout comme dans le monde réel, il existe un niveau de sécurité différent pour les salles des coffres dans les banques et pour les plans architecturaux de domiciles privés. De la même manière, il n'est pas nécessaire de fournir le même niveau de sécurité lorsque vous consultez votre relevé de carte de crédit que lorsque vous payez avec. Cyota avait tout simplement le projet d'adapter le niveau de sécurité à des menaces cyber précises.

Voilà comment cette start-up israélienne attira l'attention d'Art Coviello, le président exécutif de RSA. À l'issue de brèves négociations, il signa un chèque de 145 millions de dollars et acheta Cyota. Après le rachat de la société et sa fusion dans la société mère, ce centre mondial de protection des banques poursuivit son essor, de même que son produit de codage des mots de passe qui rendait caducs les « jetons d'authentification » (*tokens*) du passé.

Comme pour d'autres start-up israéliennes, et comme pour Check Point, la plupart des fondateurs de Cyota continuèrent dans de nouvelles entreprises, encore plus prospères que celles qu'ils avaient quittées. Quant à Naftali Bennett, il devint Premier ministre d'Israël en juin 2021.

CYBERARK, OU COMMENT SE DÉFENDRE DE L'INTÉRIEUR

À l'instar de Check Point et Cyota, la société CyberArk s'est elle aussi orientée vers la cyber-sécurité au tournant du millénaire. Comme Check Point, elle est cotée au Nasdaq, mais comme pour Cyota, la route a été longue et semée d'embûches. Enfin, tout comme Gil Shwed, le directeur et PDG de CyberArk, Udi Mokady, est né à Jérusalem.

Enfant, Mokady a voyagé dans le monde avec son père, diplomate de carrière. Après avoir effectué son service militaire dans l'unité 8200, il a commencé sa vie professionnelle en tant qu'avocat. Puis un ami d'enfance, Alon Cohen, lui a proposé de créer ensemble une société spécialisée dans la protection des systèmes de données[16]. Cohen avait eu l'idée d'une défense des systèmes opérée depuis l'intérieur lorsqu'il effectuait son service militaire dans l'unité informatique centrale de l'armée. Il s'était aperçu que, même dans un endroit aussi sensible que Tsahal, les responsables du réseau avaient accès à l'intégralité de celui-ci, y compris les zones comportant des informations ultra-secrètes. Cohen suggéra de mettre au point des défenses contre les utilisateurs *internes* ; à cet égard, la formation juridique de Mokady s'avéra utile.

Alon Cohen et Udi Mokady étaient déjà pères de famille lorsqu'ils s'aventurèrent dans le lancement de leur start-up. Cohen, le plus expérimenté des deux, devint PDG. Mokady fut nommé directeur des opérations et se consacra plus particulièrement à l'aspect économique. On était en 1999 et Check Point était déjà un géant. CyberArk collecta ses premiers fonds auprès de business angels, des investisseurs privés. Le principe de base soumis aux investisseurs était simple : tôt ou tard, les pare-feu extérieurs pouvaient toujours être franchis, ce qui nécessitait un autre anneau interne de sécurité, placé à l'intérieur du réseau. Seules les données numériques les plus critiques seraient gardées derrière cette ligne de défense interne – les « clés » secrètes qui donnaient accès au réseau tout entier. Ces clés sont la récompense suprême pour tout hacker confirmé.

À cette époque, la cyber-sécurité n'était pas au cœur des préoccupations et la collecte des fonds se faisait de façon fragmentaire. Après les attentats du 11-Septembre, et alors que la seconde intifada était à son paroxysme, les investissements se tarirent complètement. Dans ce contexte désastreux, l'entreprise CyberArk semblait condamnée à disparaître. Les investisseurs et clients potentiels ne répondaient même plus au téléphone. Ce fut à ce stade critique, alors que les perspectives d'avenir étaient bien sombres, que CyberArk obtint un investissement du fonds de capital-risque Jerusalem Venture Partners (JVP).

JVP est l'un des dix fonds de capital-risque créés en Israël lors d'une initiative historique prise par le gouvernement en 1992. Il a été étudié dans le monde entier à titre d'exemple de la façon dont les gouvernements peuvent créer des marchés et de l'industrie. À l'époque, le programme « Yozma » (« initiative » en hébreu) a facilité la création de dix fonds de capital-risque d'une valeur de 20 millions de dollars chacun. Le gouvernement a investi 8 millions de dollars dans chacun des fonds, s'engageant à partager les pertes avec les investisseurs tout en leur laissant l'intégralité des bénéfices le cas échéant. Ces fonds de capital-risque, appelés « fonds *yozma* », se sont mis à rechercher des opportunités parmi les start-up israéliennes qui se développaient pratiquement ex nihilo et réclamaient désespérément des investissements. Suite à cet afflux de capital, la croissance et la réussite des start-up les aida rapidement à susciter un nouvel afflux de fonds au milieu des années 1990.

Rétrospectivement, le projet Yozma fut le tremplin qui catapulta la technologie de pointe israélienne. En une trentaine d'années, ce secteur devint le moteur principal de l'économie du pays. Alors qu'il représentait quelques pour cent du total des exportations d'Israël, le high-tech en constitue aujourd'hui près de la moitié. Le PIB par habitant a grimpé en flèche et atteint désormais des niveaux semblables à ceux des États les plus développés.

Mais dans le cas de CyberArk, en dépit du soutien apporté par JVP, la société ne parvint pas à décoller. Pour y remédier, les investisseurs « parachutèrent » un nouveau directeur général américain au-dessus des entrepreneurs israéliens, une pratique courante à l'époque. La société continua à décliner sur fond de dissensions au sein de la direction, si bien qu'il fut finalement décidé de limoger le directeur américain pour le remplacer par Udi Mokady. Alon Cohen devint le président de la société.

Ce changement stabilisa CyberArk. Comme par magie, la société se ressaisit et fut de nouveau dirigée par les hommes qui y avaient consacré toute leur vie. Mokady déclara que, pendant plus d'un an, il avait eu le sentiment d'être assis dans un avion qui perdait de l'altitude et descendait en piqué avant d'opérer un retournement total lorsque les pilotes d'origine reprirent la maîtrise du cockpit. La dépression fit place à un sentiment d'euphorie.

En tant que nouveau directeur général, Mokady prit une série de décisions stratégiques concernant les priorités commerciales de la société, mais il fallut du temps pour équilibrer les finances de CyberArk, parvenir à une égalité totale des rentrées et des dépenses. En 2011, CyberArk atteignit un chiffre d'affaires de plus de 30 millions de dollars qui la conduisit au seuil de la profitabilité. Quand les premiers investisseurs (dont l'ancien cofondateur Alon Cohen) voulurent se retirer avec un bénéfice, Mokady saisit l'occasion pour introduire un investisseur extérieur et racheter la part de ceux qui partaient. La grande banque d'investissement américaine Goldman Sachs entra en jeu. Cet apport aida CyberArk à recruter les meilleurs vendeurs du monde, mais le véritable envol se produisit seulement deux ans plus tard.

En juin 2013, Edward Snowden, un ancien sous-traitant de la NSA (l'Agence nationale de sécurité des États-Unis), stupéfia le monde en divulguant à la presse des documents classés ultra-secrets et des plans d'espionnage et de surveillance des services du renseignement américains[17]. Snowden montra à quel point la NSA et son homologue britannique, le GCHQ (le QG des communications du gouvernement), avaient pénétré les réseaux de communication et comment ils espionnaient les ordinateurs dans le monde entier. Il exposa également les quantités colossales de données qu'ils avaient accumulées concernant des ennemis, des alliés, de hauts fonctionnaires et des citoyens ordinaires. Ces révélations choquèrent la communauté internationale et embarrassèrent les agences de sécurité, lesquelles affirmèrent que Snowden disposait d'environ 1,5 million de fichiers[18].

Snowden soutint, entre autres, que la NSA avait obtenu les enregistrements de conversations téléphoniques de millions de clients de l'opérateur Verizon ; qu'elle avait utilisé un logiciel d'espionnage appelé Prism pour contrôler les courriels de particuliers et les services de Google et Facebook ; qu'elle avait recouru à des moyens électroniques pour surveiller des dizaines d'ambassades et de missions étrangères aux États-Unis ; qu'elle avait surveillé les sites de jeux vidéo en ligne pour tenter de détecter une activité terroriste ; qu'elle avait pénétré dans des applications populaires, tel le jeu Angry Birds, afin de télécharger des informations sur les utilisateurs ; qu'elle avait mis sur écoute le téléphone de la chancelière allemande Angela Merkel ; et qu'elle avait écouté clandestinement les appels téléphoniques d'autres dirigeants dans le monde.

Les documents qu'il partagea démontraient la capacité de la NSA à pirater la plupart des téléphones portables sur le marché et à venir à bout des encodages en coopération avec des agences de pays étrangers ; ils dévoilaient aussi bien d'autres capacités opérationnelles. Snowden révéla également que le service du renseignement britannique avait espionné des dirigeants mondiaux venus assister au sommet du G20 organisé à Londres en 2009 ; il affirma que cet organisme avait eu accès à des compagnies de communication et qu'il avait pénétré dans des câbles de fibres optiques pour espionner le trafic qui y transitait. Même après s'être enfui à Hong Kong, pour ensuite disparaître en Russie, Snowden continua à inonder le monde d'informations. Il contribua à mieux faire comprendre aux gens l'importance de la cyber-sécurité pour les organisations, non seulement afin de les protéger contre des attaques de l'extérieur, mais également des menaces internes.

À son insu, Snowden devint le principal promoteur des ventes de CyberArk. En mettant l'accent sur la sécurisation des identifiants, la société traitait précisément des dangers présentés par le lanceur d'alerte, ainsi que d'autres types de menaces externes, comme des attaques menées par des pirates réussissant non seulement à s'introduire dans les systèmes d'une organisation, mais également à utiliser les accès des véritables utilisateurs pour contourner les systèmes de sécurité. La société se retrouva soudain au sommet d'une immense vague et se prépara à entrer en Bourse.

La tournée de présentations avant le lancement public fut pour Mokady une expérience étourdissante. « Vous vous levez le matin, vous rencontrez des banquiers en costume qui défilent comme sur un tapis roulant, et vous n'avez pas la moindre idée de la façon dont la journée va se terminer. Lorsqu'on vous pose une question, vous ne savez plus très bien si vous y avez déjà répondu, parce que vous avez déjà eu d'innombrables rendez-vous ce jour-là, et vous ne savez même plus très bien qui vous êtes, ni ce que pensent ces banquiers au visage impassible au moment où ils franchissent la porte vitrée. »

Pourtant, après plusieurs semaines d'innombrables présentations, les choses s'annonçaient bien. Quatorze ans après sa création, CyberArk entrait en Bourse. Elle leva 80 millions de dollars, sur une estimation du marché d'un demi-milliard de dollars. Sa valeur fut bientôt multipliée par plusieurs centaines de pour cent, atteignant des milliards en quelques années seulement. Le siège de CyberArk se trouve aujourd'hui à Newton, dans le Massachusetts, mais des centaines de ses développeurs continuent de travailler en Israël, dans les environs de Tel-Aviv.

LE RENSEIGNEMENT À L'HEURE DU CYBER

Jusqu'aux années 1990, les services du renseignement d'origine électromagnétique (ROEM, ou SIGINT en anglais) en activité partout dans le monde recueillaient des renseignements en transit; ils écoutaient des conversations téléphoniques ou d'autres réseaux de communication afin de glaner des informations. Ils pouvaient par exemple intercepter les fax et les courriels entre sociétés et organisations. Si nécessaire, ils décodaient des informations en « craquant » leur encodage. L'information était ensuite traitée par les officiers du renseignement et ses points les plus importants étaient transférés au destinataire ultime.

La création du cyber-espace ouvrit de nouvelles perspectives : la collecte d'informations statiques. Au lieu de se contenter d'attraper une information en mouvement, celle-ci pouvait désormais être atteinte là où elle était stockée, dans n'importe quel endroit et à tout moment. Il s'agissait non seulement des informations relayées, à l'instar des appels téléphoniques ou des courriels, mais également d'informations écrites et stockées dans la mémoire des ordinateurs, bien avant que quelqu'un ait même songé à les envoyer ou à en discuter.

Ce changement se produisit à la vitesse fulgurante qui caractérise l'ère du cyber. En quelques années, la majeure partie du renseignement dit « ROEM » dans le monde reposa sur des sources cyber. Mais ce changement ne se produisit pas seulement au sein des grandes organisations traditionnelles du ROEM. Conscients de la possibilité d'obtenir des renseignements dans le cyber-espace, rapidement et à un coût relativement peu élevé, de petits pays et des organisations spécialisées se ruèrent sur le domaine de la cyber-surveillance[19].

Cette révolution se déroula simultanément mais de façon indépendante dans chaque unité de collecte du renseignement à travers le monde; bien évidemment, la NSA des États-Unis, la plus grande organisation de ce type, opéra un changement radical. La traditionnelle agence du ROEM de Russie devint méconnaissable et la gigantesque organisation du ROEM de la Chine, qui emploie des dizaines de milliers de personnes (d'aucuns disent plus de cent mille), se plaça non loin derrière. Le GCHQ britannique, qui date des années de l'après-Première Guerre mondiale, fut lui aussi l'objet d'une révision généralisée, tout comme ses homologues français et canadien.

La capacité d'obtenir des informations directement, sans attendre leur transfert, transforma les agences du ROEM, organismes jusqu'à présent passifs, en unités actives, opérationnelles, poursuivant un objectif précis. Elles ne cherchaient pas à atteindre leurs cibles avec des soldats combattant sur le terrain, mais avec des codes envoyés dans les réseaux informatiques de leurs ennemis ou rivaux. Ce fut là un profond bouleversement de leur ADN. Il fallait soudain se préoccuper des implications d'une éventuelle détection de leurs méthodes et recourir à des mesures de feinte et de diversion pour atteindre leurs cibles. Cette métamorphose aboutit à une inflation sans précédent du volume des renseignements. Ce n'est guère surprenant, car les données en transit sont, par nature, incomplètes ; elles représentent seulement ce qui passe sur un réseau. Mais dès lors qu'on put atteindre les renseignements là où ils étaient générés et stockés, la quantité accessible devint colossale : potentiellement tout ce que l'ennemi détenait dans ses entrepôts (en l'occurrence dans ses systèmes informatiques). Les agences du renseignement durent non seulement se doter de meilleurs systèmes de piratage, mais également améliorer leur capacité à intégrer, traiter et analyser d'énormes quantités d'informations – les métadonnées[20].

En conséquence, les agences du renseignement durent changer également leur personnel. Elles réclamèrent des informaticiens de plus en plus chevronnés, capables de naviguer dans les réseaux ennemis, d'activer des codes informatiques, d'analyser une activité et de savoir comment se camoufler et quand se retirer. Tout cela créa de nouveaux domaines d'activité, notamment des professions qui n'existaient pas auparavant. Chaque agence du ROEM dans le monde subit donc une véritable révolution, s'adaptant et adaptant sa main-d'œuvre à l'évolution des besoins pour pénétrer dans le cyber-espace.

Mais la technologie du cyber est-elle seulement une occasion de recueillir des renseignements ou offre-t-elle un moyen de sortir du monde des ordinateurs vers le monde réel ? En d'autres termes, est-il possible, à partir d'un ordinateur, de déclencher des changements concrets, tangibles ? Une attaque peut-elle être lancée à l'aide d'un simple clavier et d'une souris ?

La réponse est : absolument. L'idée de lancer une cyberattaque pour infliger d'importants dommages concrets est née il y a plusieurs années. Le général Wesley Clark, ancien commandant des forces de l'OTAN en Europe, a dernièrement déclaré que le Pentagone avait envisagé cette possibilité dès le début des années 1990[21].

Selon Clark, le but était de paralyser le fonctionnement d'États ennemis et d'infliger des dégâts matériels équivalents à ceux que produirait une bombe de forte puissance, par exemple, ainsi que d'abattre des avions ou ouvrir des barrages à distance. L'idée a été classée ultra-confidentielle par le Pentagone, tout comme l'avait été, pendant la Seconde Guerre mondiale, le projet Manhattan visant à mettre au point une bombe atomique. Or, les responsables du Pentagone avaient mis la main sur un livre en chinois révélant que la Chine entretenait des idées similaires, à un stade plus avancé que les États-Unis. Bien évidemment, les Russes les talonnaient de près. Et si, dans les années 1990, il ne s'agissait que d'idées, avec le nouveau millénaire, ce n'était déjà plus le cas.

STUXNET : UN VER ENTRE DANS L'HISTOIRE

Au cours du dernier semestre de l'année 2010, des articles sur la découverte d'un logiciel malveillant commencèrent à se multiplier dans la presse internationale. D'une puissance sans précédent, ce programme, baptisé « Stuxnet[22] », marqua une étape historique de l'intrusion du cyberespace dans le monde réel. L'attaque, attribuée à des cyberpuissances occidentales (principalement les États-Unis) se déroula de la façon suivante : les pirates parvinrent à s'introduire dans le système de contrôle-commande des centrifugeuses de l'usine nucléaire de Natanz, en Iran. Leur objectif était clair : perturber le programme nucléaire du régime iranien.

Dans le nucléaire, les centrifugeuses sont utilisées pour séparer les deux composants principaux de l'uranium, lors d'un processus appelé « enrichissement[23] ». Chaque kilogramme d'uranium naturel contient 99,3 % d'uranium 238 et 0,7 % – sept grammes seulement – d'uranium 235.

Ce dernier est l'isotope nécessaire pour fabriquer une bombe atomique ou pour produire de l'énergie nucléaire. L'enrichissement a pour objectif de produire un composé comprenant une concentration beaucoup plus riche en uranium 235 qu'à l'état naturel.

L'enrichissement de l'uranium est un processus délicat. Il repose sur une infime différence de masse (de moins de 1 %) entre les deux sortes d'uranium. Il existe différentes façons d'enrichir l'uranium, mais l'utilisation de centrifugeuses étant considérée comme la méthode la plus efficace en matière d'énergie, elle est la plus utilisée au monde. L'Iran a installé des milliers de centrifugeuses dans son usine de Natanz.

Chaque centrifugeuse est un cylindre long et étroit composé de métal fin, mais résistant. Chaque cylindre mesure plusieurs mètres de hauteur et quelques dizaines de centimètres de largeur. Il tourne à une vitesse de dizaines de milliers – jusqu'à une centaine de milliers – de tours par minute, soit plus de cinq fois la vitesse maximale d'un piston de moteur d'automobile. Ce n'est qu'à de telles vitesses qu'on obtient la séparation des deux isotopes d'uranium. Mais cette vitesse vertigineuse nécessite l'entretien d'un dispositif coûteux et la production de paliers magnétiques pour les cylindres, ainsi que d'autres composants – faute de quoi, les cylindres se détraquent. Si une centrifugeuse est déséquilibrée, elle peut se désintégrer immédiatement. Cette désintégration risque d'endommager également les centrifugeuses se trouvant à proximité.

C'est exactement le scénario qu'avaient à l'esprit les concepteurs de Stuxnet. Ils mirent au point un programme leur permettant de pénétrer dans le centre de contrôle-commande de l'usine de centrifugeuses afin de provoquer une série de pannes techniques. Le logiciel continuerait à introduire de nouvelles anomalies, jusqu'à ce que les centrifugeuses s'effondrent ou explosent.

Il était crucial que les Iraniens ignorent qu'ils étaient victimes d'un piratage. Les concepteurs du logiciel malveillant s'efforcèrent de faire croire aux responsables de l'équipe de contrôle que les centrifugeuses s'effondraient à cause d'une malfaçon. Ces derniers faisaient donc cesser toute activité afin de détecter et résoudre le problème. Tout était conçu pour que chaque « réparation » prenne beaucoup de temps, retardant considérablement (voire paralysant) le processus d'enrichissement de l'uranium.

Stuxnet est encore considéré comme la cyber-attaque la plus sophistiquée jamais perpétrée, parce qu'elle exigeait des programmeurs qu'ils piratent des systèmes « isolés », c'est-à-dire des réseaux informatisés non connectés à l'internet. Les systèmes iraniens étaient équipés de toutes sortes de mesures protectrices, et une poignée de personnes seulement y avaient accès.

Pour s'introduire dans un système isolé, il faut des connaissances sur un réseau local et des informations sur ses utilisateurs. On doit aussi trouver un point faible par lequel se faufiler. Si l'on copie des fichiers d'un ordinateur ordinaire, lequel est connecté à l'internet, vers un système isolé, on risque d'exposer ce dernier à un logiciel malveillant opérant potentiellement sur l'ordinateur ordinaire. Dans ce cas précis, l'appareil utilisé pour le transfert de fichiers, d'abord connecté à l'internet puis au système de contrôle de la centrifugeuse, serait porteur du logiciel malveillant. C'est souvent comme cela que les vers informatiques pénètrent des systèmes isolés, sans que personne ait eu nécessairement l'intention de les y introduire. D'après plusieurs rapports, les systèmes de fonctionnement des centrifugeuses de Natanz furent effectivement piratés selon ce processus.

Dans l'étape suivante de la cyber-attaque, les programmeurs de Stuxnet devaient comprendre exactement le mode de fonctionnement des systèmes de contrôle-commande industriels, extrêmement différents des systèmes informatiques classiques. Stuxnet « savait » exactement comment fonctionnait chaque mécanisme de supervision du système et comment les mécanismes interagissaient. La stratégie d'attaque s'appuyait sur une connaissance totale de chaque élément, aussi bien les centrifugeuses isolées que leurs systèmes de contrôle. Stuxnet était également conçu pour induire en erreur les responsables de la surveillance, trafiquant les indicateurs en temps réel pour montrer que tout allait bien, afin que personne sur place ne remédie au dysfonctionnement. Une telle programmation nécessitait une connaissance exacte du tableau de bord du système et des protocoles d'intervention en cas de situations suspectes. Sans renseignements préalables extrêmement précis et sans une compréhension en profondeur du système, il eût été impossible de concevoir un ver informatique comme Stuxnet.

La cyber-attaque remporta un succès total. Il fallut attendre 2010 pour que les Iraniens, aidés par des spécialistes de cyber-sécurité étrangers, découvrent le ver, après que celui-ci eut déjà interrompu une partie du système des centrifugeuses. Ceux qui l'identifièrent le baptisèrent d'après deux fragments de ses lignes de code : STUX et

NET. Au cours des années suivantes, les médias internationaux révélèrent cette attaque, en donnèrent les détails techniques et partagèrent même des informations sur l'opération tout entière, dans un premier temps auprès des spécialistes, puis de façon plus large. Cette divulgation laissa les experts de la cyber-sécurité sans voix. Stuxnet était plus complexe et plus formidable que tous les autres logiciels malveillants connus jusqu'alors.

LE MARCHÉ DES VULNÉRABILITÉS

Une particularité de Stuxnet stupéfia les experts en cybersécurité. Pour réussir, l'attaque avait utilisé pas moins de quatre vulnérabilités « zero-day » pour infiltrer et détruire les centrifugeuses iraniennes. Pour apprécier l'exploit du recours à quatre vulnérabilités simultanément, il faut d'abord comprendre en quoi elles consistent et comment elles peuvent être utilisées dans le cyber-espace.

Une vulnérabilité est une faille permettant aux hackers d'utiliser un logiciel (software) ou du matériel (hardware) d'une façon imprévue ou non autorisée. Elle est généralement la conséquence d'une programmation défectueuse ou d'erreurs dans l'application du logiciel. Comme les programmes informatiques sont conçus par des êtres humains, ils sont susceptibles de contenir de petites bizarreries. La plupart des erreurs risquent d'empêcher les programmes d'effectuer correctement leur travail. Dans les cas extrêmes, ils ne fonctionnent plus du tout. De nombreux autres bugs peuvent surgir dans l'interface entre les programmes et les différents systèmes d'exploitation, ou entre les divers composants utilisés par le logiciel. En réalité, seul un petit nombre d'erreurs dans un logiciel peuvent constituer des vulnérabilités permettant une véritable prise de contrôle malveillante d'un programme. Mais vulnérabilité est également synonyme d'opportunité. C'est pourquoi les hackers parcourent en permanence les réseaux, en quête de ces portes d'entrée.

Dans le jargon de la profession, un « zero-day » est le jour où quelqu'un détecte une vulnérabilité particulière. Cette découverte déclenche une course contre la montre pour réparer la vulnérabilité en recourant à des mises à jour du logiciel. Mais certaines vulnérabilités demeurent longtemps inconnues de tous, à l'exception du hacker qui les a découvertes. Comme les concepteurs de logiciels ne savent pas que ces vulnérabilités existent, leur exploitation donne aux pirates un réel avantage dans n'importe quel système défensif. Elle ouvre la porte à des attaques à la fois puissantes et clandestines. Les organisations cyber déploient d'énormes efforts pour détecter des vulnérabilités zero-day dans les systèmes de leurs concurrents et les exploiter tant qu'elles ne sont pas détectées par d'autres et « réparées ». La plupart de ces organisations ne mentionnent pas ces vulnérabilités aux sociétés qui produisent les logiciels, contrairement aux entreprises de cybersécurité, qui les alertent les immédiatement lorsqu'elles trouvent des points faibles.

Les vulnérabilités les plus prisées par les cybercriminels ou les organisations cyber-hostiles sont celles des logiciels les plus communément utilisés, comme Windows de Microsoft, Android de Google, et iOS d'Apple. La raison en est simple : plus le logiciel est répandu, plus le nombre d'utilisateurs « piratables » augmente. Mais ne vous y trompez pas. Il est extrêmement difficile de découvrir des vulnérabilités zero-day. Les sociétés de logiciels sont sans cesse sur la brèche pour débusquer leurs propres erreurs et les réparer, notamment celles qui pourraient causer des failles problématiques. Le cas de Stuxnet, qui en exploitait pas moins de quatre, illustre la puissance des cyber-attaques utilisant des vulnérabilités inconnues.

LES SEPT ÉTAPES D'UNE CYBER-ATTAQUE

Rétrospectivement, d'aucuns considèrent Stuxnet comme un signal d'alarme adressé à l'humanité contre la puissance des cyber-attaques. Cette opération a sorti la menace cybernétique du monde virtuel, celui des systèmes de communication et de données, pour l'introduire dans le monde physique. Certes, elle visait des systèmes informatisés, mais les dégâts causés se sont concrétisés dans le monde réel et ont abouti à la destruction des centrifugeuses. On peut comparer cet événement à l'évolution de la force aérienne dans l'entre-deux-guerres. L'objectif principal d'un avion sur le champ de bataille a soudain changé : initialement instrument d'observation sophistiqué utilisé par les services du renseignement et les unités d'artillerie, l'avion est ensuite devenu une arme meurtrière en soi. De même, Stuxnet montra au monde ce que de nombreux experts avaient déjà perçu, à savoir que la cyber-menace allait bien au-delà du cyber-espace et pouvait toucher des infrastructures réelles.

Stuxnet prouva que tout système industriel, quelle que soit sa taille, était vulnérable au piratage informatique et aux interférences. Pas seulement les équipements nucléaires, que les puissances internationales s'escrimaient bien sûr à pirater, mais également les systèmes de circulation et de refroidissement de l'air, vitaux pour le maintien des superordinateurs des grandes entreprises, les systèmes informatiques qui gèrent les bâtiments intelligents et les villes modernes, ainsi que l'infrastructure des transports comme les feux de signalisation et les systèmes ferroviaires, pour n'en citer que quelques-uns. De fait, tout système sur la planète est vulnérable aux cyber-intrusions et aux cyber-perturbations.

L'attention la plus soutenue est accordée à la vulnérabilité des systèmes industriels qui reposent sur des mécanismes de contrôle informatisés. En jargon professionnel, on les appelle systèmes SCADA (Supervisory Control and Data Acquisition). Nombre d'entre eux étaient utilisés pour transférer des données à l'ère pré-internet et manquent donc de mesures défensives de base. Stuxnet a également démontré comment des organismes sophistiqués spécialisés dans le cyber peuvent lancer ce que les professionnels appellent une APT (Advanced Persistent Threat, littéralement une menace persistante avancée). Une telle attaque peut durer pendant plusieurs années si les attaquants parviennent à s'introduire dans un réseau et y demeurer sans être détectés. Après Stuxnet, 2011 fut marquée par une vague d'attaques de grande ampleur, la plupart visant à copier et voler de l'information. L'une des plus célèbres frappa la compagnie de cyber-sécurité RSA. Les pirates utilisèrent des informations récupérées dans les systèmes de RSA pour attaquer l'entreprise américaine Lockheed Martin, l'un des plus gros constructeurs d'avions du monde, qui utilisait des technologies de protection RSA[24].

Après cet épisode, Lockheed Martin présenta un modèle décrivant les sept étapes que toute cyber-attaque APT doit respecter, nommé « chaîne de frappe », en anglais *cyber kill chain*. Il devint le modèle principal dans le monde pour décrire des cyber-attaques avancées[25].

La première étape est la *reconnaissance*. Tout comme une unité militaire explore en éclaireur le terrain et évalue la situation des forces ennemies avant une attaque, les responsables du cyber-renseignement naviguent dans le cyber-espace exactement dans le même but. Ils recueillent des mines d'informations sur la façon d'accéder aux réseaux qu'ils veulent attaquer, comme par exemple les points de connexion à d'autres réseaux. Ces éclaireurs analysent les mécanismes de défense à chaque point de connexion et la structure du réseau : sa taille, sa forme, ses utilisateurs et ses mesures de sécurité.

La deuxième étape, qui se déroule en parallèle, est l'*armement* : il consiste en l'élaboration d'un logiciel malveillant chargé de réaliser une mission dans le réseau ciblé. Cette arme est adaptée à la vulnérabilité par laquelle se produit l'intrusion dans le réseau.

La troisième étape de l'attaque est la *livraison*. C'est le moment de l'intrusion dans le réseau ciblé. C'est l'étape que de nombreux mécanismes de cyber-défense traditionnels tentent de détecter et de stopper. S'il n'est pas détecté pendant le piratage, le logiciel malveillant est utilisable par les attaquants.

Les quatrième et cinquième étapes sont l'*exploitation* et l'*installation*. Au cours de ces étapes, les attaquants profitent d'une vulnérabilité du système d'exploitation ou d'autres caractéristiques des ordinateurs ciblés afin de se propager dans le réseau et d'y installer une porte dérobée.

Au cours de la sixième étape, *commandement et contrôle*, les hackers communiquent grâce à la porte dérobée qu'ils viennent d'installer, ce qui leur donne le contrôle des armes.

La septième et ultime étape est celle des *actions sur l'objectif*, au cours de laquelle les attaquants peuvent réaliser la mission prévue.

LE DOMAINE MILITAIRE : UN NOUVEAU CHAMP DE BATAILLE

Le cyber-espace est-il réellement un champ de bataille ? Ce qui fait d'un domaine un champ de bataille, c'est sa capacité à produire un effet sur un autre domaine. L'espace aérien, par exemple, peut avoir des conséquences déterminantes sur le front grâce aux bombardements aériens. De même, le cyber-espace peut affecter les champs de bataille habituels de la guerre – terrestres, aériens et maritimes – de façon concrète et tangible. Il peut même affecter des activités dans l'espace. Le cyber-espace est donc à part entière un nouveau domaine de la guerre, né de la grande révolution du cyber.

Stuxnet fut une démonstration éclatante de la puissance des cyber-attaques, mais ce ne fut pas la seule. En 2007, l'Estonie fut elle aussi la cible d'une cyber-attaque concertée. Dans ce pays, déjà hautement numérisé, de nombreux services reposaient sur l'internet. L'attaque intervint dans le sillage de troubles déclenchés par la décision du gouvernement de déplacer un monument qui rendait hommage aux soldats russes au cœur de Tallinn, capitale de la jeune république. La cyber-attaque perturba les serveurs du gouvernement et des banques, ainsi que des sites internet. On retrouva sa source en Russie, sans pouvoir établir de lien direct avec le gouvernement russe. Les Estoniens en tirèrent la leçon et se lancèrent dans une vaste opération de protection de leur cyber-espace. Dans ce contexte, ils créèrent une milice populaire de spécialistes de sécurité de l'information en temps de crise[26].

Un an plus tard, ce fut au tour de la Géorgie. Pendant la guerre russo-géorgienne de 2008, les Russes lancèrent une vaste cyber-attaque contre les Géorgiens. Ils s'attaquèrent d'abord à différentes infrastructures du pays, avant même l'invasion terrestre, comme une sorte de frappe avancée. La cyber-attaque se poursuivit avec une force considérable pendant l'invasion, en synchronisation parfaite avec les autres moyens déployés. Les Russes désorganisèrent les services du gouvernement et, plus généralement, son fonctionnement. Selon certains experts, la Russie montra sa capacité à lancer des attaques paralysantes, mais se contenta ici d'un avertissement. Tout comme elle le fit sur terre lorsqu'elle bombarda la région située autour de l'oléoduc le plus long et le plus important menant vers l'ouest, mais pas l'oléoduc lui-même, elle lança des cyber-attaques d'une ampleur limitée, adaptée aux besoins de l'intervention. L'utilisation par les Russes du cyber-espace comme d'un champ de bataille aux côtés des champs « traditionnels » créa un précédent historique[27].

Vers la fin de la première décennie du XXIe siècle, les commandants de l'armée israélienne commencèrent eux aussi à parler du cyber-espace comme d'un nouveau «champ de bataille», et l'état-major définit le cyber-espace comme un «espace stratégique d'intervention». Dans le jargon militaire, les champs de bataille sont des domaines d'intervention qui peuvent associer puissance de feu, manœuvres, logistique et assistance à d'autres domaines. Tsahal entreprit donc d'injecter des fonds dans le développement de ses cyber-capacités, principalement au détriment de ses forces terrestres. Dans les forces de défense israéliennes, le Directoire du renseignement et l'armée de l'air bénéficient traditionnellement d'une priorité budgétaire totale. À l'époque, le cyber était encore considéré comme faisant partie intégrante de la section du renseignement, dont le budget s'accrut en conséquence. En 2010, un an après Tsahal, le Shin Bet (service de sécurité intérieure d'Israël) rejoignit lui aussi la révolution du cyber. Il décida de lancer une vaste opération destinée à mettre sur pied un département cyber du ROEM, le fameux renseignement d'origine électromagnétique, qui allait bénéficier de renforts substantiels de main-d'œuvre. Ce fut un tournant décisif; pour la première fois, le Shin Bet utilisa le terme «cyber» pour qualifier un département entier.

Pour comprendre comment le Shin Bet commença à s'intéresser au cyber, il faut revenir un peu en arrière, au début des années 1970. À l'époque, bien avant l'internet et les ordinateurs personnels, alors que l'information transitait par des cartes perforées, le Shin Bet avait développé la capacité de déchiffrer secrètement ces cartes, principalement dans le cadre de ses efforts incessants pour traquer les espions. Une véritable opération de piratage. Trois décennies plus tard, en 1996, des mois après l'assassinat du Premier ministre Yitzhak Rabin, les rues d'Israël furent secouées par une vague d'attentats-suicides. Ami Ayalon, le chef du Shin Bet, diligenta une vaste étude du QG intitulée : « Où va le Shin Bet ? »

Pour le Shin Bet, ce fut une période de crise. Ayalon avait été parachuté à son poste de l'extérieur après avoir servi plusieurs années dans la marine, en raison de l'échec des services de sécurité à protéger le Premier ministre. La principale conclusion de cette étude fut la nécessité d'une révolution informatique. Jusqu'alors, les services avaient presque totalement dépendu du renseignement humain, se fondant sur des agents travaillant sur le terrain. Ayalon ordonna la création d'une unité de ROEM (renseignement d'origine électromagnétique).

Le Shin Bet effectua ce bond prodigieux pendant la seconde Intifada, qui débuta en octobre 2000. Au total, plus d'un millier d'Israéliens et cinquante ressortissants étrangers furent tués dans une longue série d'attentats terroristes. Au paroxysme de cette sombre époque, les terroristes se faisaient exploser dans tout Israël, presque chaque jour. Cette vague d'attentats conduisit à un effort intense dans le domaine du renseignement, effort qui porta principalement pour la première fois sur les réseaux informatiques et les téléphones cellulaires. La technologie avait suffisamment mûri pour remplir cette mission. Sur les traces des terroristes, le Shin Bet lança plusieurs projets en collaboration avec les universités et l'industrie. En fait, outre l'opération « Rempart », au cours de laquelle Israël reprit le contrôle de villes palestiniennes en Judée-Samarie (avril 2002), et l'édification de la clôture de sécurité entre l'Autorité palestinienne et Israël, cette opération du renseignement dans le cyber-espace contribua considérablement au combat contre le terrorisme. Des milliers de terroristes furent tirés de leur lit; leurs réseaux, si compartimentés qu'ils aient pu être, s'effondrèrent les uns après les autres.

Parallèlement, en 2002, sous le mandat du Premier ministre Ariel Sharon, le comité ministériel de sécurité nationale décida d'assumer la « responsabilité de protéger les systèmes informatisés de l'État d'Israël ». Il décida de constituer deux cyber-organismes ad hoc. Le premier était un comité de réflexion qui serait dirigé par le Conseil national de sécurité. Ce comité déterminerait les lignes directrices pour la protection des principaux systèmes informatisés d'Israël, dresserait une carte des menaces potentielles et définirait les organisations vitales et sensibles d'Israël nécessitant des mesures de protection spéciales.

Outre ce comité, Israël constitua une unité opérationnelle au sein du département de sécurité du Shin Beth : l'Agence nationale pour la sécurité de l'information (ANSI). L'ANSI orienterait et contrôlerait les organisations classées « critiques » par le haut comité de réflexion, quant à la manière de protéger leurs réseaux informatiques.

En vertu de cette décision prise par le comité de réflexion en 2002, ces organisations « critiques » furent rendues directement responsables de la cyber-défense de leurs infrastructures. La liste des organisations, révisée de temps en temps, comprenait non seulement les infrastructures nationales critiques, comme les compagnies d'électricité et des chemins de fer, la compagnie nationale du téléphone (Bezeq), mais également la Bourse de Tel-Aviv, la Banque d'Israël, etc. L'idée était que celles-ci étaient aussi vitales pour le bon fonctionnement du pays, puisqu'une attaque contre une infrastructure financière essentielle pourrait infliger de graves dommages à l'échelle nationale.

En 2005, les attentats terroristes de la seconde Intifada cessèrent. Les efforts déployés par le renseignement pour entraver et contrecarrer ces attentats s'étaient avérés efficaces. À l'instar d'autres organisations israéliennes du renseignement qui, toutes, avaient une expérience concrète du contre-terrorisme, le Shin Bet ne conserva plus le moindre doute quant à l'importance vitale du ROEM, autrefois désigné par l'expression désuète d'« écoutes téléphoniques ». Le passage du Shin Bet et de ses homologues du renseignement à une sérieuse activité dans le cyber-espace s'opéra de façon naturelle. La branche technologique du Shin Bet, fer de lance de cette activité, ne fut d'abord qu'une petite section, qui se développa pour devenir un département entier, puis une division, et par la suite l'âme même de l'organisation.

La même année, Yuval Diskin fut nommé directeur du Shin Bet. L'une de ses premières mesures fut la création d'une commission interne pour provoquer une cyber-révolution dans l'agence, ce qui impliquait de profonds changements structurels. Lorsque la commission boucla son travail au bout de huit mois, Diskin convoqua les gros bonnets du Shin Bet à un atelier de cyber-sécurité de trois jours qui devait se tenir dans un hôtel de Jérusalem.

La pratique des ateliers est fermement ancrée dans la nature même de l'establishment sécuritaire d'Israël depuis le fameux « séminaire » organisé par le premier chef de gouvernement, David Ben Gourion, à la suite duquel il avait pris une série de mesures de grande portée qui posaient les fondations de l'armée moderne d'Israël. Ben Gourion organisa en fait deux séminaires lourds de conséquences pour l'avenir de Tsahal : l'un avant l'indépendance, en 1947, et le second en 1953. Dans la perspective de ce dernier, il prit un congé sabbatique de trois mois de ses fonctions de Premier ministre pour se familiariser avec Tsahal sous tous ses aspects, de la base au sommet, sa structure, ses besoins, ses forces et ses faiblesses. Il visita des bases militaires, rencontra des officiers et s'absorba dans l'étude de piles de documents. Il mit au diapason du réel ses réflexions sur le conflit avec les Arabes et les affina en une doctrine générale. Tout cela détermina la nouvelle structure de Tsahal, la répartition interne de son budget et le travail de son état-major.

Près de soixante ans plus tard, le nouveau grand défi était le cyber. La principale décision que prit Diskin après ce séminaire fut de constituer des unités cyber dans chaque département du Shin Bet. Puis il promut l'unité du ROEM au rang de véritable département, avec pour mission de coordonner et synchroniser les capacités du renseignement et de la cyber-défense du Shin Bet. Il fut également décidé que ce département prendrait en charge la responsabilité de l'ANSI, qui n'avait jamais vraiment fait partie intégrante de la famille. Il s'avéra que le travail du Shin Bet s'intégrait parfaitement au calendrier de l'Initiative nationale du cyber, fraîchement créée sur ordre du Premier ministre Nétanyahou.

« METTONS-NOUS EN ROUTE »

« Venez voir le Premier ministre, et nous avancerons à partir de là », déclara Locker, secrétaire militaire du Premier ministre, au professeur Yitzhak Ben-Israël.

En novembre 2010, quelques semaines après la rencontre entre Ben-Israël et Nétanyahou, l'« Initiative cyber » d'Israël prit son envol : plusieurs commissions furent chargées d'examiner divers aspects du cyberespace. Pour élaborer la stratégie, Ben-Israël constitua une équipe de près d'une centaine de personnalités de différents secteurs : sécurité, gouvernement, université et secteur privé.

Ben-Israël guidait les commissions vers un objectif unique : préparer un plan national du cyber pour l'État d'Israël. Toutes les deux ou trois semaines, il se rendait au bureau du Premier ministre pour discuter des points principaux avec le général Locker et connaître ses réactions. Il parvenait parfois à obtenir un rapide entretien avec le Premier ministre en personne.

Compte tenu de la rapidité de l'évolution technologique dans le monde, Ben-Israël comprit qu'une initiative ad hoc ne suffisait pas à relever le défi du cyber et recommanda de créer une sorte de nouveau QG, un Bureau national du cyber, susceptible d'élaborer en permanence la cyber-politique de la nation. Il recommanda également que cette nouvelle antenne soit directement subordonnée au Premier ministre israélien. L'idée était d'exploiter toute la force d'influence du bureau du Premier ministre et ainsi de surmonter les inévitables rivalités de clocher avec les autres instances plus anciennes du gouvernement.

L'objectif était de faire appréhender le cyber-espace par un organisme aux vues les plus larges possibles, et non du point de vue étroit d'un quelconque secteur économique ou de tel ou tel ministère. Seul un bureau rendant directement des comptes au Premier ministre et ayant la préséance sur tous les autres ministères pourrait s'attaquer aux aspects sécuritaires, économiques et universitaires de la cyber-sécurité sans dévier de son chemin. L'Initiative cyber avait pour but de déterminer ce que devrait être la doctrine de cyber-sécurité globale d'Israël et qui devait être responsable de sa mise en œuvre. L'option évidente consistait à confier la tâche au Shin Bet, dans le prolongement naturel de sa mission depuis 2002. Mais les choses n'étaient pas si simples. Ben-Israël était enclin à laisser la responsabilité au Shin Bet, mais il eut l'impression que son nouveau directeur, Yoram Cohen, craignait que l'agence ne soit incapable de réaliser cette mission sans une augmentation substantielle de ses ressources et sans que soient résolues nombre de questions juridiquement et politiquement délicates.

L'Initiative finit par produire un rapport comportant treize recommandations. La première était de constituer, au sein du bureau du Premier ministre, un Bureau national du cyber, et de le doter de budgets et de pouvoirs adéquats. Le jour prévu pour soumettre ces recommandations au Premier ministre Nétanyahou, à la dernière minute, Ben-Israël sortit de la poche de sa chemise un stylo et ajouta un commentaire à l'encre bleue : « La stratégie nationale de la cyber-sécurité d'Israël sera conçue par le Bureau national du cyber en se fondant sur les recommandations du Shin Bet[28]. » Cet ajout de dernière minute allait déclencher d'inimaginables luttes politiques et organisationnelles, jusqu'à ce qu'elles finissent par se dissiper, en 2015.

Le Premier ministre accepta ces recommandations par une formule qu'il citait souvent lorsqu'il s'agissait de relever un défi : « Mettons-nous en route, on s'organisera en chemin. » Cette phrase s'inspire directement du jargon militaire israélien, et les officiers de Tsahal y recourent lorsque leurs forces se trouvent sur le terrain et qu'un incident inopiné requiert une réaction rapide.

Ayant reçu le rapport de l'Initiative cyber, le Premier ministre Nétanyahou organisa une conférence de presse et demanda à Ben-Israël de prendre la parole, le prenant au dépourvu. L'un des conseillers en communication du Premier ministre lui prêta un veston et une cravate pour l'occasion.

« Aujourd'hui, j'ai décidé la création d'un Bureau national du cyber, annonça Nétanyahou. Ce Bureau aura en charge trois domaines : la cyber-défense, le développement industriel et la recherche universitaire. En ce qui concerne la défense, comme tout État moderne, Israël est exposé à des cyber-attaques. Nous devons apporter une défense adéquate face à cette menace. Mais comme cette menace n'est pas nouvelle et est en constante évolution, nous assistons également à l'émergence d'entreprises industrielles spécialisées en cyber-sécurité. Il y a là un immense potentiel économique. Le troisième aspect concerne la base de savoir-faire nécessaire aussi bien pour la sécurité que pour l'industrie. Ce savoir-faire est inclus dans notre système éducatif. Nous voulons également le renforcer. Le Bureau national du cyber prendra ces trois domaines et les réunira en un plan d'action unique. »

Les journalistes posèrent quelques questions à Nétanyahou avant de se disperser. Son annonce fut pratiquement ignorée par les médias. Très peu de personnes prirent conscience à l'époque que Nétanyahou venait de lancer l'une des initiatives majeures de son second mandat – le plus long – de Premier ministre d'Israël. Le gouvernement israélien adopta le plan dans sa résolution 3611 du 7 août 2011, sous le titre « Promouvoir la capacité nationale dans le cyber-espace ».

Ce serait l'une des mesures phares de sa politique pour les années à venir.

NAISSANCE D'UNE CYBER-NATION

IMAGINER UN ÉCOSYSTÈME INÉDIT

UNE PROPOSITION INATTENDUE

Lorsque je* reçus un appel inopiné du bureau du Premier ministre, j'étais loin de m'imaginer que l'on discuterait la création d'un Bureau national du cyber.

À l'époque, je travaillais au Directoire de la recherche et du développement (R&D) du ministère de la Défense. Je dirigeais tous les programmes destinés à former notre capital humain en technologie pour les systèmes sécuritaires de R&D, notamment le programme universitaire de l'armée baptisé « Talpiot », dont j'étais moi-même diplômé[1]. Cette convocation à une réunion ne me surprit pas ; je connaissais le général Locker de longue date, et je supposais qu'il voulait me consulter de nouveau sur des opérations militaires ou sur des questions de technologie, comme nous en étions coutumiers.

La rencontre avec Locker était prévue à Jérusalem, dans l'« Aquarium », le hall aux parois vitrées situé au premier étage du bureau du Premier ministre, et qui abrite l'état-major du chef du gouvernement, les bureaux

---

* Eviatar Matania, l'un des deux auteurs de ce livre.

de ses conseillers les plus proches, ainsi que la salle du cabinet de sécurité. Locker me surprit en orientant notre entretien vers le cyber. Puis, sans détour, il me posa la question : « Voudrais-tu rejoindre le bureau du Premier ministre et monter le Bureau national du cyber ? » Je restai sans voix.

Ayant été partie prenante de l'Initiative cyber, j'étais parfaitement au courant de la décision de créer un Bureau national dédié à la question, mais je n'aurais jamais envisagé qu'on me demande de faire partie de son équipe fondatrice. « Écoute, lui dis-je prudemment, c'est un sujet fascinant, un défi formidable, mais de quoi est-il question exactement ? Qu'est-ce que ça implique ? Qu'en attend-on véritablement ? À quel titre y participerais-je ? »

« C'est ce que je suis en train de te demander », répondit Locker. Il me regarda droit dans les yeux et me lança à brûle-pourpoint : « Qu'est-ce qui te conviendrait ? Tu préférerais être le numéro un ou le numéro deux ? »

« Je pensais que le poste était réservé à Yaïr Cohen », lui dis-je, mentionnant un ancien commandant de l'unité 8200 considéré comme talentueux et expérimenté en matière de cyber-espace.

« Ça n'entre pas en ligne de compte pour l'instant », répondit Locker laconiquement.

J'appris plus tard que le bureau du Premier ministre avait pris contact avec moi parce que Nétanyahou avait chargé son équipe d'envisager plusieurs candidats pour le poste. Entre-temps, Cohen avait décidé de ne pas postuler. Ce dernier m'expliqua plus tard qu'il avait sérieusement considéré cette proposition ; elle ne correspondait pas à ses projets personnels, tout simplement.

Alors que je m'interrogeais sur la façon de répondre à la proposition-surprise de Locker, ce dernier dut s'excuser et me laisser seul dans son bureau pour quelques minutes. J'en profitai pour réfléchir. D'un côté, ce serait un défi prodigieux : guider l'État d'Israël directement sous les ordres du Premier ministre dans les *terrae incognitae* du cyber-espace; construire de toutes pièces un nouvel organisme pour le pays; travailler au cœur de l'action nationale, dans un domaine mondial qui promettait de se développer et de prendre de l'importance, à la fois pour Israël et pour le monde entier; participer à l'élaboration de l'avenir.

D'un autre côté, l'incertitude était abyssale. Quelle importance revêtirait ce nouvel organisme, compte tenu du pouvoir écrasant du système sécuritaire dans ces questions ? Nétanyahou continuerait-il à s'intéresser personnellement au cyber-espace et à fournir le soutien politique nécessaire pour faire décoller l'affaire ? S'agissait-il d'une véritable percée ? Ou allais-je perdre mon temps ?

Je pesai rapidement le pour et le contre avant de me répondre à moi-même : *Oui, c'est un sacré défi, mais j'aime les défis*. C'était une occasion d'exercer une influence tangible sur la sécurité nationale d'Israël. Enfant, j'avais été élevé dans l'idée de contribuer à aider mon pays, et mon sens du service public n'avait été que renforcé par le programme Talpiot de l'armée. Incertitude ? Cela ne me faisait pas peur. À bien des égards, j'étais dans ma zone de confort : édifier quelque chose d'entièrement nouveau. Dans mon esprit, la réponse était évidente. Quand Locker revint, je lui répondis sans équivoque : « Oui, je veux diriger le Bureau national du cyber, en numéro un. »

Quelques jours plus tard, je fus convoqué pour un entretien avec le Premier ministre. J'étais assis en face de lui, pendant que Locker, en bout de table, prenait des notes. Le Premier ministre m'interrogea sur ma formation, s'intéressa particulièrement au programme Talpiot, à mon cursus en physique et en maths, ainsi qu'à mes travaux de doctorat sur la prise de décision, à la faculté de psychologie de l'Université hébraïque. Puis il me posa des questions sur mon expérience en R&D dans le domaine de la sécurité et dans la haute technologie civile. Enfin, il me demanda mon âge. Lorsqu'il apprit que j'avais quarante-cinq ans, il lança avec un grand sourire : « Un jeunot ! » Lui-même n'avait que quarante-six ans lorsqu'il avait été nommé Premier ministre pour la première fois, en 1996, mais je gardai pour moi ce commentaire.

Le reste de l'entretien porta sur le cyber. Nétanyahou me demanda comment j'appréhendais la menace, les capacités et les défis en la matière. Il me communiqua sa pensée. Il considérait les cyber-attaques comme l'une des principales menaces pour les États modernes, notamment Israël. Mais il estimait également qu'il se trouvait là une occasion unique pour Israël de devenir un point de convergence mondial en matière d'infrastructures et de cyber-sécurité. Notre rencontre d'une heure s'écoula rapidement et nous prîmes congé.

Peu après, Locker m'annonça que Nétanyahou avait décidé de me confier le poste. Je commençai les préparatifs. Le 11 décembre 2011, le Premier ministre s'adressa au Conseil des ministres :

« Aujourd'hui, je voudrais soumettre au gouvernement la nomination d'Eviatar Matania à la tête du Bureau national du cyber. Le cyber-espace est en passe de devenir un élément clé de notre sécurité nationale. Nous devons garantir que l'État d'Israël soit fermement défendu dans ce domaine. Il y a là des aspects qui vont au-delà de la sécurité.

L'économie et la science seront concernées, et le Bureau coordonnera l'ensemble. Le gouvernement doit prendre conscience qu'Israël est dans le peloton de tête des cyber-puissances mondiales, c'est le moins qu'on puisse dire. Nous n'avons pas l'intention d'en rester là, nous allons continuer à monter[2]. »

Le poste qui venait de m'être confié était une première du genre au bureau du Premier ministre. D'une part, j'allais devoir rendre des comptes directement à Nétanyahou, tout comme les chefs du Conseil de sécurité nationale et du Conseil économique national (malgré le fait que mon bureau ne constituerait pas un département du bureau du Premier ministre à Jérusalem ; ce serait un organisme en soi, en liaison avec le secrétaire militaire du chef du gouvernement, tout comme les directeurs du Mossad et du Shin Bet). D'autre part, contrairement aux organes de sécurité d'Israël, ce nouveau bureau travaillerait aussi à l'édification de la force nationale d'Israël, infrastructure et R&D, avec l'objectif nettement défini de doter Israël de capacités dans le cyber-espace. Ni le Mossad ni le Shin Bet n'étaient investis de missions comparables[3].

Le dimanche 1er janvier 2012, je me mis au travail.

NOS MEILLEURS HOMMES

Dès le deuxième jour de la création du nouveau Bureau, la question de la cyber-sécurité fit la une des journaux grâce au « hacker saoudien ». C'est ainsi que les médias surnommèrent Omar Habib, qui utilisait le pseudonyme d'OxOmar. Début janvier 2012, Habib pirata ONE, le site de sports le plus populaire d'Israël, redirigeant les visiteurs vers un autre portail où il avait publié les numéros de cartes de crédit de quatre cent mille Israéliens, dérobés sur divers sites. Un acte politique, expliqua-t-il.

Après une nuit sans sommeil pour les directeurs de banque d'Israël, il s'avéra que le hacker saoudien avait gonflé la liste avec de faux noms et numéros en répétant les mêmes détails à plusieurs reprises. Il n'en avait pas moins téléchargé plus de quinze mille cartes de crédit authentiques, qui furent immédiatement annulées sans réels dommages[4].

En dépit de son ampleur limitée, l'affaire du hacker saoudien constitua un avertissement pour l'économie israélienne dans son ensemble. Elle mit en relief la nécessité d'assurer la sécurité des données en ligne. Contrairement à d'autres pays victimes d'attaques cyber qui faisaient la une des journaux, Israël n'avait pas été touché de façon suffisamment grave pour sortir l'opinion publique de son apathie. Si marginal qu'il fût, cet incident ouvrit les yeux des Israéliens sur les menaces latentes dans le cyber-espace. En réalité, sans en avoir eu l'intention, le hacker saoudien rendit service à Israël en exposant l'état pitoyable de la sécurité des données dans le pays ainsi que des mécanismes de protection de plusieurs sites détenant des renseignements sur les Israéliens

– le numéro de leurs cartes de crédit, entre autres. Du jour au lendemain, la prise de conscience se généralisa. Les organes de presse appelèrent le Bureau national du cyber, qui n'existait que depuis quelques jours, pour réclamer des explications. J'expliquai poliment que le bureau venait tout juste d'entrer en fonction et n'était pas encore à même de répondre. Je savais qu'il me faudrait m'atteler sans délai à cette défaillance, mais j'avais d'autres priorités.

L'énoncé de mission qui guidait mon travail se fondait sur trois éléments clés : le rapport de l'Initiative cyber produit par l'équipe de Ben-Israël ; une transcription de la conférence de presse donnée par Nétanyahou en mai 2011 ; et une résolution du gouvernement datant d'août 2011. Le rapport de l'Initiative cyber était de loin la source la plus détaillée, notamment en ce qui concernait la recherche-développement et l'infrastructure technologique. La résolution du gouvernement consistait principalement en une formalité, mais elle était aussi la plus contraignante. Les remarques énoncées par Nétanyahou à la conférence de presse résumaient ces deux textes et mettaient en relief les objectifs principaux. À eux trois, ces documents étaient la boussole qui me guidait.

Je m'efforçai de rencontrer toute personne concernée par le nouveau bureau et son mandat : des responsables de la sécurité, des fonctionnaires et des universitaires. J'eus une rencontre importante avec Yoram Cohen, le directeur du Shin Bet. Au cours de sa première année à son poste, Cohen était considéré comme quelqu'un de circonspect, impénétrable, mais extrêmement compétent, et à mon avis, surtout après avoir appris à le connaître, un homme honnête, respectable.

Cohen se déclara ouvert aux suggestions concernant la stratégie de cyber-sécurité d'Israël, notamment à des changements dans les rôles du Shin Bet et de l'ANSI, l'Agence nationale de sécurité de l'information. Il souligna qu'il redoutait de confier au Shin Bet des responsabilités supplémentaires pour la cyber-défense, car cela risquerait de détourner l'agence de sa mission fondamentale, le contre-terrorisme. C'était là une remarque importante. Elle m'encourageait à proposer un nouvel agencement et laissait entendre que le Shin Bet pourrait l'accepter au lieu de lutter instinctivement pour défendre son territoire.

Armé des points de vue de tous ceux à qui je m'adressais, je me mis au travail. La première tâche consistait à construire l'état-major du Bureau. Dans toute entreprise, le fondement le plus important est une équipe exceptionnelle. Je recherchai des candidats émérites, rompus aux arcanes du cyber et susceptibles de participer à l'équipe en apportant des réflexions originales. J'estimais que de jeunes et brillantes recrues, associant un savoir-faire technologique approfondi, une capacité d'analyse des systèmes et de réflexion stratégique étaient la clé de notre supériorité sur nos alliés et nos ennemis dans le monde. Mais, outre ces jeunes, je voulais aussi intégrer des membres ayant de l'expérience. Ils seraient moins familiers des récentes évolutions du cyber, mais ils auraient une expérience déterminante en matière d'organisation et une compréhension de l'univers du renseignement classique comme de celui du ROEM, qui sous-tendent le cyber-espace.

La première personne à laquelle je m'adressai fut mon ancien commandant dans l'armée, le général de réserve

Doron Tamir, qui avait été chef du renseignement militaire au début des années 1990. Je lui demandai s'il était prêt à s'enrôler de nouveau dans la défense de la patrie, cette fois, non en tant que général, mais en tant que haut fonctionnaire, et non comme mon commandant, mais comme mon subordonné. Tamir n'y réfléchit pas à deux fois. Le colonel de réserve Rami Efrati, ancien commandant du corps de collecte de renseignements de Tsahal, rejoignit l'équipe également.

Pour compléter ce groupe de prestigieux vétérans, nous avons embauché le général de réserve Shahar Argaman, ingénieur de formation et ancien commandant des commandos de la Sayéret Matkal, commandant de l'unité technologique de la branche du renseignement et responsable des opérations spéciales de Tsahal. Il gérerait ce qui relève du renseignement. Il était réputé pour sa sérénité, admiré et respecté à la fois par la communauté du renseignement et par les officiers combattants de l'armée. « Je vois que vous avez choisi nos meilleurs hommes », me dit Benny Gantz, le chef d'état-major de l'armée, avec un petit rire. C'était exactement ce que je m'efforçais de faire.

UNE DOCTRINE NATIONALE EN 120 JOURS

Avec à mes côtés des chefs de département aussi confirmés, je fus à même de sélectionner les jeunes recrues les plus douées. Tout naturellement, les deux premiers étaient diplômés du programme Talpiot. Pour avoir personnellement assuré leur formation et leur affectation, je les connaissais bien : Tal Goldstein, un ancien de la trente-deuxième promotion de Talpiot, et Lior Yoffé, diplômé de la promotion suivante. Tous deux avaient à leur actif des curriculum vitae impressionnants, et l'avenir était pour eux prometteur : Talgo fut par la suite happé par le Forum économique mondial, qui gère chaque année la conférence économique internationale à Davos, en Suisse. Ses nouvelles fonctions le firent passer d'une réflexion au niveau national à la direction de la réflexion mondiale dans le domaine du cyber, depuis Genève. En Israël, Yoffé allait devenir un pilier du dispositif du cyber, le fer de lance de ses initiatives techno-opérationnelles.

Ils furent rejoints par Shani Sharvit, précédemment assistante du directeur général du bureau du Premier ministre, qui rédigea la résolution du gouvernement établissant le Bureau. Elle savait parler la langue du gouvernement et nous rejoignit sur recommandation de Locker au titre de responsable de la politique gouvernementale du nouveau Bureau.

De concert avec Talgo et Yoffé, j'entrepris d'élaborer la stratégie nationale d'Israël en matière de cyber-sécurité. La résolution du gouvernement établissant le Bureau nous enjoignait de préparer une doctrine nationale de cyber-sécurité pour Israël dans les 120 jours, mais nous ne disposions pas du moindre document de base pour démarrer – ne serait-ce que parce qu'il n'en avait jamais été question dans les débats sur l'Initiative cyber. Ces discussions avaient fait état de la nécessité pour Israël de se doter d'une nouvelle doctrine de défense pour l'ensemble du secteur privé, tout en supposant qu'il s'agirait d'une simple modernisation de la stratégie existante pour les infrastructures sensibles.

De fait, aucun autre pays ne possédait le type de document stratégique qu'il nous fallait. Nous avions observé ce que faisaient les autres nations, sans y trouver la moindre source d'inspiration. La plupart des doctrines de cybersécurité s'étaient développées dans le secteur privé ; l'accent était mis principalement sur les organisations et, pour l'essentiel, la réflexion portait sur le domaine de la sécurité de l'information, à savoir la protection des données numériques dans les systèmes informatisés. Tout cela se résumait à une série de solutions pour les entreprises utilisant des technologies de sécurité et un contrôle plus étroit des rythmes de travail. Personne n'avait encore couché sur le papier une proposition sérieuse sur la façon de protéger l'ensemble du cyber-espace d'un pays. D'autant que dans les régimes démocratiques, les dirigeants n'exercent aucun contrôle sur les réseaux informatisés de leur pays. Les réseaux privés n'appartiennent pas à l'État, et il est bon qu'il en soit ainsi. À quel titre le gouvernement s'ingérerait-il dans ce qui se passe dans le réseau informatique d'une organisation non gouvernementale ? Comment un État démocratique pourrait-il justifier une intervention dans les réseaux de citoyens ou d'associations ? J'aspirai à mettre au point une approche novatrice de cyber-sécurité pour l'État d'Israël, une approche qui demeurerait pertinente et éclairerait la voie pour les prochaines décennies.

Après un examen en profondeur, nous avons identifié trois domaines nécessitant une intervention du gouvernement : le premier, c'était, purement et simplement, les menaces pesant sur les intérêts sécuritaires nationaux. Par exemple, tout ce qui risquait de mettre en péril l'approvisionnement en électricité, le ravitaillement ou la capacité d'intervention de nos forces de sécurité. Le deuxième domaine dans lequel le gouvernement devait intervenir concernait les cyber-attaques dont les répercussions s'étendaient au-delà de telle ou telle organisation. Par exemple, il fallait se protéger contre des cyber-attaques visant à faire sauter un réservoir d'ammonium menaçant les alentours, ou à perturber les feux de signalisation dans le but de provoquer des accidents. Ni l'un ni l'autre ne mettaient en danger la sécurité nationale, mais ils représentaient une menace pour la population; dans aucun de ces cas une organisation ne pouvait, à elle seule, être chargée d'assumer la responsabilité de la cyber-défense. Qui, à part l'État, pouvait garantir la sécurité de tant de citoyens susceptibles de subir les conséquences d'un tel cyber-incident?

Le troisième domaine requérant une intervention du gouvernement portait sur des cyber-attaques partielles, coordonnées, visant des organismes de même type dans l'ensemble de l'économie. Par exemple, si une cyber-attaque paralysait 50 % de la capacité d'une compagnie municipale des eaux, ce serait désagréable, mais pas un désastre national. Mais s'il existait un risque que chaque compagnie municipale des eaux subisse le même dommage simultanément, le gouvernement devrait s'en mêler. C'était un cas classique d'atteinte à des infrastructures non critiques où des dommages cumulés risqueraient d'atteindre des niveaux désastreux.

QUEL RÔLE POUR L'ÉTAT ?

Après avoir défini ces domaines de responsabilités, nous nous sommes attelés à la question suivante : l'État devait-il assurer la cyber-sécurité de la même façon que la sécurité militaire, en protégeant préventivement le pays d'une attaque, ou devait-il procéder par l'adoption de règlements ?

Les deux approches sont radicalement différentes. Une réglementation contraindrait les sociétés à se protéger elles-mêmes par des lois et des règlements, puis à veiller à leur implémentation. La réglementation bancaire, par exemple, établit des règles contraignantes pour les institutions financières, et le ministère de l'Énergie régule le marché de l'énergie en introduisant des normes dans les licences d'exploitation des compagnies de gaz. Mais, dans ces cas, la responsabilité de la mise en œuvre de ces règles incombe à la direction de chaque organisation. La surveillance réglementaire est assortie de sanctions en cas de non-respect, comme des amendes, la suspension de licences, ou des poursuites pénales.

Inutile de dire que le système de défense fonctionne différemment. Ce n'est qu'en bout de chaîne qu'on exige une certaine action de la part des autorités locales, des organisations ou des citoyens. Par exemple, en Israël, tous les nouveaux appartements doivent prévoir dans leur construction leur propre abri antimissile en béton armé. Mais l'armée et les autres forces de sécurité effectuent elles-mêmes la majeure partie du travail. Elles sont les instances opérationnelles responsables de la défense nationale. Personne d'autre que Tsahal ne se dresse entre les forces ennemies et les citoyens israéliens. C'est l'armée, et non des citoyens privés, qui déploie les tanks, les avions de combat et les systèmes d'interception de missiles. Quel modèle convient donc le mieux à la cyber-sécurité ?

La différence fondamentale entre réglementation et défense préventive réside dans la nature de la menace. L'État assume la responsabilité pleine et entière des menaces extérieures – celles qui proviennent d'ennemis. On recourt généralement à la réglementation civile lorsqu'il s'agit de lutter contre des menaces émanant de la nature (tremblements de terre ou incendies), d'une négligence en matière de normes de sécurité (comme les erreurs qui ont conduit à la catastrophe nucléaire de Tchernobyl), ou de problèmes techniques (comme l'inspection irrégulière de véhicules ou d'avions).

De toute évidence, les cyber-attaques sont des menaces que laisse planer un ennemi – les hackers. Une réglementation ordinaire recourant à des lois et des directives est inadaptée à ce type de menace. Pourquoi ? Parce qu'à partir du moment où il existe des ennemis réels, ils peuvent eux aussi étudier les lois et directives et, une fois qu'ils les ont comprises, les contourner. Les menaces cyber requièrent donc une approche de protection opérationnelle. D'où le dilemme suivant : le gouvernement doit-il adopter la même stratégie que l'armée pour défendre des civils que ce soit sur le front intérieur ou aux frontières ?

Il faut rappeler que le cyber-espace est différent du domaine physique. Dans le cyber-espace, les frontières politiques perdent leur pertinence ; tout le monde est connecté à tout le monde. Même si les agresseurs se trouvent dans un fuseau horaire différent, de l'autre côté du globe, c'est comme s'ils agissaient à partir de la maison d'à côté. En d'autres termes, dans le cyber-espace, nous sommes tous voisins. Toute organisation, tout particulier dans le monde est, de la même manière, menacé par des hackers isolés, des gangs criminels ou des groupes terroristes, voire des États. Les dangers peuvent s'intensifier rapidement, depuis de simples incidents tactiques à des menaces stratégiques nationales. Et tout cela peut se produire à la vitesse de transmission des signaux, autrement dit à la vitesse de la lumière !

Il s'ensuit que, contrairement à la défense conventionnelle, les États sont dans l'incapacité de déployer des forces à leurs frontières pour protéger les réseaux de communication sur leur propre territoire. En même temps, comme ces réseaux appartiennent à des entités privées et non à l'État (à l'exception des réseaux gouvernementaux), il n'est guère raisonnable d'attendre des gouvernements qu'ils assurent une protection sur leur « territoire », c'est-à-dire à l'intérieur des réseaux privés des sociétés et organisations. Pourtant, si les gouvernements abandonnaient entièrement la cyber-sécurité au secteur privé, ils failliraient à leur devoir de protéger leurs intérêts nationaux et ceux de leurs citoyens. D'un autre côté, si ces mêmes gouvernements tentaient de mobiliser toutes leurs mesures protectrices comme ils le font avec les menaces physiques, il leur faudrait s'introduire profondément dans des entités privées.

Quelle est donc la solution ?

UNE PROTECTION À TROIS NIVEAUX

Nous avons décidé d'adopter une stratégie nationale sur deux fronts. Nous conviendrions d'une réglementation générale pour le secteur privé, tout en assurant dans le même temps une défense opérationnelle à plusieurs strates. Nous avons imaginé une doctrine défensive susceptible d'être mise en action ; pas seulement une théorie, mais un concept qui servirait de base à la cyber-sécurité d'Israël. Il comportait trois strates : robustesse, résilience et protection nationale.

La protection multistrate est un concept familier dans le monde réel. Considérons par exemple les défenses d'Israël contre des missiles ennemis. Il y a la strate de défense active, comme le système antimissile Dôme de fer ou le système Flèche, conçus pour contrer des missiles balistiques de haute trajectoire. Cette strate agit contre une menace imminente, sur le point de se concrétiser, et s'efforce de la minimiser autant que possible. Une autre strate assure la protection une fois qu'une roquette ou un missile est sûr de frapper : espaces protégés dans les appartements ; abris collectifs ; éducation de la population et exercices de simulation ; systèmes d'alarme et de sirènes qui avertissent la population afin que celle-ci rejoigne au plus vite les abris en cas d'urgence. Ce système multistrate ne fournit pas une protection hermétique, mais elle fait du bon travail contre la menace de roquettes lancées depuis Gaza, ainsi que contre les menaces en provenance du Liban et d'Iran.

Nous avons décidé d'établir une distinction entre *robustesse* et *résilience*. La robustesse concerne les mesures qui doivent être prises au quotidien, en mode « offline », quel que soit le type d'attaque. Toute organisation doit prendre certaines mesures pour empêcher des attaques contre ses systèmes. Il peut s'agir de l'installation d'un logiciel antivirus, de pare-feu ou d'autres technologies sophistiquées faites pour détecter des vulnérabilités et isoler les réseaux afin d'éviter une rapide infection (par exemple en créant une toile de « sous-réseaux » avec un petit nombre de connexions sous contrôle). Il existe plusieurs autres options, dont la plupart sont encore considérées en bloc sous l'ancien label de « sécurité de l'information ».

La robustesse des réseaux d'une organisation dépend aussi de la vigilance de ses employés face aux menaces cyber. Près de neuf cyber-attaques sur dix commencent par exploiter des erreurs humaines. Pour emprunter une autre analogie au monde de la médecine, la robustesse offre la même protection que la peau, qui empêche chaque jour l'intrusion des virus et des bactéries. Notre robustesse générale dépend de notre hygiène personnelle – se laver les mains est l'un des moyens les plus importants pour tenir la maladie à distance, tout comme le fait de boire de l'eau non contaminée, de manger sainement, de bien dormir et de faire de l'exercice. Bien évidemment, toutes ces actions sont sous notre contrôle personnel. Cependant, au niveau national, la robustesse de la santé de la population dépend de l'évacuation des eaux usées, d'un approvisionnement permanent en eau potable, de la réglementation des additifs et l'étiquetage des produits alimentaires.

De même que toutes ces mesures contribuent à la protection de la population contre les maladies, il existe des méthodes similaires dans le monde des réseaux informatiques : si vous évitez d'utiliser des clés USB inconnues ou de cliquer sur des liens suspects, vous réduirez le risque de contamination. Utiliser des logiciels périmés équivaut à boire de l'eau polluée. Nous avons décidé que, dans le cyber-espace, le premier niveau de protection serait la robustesse. Si le gouvernement a pour rôle de réguler, à ce stade, la responsabilité générale de la cyber-sécurité est entre les mains des citoyens et des organismes privés.

Contrairement à la robustesse, la résilience est la capacité de subir une attaque et de revenir à un fonctionnement normal aussi rapidement que possible avec des dommages minimaux. Il ne s'agit pas de se renforcer en vue d'une attaque, mais de la surmonter, et cela couvre tout ce que doit faire une organisation lorsqu'elle identifie un cyber-incident.

Si la robustesse est de mise indépendamment d'un quelconque événement, la résilience est liée à un événement spécifique. Ici encore, le domaine de la médecine nous fournit une bonne analogie ; même si vous avez une santé robuste, il peut arriver que vous attrapiez une grippe saisonnière, et que votre système immunitaire doive alors intervenir. La résilience de votre corps dépend de votre système immunitaire, lequel entre en action lorsqu'un corps étranger pénètre dans votre organisme. Dans ce cas, la rapidité de votre guérison et de votre rétablissement dépendra de la force et de l'efficacité de ce système.

Dans le monde du cyber, l'équivalent du vaccin de la grippe annuelle est une mise à jour régulière des logiciels ; l'isolement d'un système informatique pendant une attaque est à l'instar d'une quarantaine et de la distanciation sociale pendant une pandémie virale ; et les équipes de cyber-défense doivent être mobiles et en alerte, tout comme le personnel médical dans les hôpitaux. Tout dépend de la menace et de l'attaque en question et de la profondeur de sa pénétration dans un système.

Dans la strate « résilience » de la cyber-sécurité, le gouvernement a pour rôle d'aider les organisations à recruter les experts et les équipes techniques qu'elles ne pourraient pas embaucher elles-mêmes, afin de s'attaquer aux graves menaces pesant sur le cyber. L'État se consacre principalement aux attaques impliquant des États ennemis qui visent des infrastructures nationales critiques ou qui ont un « potentiel pandémique », c'est-à-dire la capacité de se répandre comme une traînée de poudre. Un attaquant peut parfois utiliser une organisation comme une passerelle pour attaquer d'autres organisations liées à ses systèmes informatiques. Dans de tels cas, il ne faut pas longtemps pour qu'un virus infecte toute l'économie.

Dans ces deux strates, l'accent est mis sur la façon d'appréhender une attaque. Nous avons insisté sur cette importante distinction entre « attaquant » et « attaque ». Alors que les systèmes de sécurité traditionnels examinent chaque menace en se demandant qui est l'attaquant – ses intentions, ses capacités et ses moyens –, la cyber-sécurité ne s'en préoccupe pas nécessairement. Elle se concentre sur l'attaque elle-même, indépendamment de l'identité de l'attaquant. Une banque, par exemple, ne se soucie pas en général de savoir qui est l'agresseur. Tout ce qu'elle veut, c'est veiller à ses avoirs financiers et maintenir sa crédibilité. Une compagnie d'électricité doit protéger son réseau électrique, et l'identité de l'attaquant qui tente de s'en emparer est de moindre importance. Mais qu'en est-il des attaquants eux-mêmes ? Doivent-ils être à l'abri de toutes représailles ?

C'est là qu'intervient la troisième strate : la cyber-défense nationale. En matière de défense nationale, l'État doit pouvoir affronter des ennemis très compétents qui peuvent agir pour un État, un groupe terroriste ou une organisation criminelle exceptionnellement astucieuse. L'État assume l'entière responsabilité de cette strate. Pour ce faire, il renforce ses capacités étatiques au plus haut niveau afin de protéger des biens particuliers et les défendre contre de graves attaques. Aucun élément du secteur privé n'est en mesure de mobiliser assez de ressources pour repérer les attaquants les plus sophistiqués, organiser des « cyber-embuscades », déjouer d'éventuelles attaques et contre-attaquer. Dans ce domaine, différents acteurs possèdent d'incroyables cyber-capacités. En Israël, le principal acteur est l'armée, Tsahal, aux côtés d'autres instances étatiques[5].

Nous avions trouvé notre approche en trois strates. Après plusieurs mois de brainstorming, il était temps de présenter notre théorie au Premier ministre. Elle associait stratégies de réglementation et stratégies opérationnelles tout en distinguant robustesse et résilience, attaque et attaquant. Armé de la première version du document intitulé « Stratégie de cyber-sécurité nationale », je me rendis au bureau du Premier ministre à Jérusalem. Nétanyahou me posa quelques questions pointues pour clarifier certains points, mais accepta sur-le-champ nos idées. Il approuva notre rapport, qui devint la nouvelle doctrinc générale de cyber-sécurité d'Israël, et m'enjoignit de commencer à doter l'État de capacités de cyber-défense.

CRÉER UN ÉCOSYSTÈME NATIONAL

Outre l'élaboration d'une stratégie nationale pour défendre le cyber-espace israélien, nous avons entrepris de réaliser le second élément de notre vision du cyber : la mise au point de la « force nationale ». L'objectif était clair : créer un écosystème du cyber en matière de sécurité, de technologie et d'économie, et ce à l'échelle du pays. Une petite superpuissance.

Le concept d'écosystème est issu de la biologie, dans lequel il décrit l'interaction complexe entre systèmes et sous-systèmes qui constituent un seul ensemble. Dans un environnement donné, par exemple, les poissons et les plantes aquatiques subviennent aux besoins les uns des autres. Avec le temps, le concept d'écosystème a été étendu à de nombreux autres domaines pour décrire l'interaction de divers éléments, lorsque chaque élément nourrit et est, à son tour, nourri par un autre élément, créant ainsi une interdépendance. Ensemble, ils prospèrent dans un système holistique.

À l'instar de la nature, le monde des affaires se fonde sur des systèmes de réciprocité. Prenons le magasin d'applications d'Apple, l'App Store. Apple est une société dotée d'une infrastructure technologique – elle vend à ses clients des produits finis qui peuvent être utilisés avec toutes sortes d'applications. Plus les applications sont intéressantes et satisfaisantes, plus Apple y gagne. Sans ses applications, l'iPhone serait beaucoup moins attrayant, et la demande finirait probablement par se tarir. Par ailleurs, les concepteurs d'applications – qu'il s'agisse de particuliers ou de sociétés – ont besoin de l'App Store pour atteindre les clients. C'est un système d'entretien mutuel. Google a porté ce modèle un cran plus loin. Pour alimenter sa plateforme technologique d'Android (élément n° 1), la société a construit toute une communauté de fournisseurs de logiciels (élément n° 2, qui n'existe pas dans l'écosystème d'Apple), en plus des concepteurs d'applications (élément n° 3) et des utilisateurs (élément n° 4). Dans ce système, le succès remporté par chaque élément dépend du succès remporté par les autres.

La plus grande force des systèmes économiques construits comme des écosystèmes, c'est leur capacité à perdurer dans le temps. Le total est généralement plus grand que la somme des parties. C'était exactement notre objectif lorsque nous avons développé un système de réciprocité entre divers éléments du monde du cyber israélien. Notre analyse se fondait sur le fait qu'Israël possède en propre deux avantages comparatifs en matière de cyber-sécurité, parce que, fondamentalement, cette dernière porte sur deux domaines dans lesquels Israël excelle – la sécurité et l'informatique, principalement le software (les logiciels). Israël a la capacité d'être un leader mondial dans ce domaine, malgré sa petite taille. Plus les éléments du système s'entretiennent les uns les autres, plus l'économie de la cyber-sécurité d'Israël sera forte et stable dans le temps. Mais au-delà de l'économie, une puissante industrie de cyber-sécurité contribuerait à satisfaire les exigences sécuritaires d'Israël via le développement de solutions novatrices, la création d'une base de savoir-faire et l'entretien d'une main-d'œuvre hautement professionnelle.

Au départ, la situation était excellente pour Israël. En 2010, le pays possédait déjà le géant de la cyber-sécurité Check Point, ainsi que plusieurs sociétés de taille moyenne, un grand savoir-faire et les idées d'hommes d'affaires qui avaient fait leurs armes dans les services du renseignement et les services de sécurité du pays. Mais ce secteur était encore loin d'exploiter tout son potentiel. Les start-up de cyber-sécurité israéliennes n'avaient levé, ensemble, qu'environ 60 millions de dollars par an. On était loin de l'investissement nécessaire pour devenir un poids lourd dans le domaine. La question était de savoir comment utiliser cet avantage de départ pour lui donner l'impulsion vers un plus grand succès.

Compte tenu de la situation mondiale, le moment semblait lui aussi parfait. D'après notre analyse – à l'époque où nous avions échafaudé nos plans –, une opportunité exceptionnelle se présentait depuis plusieurs années sur le marché de la cyber-sécurité, du fait d'une spectaculaire prise de conscience des dirigeants du secteur privé et des décisionnaires des gouvernements dans le monde. Ces derniers avaient commencé à entrevoir les menaces dans le cyber-espace, ce qui ouvrait d'incroyables perspectives sur le marché mondial de la cyber-sécurité.

Mais pour combien de temps ? Sans pouvoir en être absolument certains, nous estimions que cette tendance allait prendre de l'ampleur pendant quelques années, voire une décennie. Nous avions pour objectif de surfer sur la vague que nous voyions venir, afin de faire d'Israël l'un des plus grands et des plus importants centres de cyber-sécurité au monde. Nous prévoyions que les investissements privés, outre un apport substantiel du gouvernement, afflueraient dans la cyber-sécurité israélienne au cours des années suivantes. Il était évident que, même si nous autres, au Bureau national du cyber, ne levions pas le petit doigt, ce secteur allait prospérer.

Pour autant, pas question de nous reposer sur nos lauriers. Nous voulions établir un système qui serait stable pour plusieurs années, pas seulement lorsque l'économie aurait besoin de solutions en urgence. Nous voulions profiter de cet élan pour établir des bases sur le long terme, avant que le marché ne soit saturé et que les créateurs de start-up ne se mettent en quête de la tendance suivante. C'était un scénario dont nous avions à cœur d'éviter la répétition.

L'économie israélienne avait déjà vu des secteurs florissants péricliter. Le secteur de la technologie de pointe d'Israël avait connu des vagues de progrès dans le domaine des communications, des fibres optiques, de la technologie de l'internet, des sciences de la vie, etc. Nous pensions que, pour éviter une période d'épanouissement spectaculaire, mais brève, il ne suffirait pas de compter sur un déferlement naturel de la demande. Il nous faudrait profiter des « sept années de vaches grasses » – cette opportunité qu'offrait la situation mondiale – tandis que le monde se montrait avide de solutions dans le domaine du cyber, afin de fonder tout l'écosystème d'Israël, qui continuerait à s'épanouir à l'avenir.

Tout ce que nous avions à faire, c'était de déclencher le démarrage de cet écosystème, lui donner un petit coup de pouce, et il pourrait ensuite s'autoalimenter.

Notre approche consistait à nous concentrer sur un petit nombre de sujets qui chacun donnerait un grand élan à la technologie de pointe. C'était une décision simple, mais elle n'était pas simple à mettre en œuvre. C'est exactement là où de nombreuses instances gouvernementales commettent une erreur : elles commencent à promouvoir des listes interminables de projets et d'initiatives qui peuvent fort bien avoir de la valeur, mais sans la moindre direction centrale. Autrement dit, lorsqu'elles accordent un traitement égal à tout ce qui leur semble bon, elles avancent alors sur plusieurs fronts sans la moindre priorité. C'est pourquoi nous avons décidé de lancer la création de l'écosystème du cyber israélien en nous focalisant seulement sur quelques projets essentiels, mais en testant pour chacun d'entre eux plusieurs directions[6].

TOUTES LES FLEURS DU JARDIN NE SE VALENT PAS

Nous avons nommé notre première initiative « KIDMA » (littéralement, « progrès » en hébreu). Elle avait pour objet d'encourager les projets novateurs de cyber-sécurité, notamment les start-up. Tout naturellement, notre partenaire dans cette initiative fut le directeur scientifique du ministère de l'Économie.

Jusqu'à la création de l'Autorité israélienne de l'innovation (AII) en 2016, le directeur scientifique était chargé d'encourager la recherche-développement industrielle de haut niveau en Israël, en tant qu'antenne du gouvernement soutenant les entreprises à haut risque. Son bureau pilotait des incubateurs pour les entrepreneurs inexpérimentés, ainsi que des groupes d'entreprises de technologie (*clusters*). L'idée était de coopérer au développement de technologies de base, de faciliter le transfert de savoir des universités à l'industrie, et toute une série d'autres projets destinés à évoluer dans le temps. Le directeur scientifique ne finançait pas intégralement ces entreprises ; son apport représentait un quart ou un tiers du coût total, sinon la moitié, voire parfois davantage. Afin de ne pas gaspiller l'argent des contribuables, le soutien était partiel et accordé seulement aux projets jugés fiables et pour lesquels les entrepreneurs étaient capables de lever davantage de fonds par eux-mêmes. Mais sans le soutien de l'État, il est probable que nombre de ces projets n'auraient jamais décollé.

En 2012, le directeur scientifique était Avi Hasson, un ancien associé dans le fonds de capital-risque Gemini qui prit son poste après avoir occupé diverses fonctions directrices dans des sociétés de high-tech. Titulaire d'une maîtrise en gestion d'entreprise, Hasson avait d'excellentes intuitions technologiques et une compréhension holistique du marché des technologies de pointe. En général, nous étions du même avis concernant le rôle du gouvernement dans l'encouragement de la recherche-développement civile.

Je rencontrai Hasson et lui présentai mon projet d'initiative conjointe pour renforcer l'industrie de cyber-sécurité israélienne : pour tout shekel alloué par le directeur scientifique, nous doublerions la somme grâce aux budgets du Bureau national du cyber. Je soutins qu'un projet d'encouragement des firmes de cyber-sécurité ne nécessitait pas des sommes énormes. Tout compte fait, il faudrait quelques dizaines de millions de shekels par an (à l'époque, 1 dollar valait 3,5 shekels) et quelques avantages particuliers.

« Vous pourriez considérer que cet investissement est inutile, puisque l'industrie mondiale du cyber va décoller quoi qu'il arrive, *mais*, insistai-je, regardez l'état des investissements en ce moment. Ce n'est pas assez. C'est exactement le moment d'établir une prédominance d'Israël sur le marché mondial, le rendre assez fort pour être stable et perdurer sur le long terme. » Malheureusement, Hasson ne fut pas enthousiasmé par ma proposition.

« Dans le jardin, toutes les fleurs se valent. » Il pensait que ce serait une erreur de laisser les fonctionnaires du gouvernement déterminer la direction à prendre pour le secteur de la technologie de pointe. Le marché emprunterait sa propre voie, et le directeur scientifique considérerait chaque investissement selon ses mérites. Si la « main invisible* » de l'économie mondiale créait davantage d'entreprises de cyber-sécurité, d'autres encore viendraient frapper à sa porte, et elles recevraient un financement. Sinon, tant pis.

J'étais d'accord sur le principe ; un gouvernement devait se montrer prudent quant aux modalités de son influence sur l'économie et ne devait pas tenter d'imposer une direction au marché. Il était peu probable que le directeur scientifique ou le Bureau national du cyber connaissent mieux les orientations du marché que les entreprises privées. J'estimais néanmoins qu'il fallait encourager et épauler l'industrie et le système universitaire du pays, les aider à entrer sur le marché et à surmonter l'adversité en

* Métaphore d'Adam Smith désignant « la théorie selon laquelle l'ensemble des actions individuelles des acteurs économiques, guidées uniquement par l'intérêt personnel de chacun, contribuent à la richesse et au bien commun » [Wikipédia].

renforçant les bases scientifiques et les ressources humaines nationales, tout en soutenant les compagnies privées.

Les industries militaires israéliennes offrent un excellent exemple. Elles ne sont pas nées au niveau mondial de savoir-faire où elles sont parvenues aujourd'hui. Elles se sont développées progressivement au cours de plusieurs décennies, et ce sont les généreux budgets du gouvernement qui ont permis cette évolution. Quant à la technologie militaire, en matière de cyber-sécurité Israël possède une infrastructure unique en son genre. Je soutenais donc que la forme d'intervention appropriée consistait à soutenir les projets à haut risque, que les entreprises auraient du mal à financer seules, et à faire en sorte d'inonder le marché mondial d'initiatives et de solutions israéliennes avant que quiconque n'y parvienne. Comme pour beaucoup de choses dans la vie, le moment choisi était déterminant.

Hasson comprenait mon raisonnement, mais demeurait sceptique. De toute façon, selon lui, les milieux d'affaires injectaient déjà des fonds dans le marché de la cyber-sécurité. J'insistai. « Vous comprenez, Avi, que même si vous n'acceptez pas ma théorie, le gouvernement a le droit de décider qu'*une partie* de votre budget ne sera pas allouée en vertu du précepte que "toutes les fleurs du jardin se valent", mais en fonction des priorités du gouvernement. Je suis d'accord avec vous sur le principe, mais il y a d'autres raisons d'accorder un soutien supplémentaire. Par exemple, nous devons construire ici une industrie de la cyber-sécurité, pas seulement pour des raisons économiques, mais aussi pour des raisons de sécurité nationale. »

Je pris congé du directeur scientifique en très bons termes, mais sans être parvenu à un accord. À ma grande surprise, l'impulsion pour la première initiative nationale visant à promouvoir l'industrie du cyber vint finalement du Premier ministre en personne. Au cours d'une séance de travail régulière avec lui, il m'entendit pour la première fois parler de notre intention de préparer des projets de soutien à l'industrie de la cyber-sécurité d'Israël. Nétanyahou voulut que nous commencions sur-le-champ. « Quel est le problème, exactement ? » demanda-t-il. Je lui exposai mon désaccord avec le directeur scientifique. Il demanda à quelqu'un de lui obtenir au téléphone le ministre responsable du directeur scientifique auquel il enjoignit de résoudre le problème immédiatement.

KIDMA fut rapidement mis sur les rails. Au total, le Bureau du directeur scientifique et le Bureau national du cyber allouèrent 80 millions de shekels (environ 22,5 millions de dollars) sur deux ans à des dizaines d'entreprises qui investissaient dans la recherche-développement en cyber-sécurité. Mais, outre les fonds que nous versions dans le système, nous avions créé – et c'était tout aussi important que les allocations elles-mêmes – un buzz médiatique qui fut repéré par les entrepreneurs de tout le pays. Le gouvernement *investissait vraiment* dans la cyber-sécurité pour en faire un élément clé de la technologie de pointe. Ce n'était pas seulement des mots.

LE MINISTÈRE DE LA DÉFENSE ENTRE EN SCÈNE

Nous pouvions désormais nous attaquer au défi suivant : la mise sur pied d'un département de recherche et développement au sein du Bureau national du cyber.

Je passai plusieurs mois à rechercher le candidat adéquat pour diriger ce département R&D, quelqu'un qui aurait à la fois une bonne compréhension de la technologie et une expérience dans la gestion. Jusqu'alors, et pendant quelques mois, Gal Shmueli, éminent spécialiste de la technologie du cyber, et l'un de mes amis, avait trouvé le temps d'aider bénévolement à monter le Bureau au titre de chef de la technologie. Il fournissait un excellent soutien technologique, à moi-même et à l'ensemble du Bureau. Il était méthodique, compréhensif, réaliste, créatif et technologiquement audacieux, tout en demeurant prudent. Argaman et lui proposèrent la candidature de Nir Peleg, qu'ils connaissaient personnellement.

Je fis passer un entretien par téléphone à Peleg, qui se trouvait encore à Harvard pour ses études de politique publique. Il lui fallut une semaine pour me rappeler et me donner son accord. Après coup, il m'avoua, en ne plaisantant qu'à moitié, que si l'entretien s'était déroulé dans les locaux provisoires du Bureau, exigus, il aurait décliné ma proposition. De loin, il imaginait le Bureau national du cyber comme une grande et impressionnante institution, dotée de locaux en conséquence. À son arrivée dans nos bureaux surencombrés du nord de Tel-Aviv, il n'arrivait pas à croire que nous avions pu accomplir autant à partir d'un tel endroit.

Peleg surmonta rapidement sa déception et se plongea dans son travail. Sa première mission consistait à diriger des programmes novateurs de R&D afin de renforcer les défenses cyber du gouvernement et l'infrastructure critique d'Israël. Dans mon idée, l'unité de R&D du Bureau devait ressembler au Directoire de recherche et développement du ministère de la Défense (DDR&D) en plus petit et spécifiquement axé sur le cyber, travaillant avec les industries de pointe d'Israël.

La logique était double. En l'état actuel, le marché développait seulement des produits présentant un potentiel commercial, alors que le gouvernement entendait investir dans une technologie spécialement conçue qui n'aurait pas nécessairement de rentabilité économique, mais qui répondrait à des priorités nationales précises. Il pourrait même nous arriver de préférer un produit non commercial afin de préserver notre spécificité. D'ailleurs, le gouvernement n'est pas simplement une entreprise sur le marché. La collaboration avec le gouvernement autorise la conception de solutions originales, compte tenu de la taille de ce dernier et de son accès à des renseignements secrets. Le gouvernement peut aussi collaborer plus aisément avec les responsables d'infrastructures critiques et d'autres organisations importantes. Il était clair cependant qu'afin de mettre en œuvre ces solutions, nous aurions besoin d'une main-d'œuvre exceptionnellement qualifiée et de plateformes pour soutenir ces solutions particulières et gérer notre défense nationale.

L'acquisition de recherche et développement est fondamentalement différente de l'acquisition d'équipement. Il y a toujours un élément d'incertitude, des risques inhérents au développement et un prix à payer pour la qualité. Il peut se produire tant de choses inattendues et tant d'événements fluctuants. Il arrive qu'au beau milieu de son développement, un projet change du tout au tout. Il faut donc, à chaque étape, adopter une approche totalement différente et un certain savoir-faire. À ce stade, nous n'avions pas les compétences nécessaires. Nous avons donc décidé de nous adresser à notre partenaire naturel dans cette vaste entreprise, le Directoire de la recherche et du développement, que je connaissais bien pour y avoir travaillé auparavant.

Peleg rejoignit les forces du Directoire afin de lancer le programme « MASAD ». L'idée était de promouvoir et de financer, en coopération avec le ministère de la Défense, une recherche-développement novatrice et moderne dans les entreprises israéliennes de cyber, celle qui serait adaptée aussi bien à Tsahal et au système de défense qu'au secteur civil, dont dépendait le Bureau national du cyber. Comme dans notre collaboration avec le directeur scientifique, nous partagerions le financement à parts égales[7].

Ce programme de R&D se concentrait principalement sur des stratégies novatrices pour repérer des logiciels malveillants et sur des méthodes sophistiquées pour découvrir les anomalies en ligne susceptibles de trahir une éventuelle attaque. Nous avons également investi des sommes considérables pour développer des technologies capables de détecter automatiquement des vulnérabilités dans les réseaux, des systèmes d'analyse avancée de logiciels malveillants, et des systèmes d'amélioration de la prise de décision immédiate pendant les cyber-attaques.

LES CENTRES DE RECHERCHE : UN PARI UNIVERSITAIRE

L'écosystème national du cyber avait besoin d'un dernier point d'ancrage solide : un secteur universitaire fort qui constituerait la base d'un leadership scientifique et technologique mondial sur le long terme. Seules les universités pourraient fournir les connaissances théoriques susceptibles d'être converties en applications pratiques et ainsi dynamiser l'industrie israélienne. Elles encourageraient aussi la ressource la plus décisive pour toutes les industries du cyber, civiles et militaires : une main-d'œuvre instruite et hautement qualifiée.

Tal Steinherz avait rejoint le Bureau national du cyber fin 2012, en tant que directeur de la technologie. Il fut chargé de préparer les cyber-programmes avec les universités. Diplômé du programme Talpiot, Steinherz avait une riche expérience en technologie et en gestion dans les domaines de la programmation, de la cyber-sécurité et des communications.

En tant que directeur de la technologie du Bureau, il fut chargé de planifier les tendances de la cyber-sécurité pour la décennie à venir et de commencer sur-le-champ à se préparer en conséquence. Il proposa de nombreuses solutions ingénieuses, technologiquement risquées, et se joignit immédiatement à une initiative que nous avions déjà lancée avec le ministère des Sciences – un fonds conjoint destiné à financer la recherche en cyber-sécurité dans les universités israéliennes.

D'emblée, le directeur général du ministère des Sciences alloua une part substantielle du budget du ministère à ce fonds conjoint. Nous apportâmes notre part (50 %), et au total, la recherche pour la cyber-sécurité bénéficia de dizaines de millions de shekels de financement[8].

Les énormes budgets alloués à la cyber-recherche suscitèrent un débat intéressant ; la question était de savoir si la recherche universitaire pouvait produire de meilleures technologies que celles qui étaient conçues dans le secteur militaire ou le secteur privé. Pour nombre de spécialistes, les as de l'informatique et les ingénieurs chevronnés feraient un meilleur travail que les universités en matière de développement de la technologie de cyber-sécurité. Mais j'estimais, et je n'étais pas le seul, que si des inventeurs sans formation sérieuse en sciences de l'informatique avaient obtenu des résultats aussi spectaculaires, c'était parce que la cyber-sécurité n'en était encore qu'à ses débuts. Ce contexte favorable n'allait pas perdurer éternellement. Comme dans tout nouveau domaine, il y avait de la place pour des initiatives et des solutions novatrices, mais cette place se réduirait avec le temps.

Qui plus est, certains aspects techniques de la cyber-sécurité requéraient des connaissances théoriques approfondies. Les cyber-attaques pouvaient aussi se propager via le matériel informatique ou celui des communications (hardware), pas seulement via les logiciels (software). Les gamins d'une dextérité numérique exceptionnelle qui avaient appris par eux-mêmes à programmer et coder ne connaissaient pratiquement pas ce domaine. Je pensais que le monde universitaire apporterait cette profondeur qui permettrait à la technologie israélienne d'effectuer des bonds prodigieux.

À cet égard, soutenait Steinherz, le fonds de recherche existant ne suffisait pas à bâtir une infrastructure scientifique et technologique sérieuse dans le monde universitaire. C'était un bon début, mais insuffisant sur le long terme. « Il nous faut des centres de recherche », affirma-t-il résolument. J'adoptai sa proposition. Nous allions travailler à l'établissement d'un programme sur plusieurs années afin d'implanter des centres de recherche sur le cyber dans les universités d'Israël.

Quelle différence y a-t-il entre un centre de recherche et un fonds de recherche ? Au lieu de publier sporadiquement des articles, un centre de recherche existe pour produire à la chaîne des études qui serviront de pôles d'échange pour les chercheurs, afin qu'ils apprennent les uns des autres et réfléchissent ensemble. Le centre produit une base commune de connaissances, ce qui permet aux étudiants d'améliorer leurs travaux. Les responsables des centres de recherche n'hésitent pas à lancer de nouveaux cours, à organiser des séminaires afin de fournir la base de l'expansion des connaissances partagées.

Steinherz parlait d'un investissement financier colossal – au moins 250 millions de shekels (près de 75 millions de dollars) à répartir à égalité entre le Bureau et les universités. En résumé, le programme avait pour objectif de faire monter en flèche le monde universitaire israélien dans le domaine de la cyber-sécurité, d'augmenter considérablement la quantité de travaux de recherche et le nombre de chercheurs, et de tendre vers une prééminence mondiale, et pas seulement proportionnelle à la population d'Israël.

Le plan prévoyait de doter chaque université de son propre centre de recherche qui se spécialiserait dans un aspect différent de la cyber-sécurité. Les universités décideraient elles-mêmes de leur thème de prédilection, ses grandes lignes et ses points forts. Nous nous contenterions de les encourager en douceur afin d'assurer une diversité des centres de recherche, une collaboration et une émulation constructive. À eux tous, ces centres de recherche fourniraient une structure universitaire holistique couvrant chaque aspect du cyber-espace.

Nous avons décidé d'accorder à chaque centre de recherche un budget de 5 à 10 millions de shekels par an (1,5 à 3 millions de dollars) pendant cinq ans. La moitié proviendrait du Bureau national du cyber, l'appoint serait apporté par les universités à partir de diverses sources, subventions de recherche étrangères, financement industriel ou philanthropie. Outre leur participation au financement, il serait demandé aux universités de fournir les locaux et de créer de nouveaux postes dans le domaine de la cyber-sécurité.

Je ne croyais pas en la création de centres de recherche auxquels les universités ne s'intéresseraient pas, et dont elles n'assureraient pas une partie du financement. Le gouvernement souhaitait aider à la constitution de ces centres ; il ne voulait pas les prendre à sa charge. Je voulais que les donateurs sachent que chaque dollar qu'ils accorderaient serait assorti d'une allocation identique du gouvernement. Mon idée consistait donc à reformuler la question ; au lieu de décrire l'initiative comme une proposition du Bureau de financer la moitié d'un centre de recherche, la chose serait envisagée ainsi : lorsque les universités auraient créé de tels centres à partir de leurs ressources, le Bureau s'empresserait d'apporter un financement complémentaire rigoureusement équivalent. Pouvait-on imaginer une meilleure solution ?

Une fois que les représentants des universités eurent compris, tout alla très vite. Il fut convenu que le centre de recherche de l'université Ben-Gourion de Beersheva se consacrerait à l'aspect pratique, applicable, de la cybersécurité. Il travaillerait étroitement avec le remarquable département d'ingénierie des systèmes de données et utiliserait le laboratoire d'innovation cyber de Deutsche Telekom existant déjà au sein de l'université[9]. Le centre multidisciplinaire de cyber de Tel-Aviv couvrirait tout depuis l'ingénierie informatique jusqu'aux questions d'économie, de politique et même de droit[10]. À l'université Bar-Ilan, nous avons créé un centre de recherche qui se consacrerait à la cryptographie moderne et à l'hygiène cybernétique[11]. À l'Université hébraïque de Jérusalem, le professeur Danny Dolev qui, jeune étudiant, avait assisté à l'un des premiers incidents rencontrés par l'internet dans le monde, et qui était membre de l'Initiative cyber, allait diriger le nouveau centre cyber de l'université. Le Technion choisit de consacrer son centre de recherche aux strates inférieures du cyber-espace, la recherche fondamentale dans le hardware et le software, et de le rattacher à son centre de recherche d'ingénierie informatique existant[12]. Quant à l'université de Haïfa, elle ouvrit un centre de recherche sur le droit et la politique du cyber[13].

Une intéressante proposition émanant de l'adjoint du conseiller juridique du gouvernement en droit international, Roy Schondorf, nous conduisit à créer un autre petit centre de recherche. Schondorf, l'un des cerveaux juridiques les plus brillants du ministère de la Justice, allait développer le centre de l'Université hébraïque pour y intégrer le droit international. Le dernier centre de recherche fut créé à l'université d'Ariel, après la fin de mon mandat[14]. Il s'intéressait principalement à la recherche sur les applications pratiques de la technologie de la cyber-sécurité. Mission accomplie. Chaque université en Israël était désormais dotée d'un centre de recherche sur le cyber[15].

UNE AUTRE SILICON VALLEY

Lorsque l'idée fut lancée de faire de Beersheva une capitale nationale voire mondiale de la cyber-sécurité, la ville connaissait déjà un certain dynamisme. En 2002, le gouvernement du Premier ministre Ariel Sharon avait adopté une résolution qui allait transformer Beersheva et l'ensemble du désert du Néguev. Il fallut déplacer dans les environs de la ville plusieurs unités de Tsahal, notamment des unités technologiques, principalement sa division technologique C4I et ses unités du renseignement. Le transfert de ces bases militaires libéra des terrains pour des constructions résidentielles dans la région de Tel-Aviv, là où les prix de l'immobilier en Israël sont les plus élevés. Les revenus des ventes de ces terrains furent naturellement affectés au financement de la construction de bases militaires modernes à Beersheva et dans les environs.

Ce processus a priori bénéfique pour tout le monde ne se déroula pas sans heurts. Certains commandants des unités technologiques, notamment au Directoire du renseignement, traînèrent les pieds, inquiets à l'idée que la relocalisation vers le sud ne les prive d'une main-d'œuvre de qualité. Mais le Premier ministre Sharon et ses successeurs Ehud Olmert et Benyamin Nétanyahou demeurèrent inflexibles. Le déplacement dans le sud des bases militaires (et notamment de la main-d'œuvre) fut qualifié d'importance nationale. Le ministre de la Défense mit sur pied une administration spécialement chargée de procéder à la relocalisation, et étudia des modèles d'écosystèmes à travers le monde, notamment celui de la Silicon Valley en Californie. Ce pôle avait commencé avec des laboratoires et d'excellentes universités (dont les plus connues étaient celles de Berkeley et Stanford) pour devenir une capitale mondiale du high-tech.

Dans le cas de Beersheva, ce n'était encore qu'un vœu pieux. Selon le projet, la division technologique C4I de Tsahal, y compris ses unités spécialisées en technologie et ses départements de software, dont certains étaient directement concernés par la cyber-sécurité, œuvreraient dans la ville elle-même, tout à côté de l'université et du parc technologique voisin alors en construction. Nous pensions qu'en quelques années Beersheva abriterait des milliers de génies de l'informatique, en plus de ceux que produiraient les industries des technologies de pointe. Ils pourraient préparer des diplômes dans une université de premier ordre, et certains resteraient travailler dans la région après avoir achevé leur service militaire.

Dans tous les cas, la relocalisation de la division technologique C4I allait contribuer considérablement à la transformation de Beersheva en un écosystème technologique. L'implantation des unités du renseignement allait elle aussi exercer une influence décisive, couvrant un immense territoire, de Beersheva jusqu'à des dizaines de kilomètres vers l'est. Ce changement devait inclure l'unité 8200, ainsi que l'unité technologique ultra-secrète du renseignement militaire, des bases d'entraînement et d'autres centres technologiques majeurs.

La deuxième composante nécessaire au fonctionnement d'un écosystème, l'industrie de l'information, commença également à se concentrer autour de Beersheva, grâce à l'établissement du parc Gav-Yam de technologies avancées du Néguev. Celui-ci se partage entre des entrepreneurs internationaux, l'université Ben-Gourion et la municipalité de Beersheva. La première pierre fut posée en 2005, mais il fallut attendre 2013 pour que les bâtiments commencent à s'élever dans un paysage désertique où, autrefois, paissaient les dromadaires. La société internationale EMC et d'autres qui l'avaient suivie à Beersheva, notamment IBM, conclurent un accord informel les engageant chacun à ne pas « se voler » leurs meilleurs employés, mais à œuvrer ensemble pour augmenter l'embauche totale de la région dans la technologie de pointe. L'infrastructure pour le développement de la cyber-sécurité à Beersheva et pour sa transformation en une ville du cyber était prête, mais il fallait s'assurer que tout cela s'intègre dans un projet concerté. La prochaine étape était claire : nous devions nous adjoindre le jeune et énergique maire de Beersheva.

En juin 2013, environ un an et demi après l'ouverture du Bureau national du cyber, nous nous sommes présentés au bureau du maire Ruvik Danilovich pour un entretien. Son équipe et lui souhaitaient faire tout leur possible pour transformer Beersheva en une métropole de premier plan en Israël. La technologie de pointe, et notamment la cyber-sécurité, semblait être l'occasion idéale[16].

L'artisan de cette réunion était la professeure Rivka Carmi, présidente de l'université Ben-Gourion. Au cours de la rencontre, je déclarai au maire de Beersheva que l'université Ben-Gourion serait la colonne vertébrale du programme visant à faire de sa ville une capitale du cyber. Je lui présentai l'essentiel de l'écosystème de cyber-sécurité. Je proposai ensuite de monter un système local de ce type à Beersheva. Le maire écouta avec attention. Le plan présenté comprenait cinq éléments principaux, illustrés par un pentagone. Chaque côté représentait un élément séparé de l'écosystème, et ensemble seulement, ils formaient véritablement un système autotrophe, c'est-à-dire se nourrissant lui-même. Danilovich nous témoigna sa confiance. Son propos fut exactement celui que nous avions espéré entendre avant de nous rendre dans le sud.

« Abandonnons l'*égosystème* pour bâtir un *écosystème* », déclara-t-il, avec son sens de la formule. Il demanda qu'on lui imprime sur papier la diapositive représentant le pentagone et, conscient de l'importance historique de la chose, écrivit dessus : « Salle de conférences de la municipalité de Beersheva. En ce jour, a commencé le processus de transformation de Beersheva en une capitale de la cyber-sécurité. » Nous avons tous deux signé le document, suivis par tous les autres.

LE PREMIER MINISTRE FAIT DU MARKETING

Nétanyahou s'enthousiasma à l'idée de faire de Beersheva une capitale du cyber.

Cette initiative correspondait à sa politique visant à renforcer le sud d'Israël. Fin 2012, son gouvernement avait adopté une résolution définissant Beersheva comme une priorité nationale et avait annoncé dans la foulée les étapes de sa transformation en métropole du Néguev. L'intégration de la cyber-sécurité dans cette initiative confortait la conviction de Nétanyahou que la recherche, le développement et l'industrie moderne étaient les clés de la transformation du Néguev en une région forte et influente. Il estimait qu'un changement véritable, de long terme, n'était possible que s'il était sous-tendu par une logique économique. Ainsi seulement pourrait se réaliser le rêve de Ben Gourion de faire refleurir le désert.

Le Premier ministre décida de pousser le projet cyber de Beersheva bien au-delà de nos intentions d'origine. Il voyait grand. Dès le lancement du projet, il entreprit de « vendre » Beersheva comme *la* capitale mondiale de la cyber-sécurité. Pas moins. Il continua sans relâche à prendre fait et cause pour Beersheva. Il en parla dans ses conférences en Israël[17]. Il organisa des séminaires sur l'écosystème du cyber pendant ses visites à l'étranger et donna des interviews aux médias étrangers sur le thème du parc de technologie de pointe. Il discuta du sujet avec des étrangers en visite en Israël et les envoya voir Beersheva par eux-mêmes. Cette campagne dynamique se révéla si efficace que le nom de « Beersheva » devint un symbole mondial, le modèle de créativité, d'ingéniosité et d'initiative, un exemple de la façon dont il fallait s'y prendre pour créer une ville cyber et un écosystème local.

Mais un problème se posait : la situation sur le terrain progressait lentement, c'est peu de le dire, et les visiteurs voyaient beaucoup d'intentions, mais pas beaucoup de réalisations. La relocalisation des unités technologiques de Tsahal dans la région constituait un élément critique de la construction de ce complexe technologique, mais elle tardait à se mettre en place[18]. Le premier bâtiment du parc n'était pas encore entièrement occupé, et la demande était encore insuffisante pour continuer à construire sur une grande échelle à un rythme soutenu.

Il incombait au gouvernement israélien de combler ce fossé. Nous avons donc pris deux mesures. La première : établir une présence dans la région. Nous avons décidé de créer, dans le parc des industries de pointe de Beersheva, un Centre national de cyber-défense, l'équivalent d'un centre d'intervention d'urgence informatique (*Computer Emergency Response Team*, ou CERT). Nous avons ainsi introduit dans le parc un élément entièrement nouveau qui allait nécessiter d'embaucher des analystes et des spécialistes de cyber-sécurité, notamment des étudiants de l'université, ce qui diversifierait la main-d'œuvre. Nous l'avons installé dans le deuxième bâtiment sorti de terre dans le parc, après avoir procédé aux adaptations nécessaires pour le mettre aux normes d'un édifice gouvernemental.

Notre deuxième mesure eut pour objet d'aider les sociétés de cyber-sécurité à s'installer dans le nouveau parc du Néguev, en allouant des subventions étatiques partielles pour l'emploi. Ce soutien était particulièrement important dans les premières phases du lancement de l'écosystème, alors qu'il n'y avait pas encore assez d'entreprises dans le parc, les employés potentiels préférant vivre dans les parties plus dynamiques du pays, comme Tel-Aviv, qui présentaient davantage d'opportunités. Il nous fallut un certain temps pour élaborer un plan adéquat en coopération avec le ministère de l'Économie et faire adopter une résolution gouvernementale en ce sens[19].

Le projet allait-il réussir ? L'État d'Israël parviendrait-il à construire un centre de technologies de pointe axé sur la cyber-sécurité à Beersheva ? Ce dernier allait-il devenir un catalyseur et s'ajouter au grand centre de high-tech de la région de Tel-Aviv ?

De nos jours, des milliers d'Israéliens travaillent dans le parc de technologie de pointe de Beersheva, mais il est encore loin d'accueillir les douze mille personnes pour lesquelles il a été conçu. Les unités technologiques de Tsahal ne s'y trouvent pas encore, bien que la construction de nouvelles bases progresse rapidement. Il n'y a presque pas de start-up, mais de respectables entreprises bien établies y ont construit d'immenses bureaux. Même si les choses n'avancent pas au rythme escompté, nous estimons que l'association d'une présence universitaire, industrielle, municipale et gouvernementale dans la région et la qualité de l'université Ben-Gourion finiront par produire un écosystème vivant et entreprenant, capable de soutenir sur le long terme l'industrie de la cyber-sécurité à Beersheva.

BIENVENUE DANS LE DARK WEB

L'ATTAQUE DE LA BANQUE LEUMI

« VOTRE ORDINATEUR CESSERA DE FONCTIONNER »

Novembre 2014. Le courriel envoyé à la porte-parole de la banque Leumi en Israël ne contenait ni une demande d'information ni une question de journaliste. À première vue, il ressemblait à une menace insignifiante, à l'instar des messages que tout un chacun reçoit de temps à autre : *Si vous ne me versez pas 100 dollars, votre ordinateur cessera de fonctionner.* Mais, à mieux y regarder, quelque chose semblait étrange ; le caractère déterminé de la menace et le montant énorme réclamé – 3 millions de dollars – indiquaient une tentative de chantage d'un autre ordre.

La porte-parole avait une certaine expérience. Elle avait déjà entendu parler de tentatives d'extorsion, plus ou moins importantes, et de menaces, réelles ou fictives. Il était évident que la menace ne s'adressait pas à elle personnellement ; le mail avait simplement été envoyé à son adresse professionnelle, disponible en ligne. Elle décida de faire suivre le courriel à la direction de la banque. Très rapidement, une copie imprimée du mail en question atterrit sur le bureau de la PDG de la banque, Rakefet Russak-Aminoach. Peu de personnes entendirent parler en temps réel de la tentative d'extorsion dont fut victime la banque Leumi, événement que les médias israéliens ne relatèrent que plus tard[1]. Pourtant, cet incident menaça de faire basculer l'ensemble du système bancaire israélien dans le chaos.

Après avoir envoyé sa première menace, l'attaquant prit son temps. Il envoya seulement des rappels réguliers à quelques heures d'intervalle. Dans les premiers jours, la banque Leumi enquêta sur le contenu du message ; son expéditeur prétendait détenir d'énormes bases de données, valides selon lui. C'était effrayant. L'information avait l'air authentique et semblait indiquer que l'attaquant avait accès aux bases de données confidentielles contenant les détails bancaires de 1,5 million de clients. L'adresse e-mail de l'expéditeur ne contenait aucun indice quant à sa provenance. L'attaquant se trouvait-il en Israël ou à l'étranger ? Était-ce un homme ou une femme ? S'agissait-il d'un attaquant isolé ou d'un grand groupe de hackers ? La police israélienne fut mise au courant. Ce fut la première mise à l'épreuve véritable pour la section de cyber-criminalité créée cette année-là au sein de Lahav 433, l'unité d'élite d'enquête de la police israélienne.

Les jours passèrent. L'optimisme de départ affiché par le commissaire Meir Hayoun, commandant de l'unité de cyber-criminalité, laissa la place à une amère déception. Il s'avéra que le suspect potentiel sur lequel la police avait mis la main quelques jours plus tôt n'avait rien à voir avec l'incident. La police restait bredouille, sans l'ombre d'un indice. Ses méthodes d'enquête habituelles et ses cyber-outils n'étaient, dans ce cas, d'aucune utilité. Cette fois, les détectives de l'unité de cyber avaient un ennemi d'un autre calibre, qui s'était camouflé de façon impressionnante.

Faute de mieux, la banque Leumi engagea des experts en négociation pour gagner du temps, en coordination avec la police. Ils avaient besoin d'un certain délai pour comprendre qui les faisait chanter, quelles étaient les motivations de l'attaquant et, surtout, quelles informations privées il détenait réellement. Combien de dossiers de clients avait-il volés ? Quelles données contenaient-ils ? S'agissait-il d'informations sans importance qu'on aurait pu trouver sur d'autres sites ou de renseignements sensibles que seule une personne profondément impliquée au cœur des systèmes informatiques de la banque aurait pu connaître ? Les réponses à ces questions étaient cruciales pour évaluer l'ampleur de la menace.

Plus le maître chanteur envoyait d'informations à la banque pour prouver le sérieux de ses intentions, plus l'inquiétude grandissait. Les documents comprenaient quantité de données détaillées sur les clients de la banque, et elles étaient parfaitement authentiques. L'attaquant n'avait pas simplement recyclé de vieilles informations sans importance ou des renseignements piochés dans d'autres bases de données. Il avait veillé à ne pas révéler l'étendue précise des données qu'il détenait. En professionnel accompli, il s'était assuré que les échantillons qu'il partageait ne trahissaient pas sa source d'information, afin que la banque ne puisse pas savoir comment il avait pénétré dans ses systèmes, ni même ce qu'il savait exactement. L'attaquant précisa qu'il avait encore une grande quantité de données volées et qu'il en ferait usage s'il ne recevait pas la rançon. Implicitement, il menaçait de vendre cette vaste base de données à des criminels dans les recoins les plus sombres de l'internet, le « dark web » – nous y reviendrons plus loin.

Il était plus urgent que jamais de comprendre exactement quelles informations détenait le maître chanteur. Au sein de la police, les détectives du cyber analysaient les informations qu'il avait envoyées, en quête d'une éventuelle piste qui aiderait à l'identifier. Les privilèges d'accès aux systèmes informatiques furent vérifiés à maintes reprises, de même que toutes les connexions externes. La banque Leumi embaucha des sociétés spécialisées dans le dark web pour vérifier si le hacker avait déjà mis sa menace à exécution et vendu une partie de son butin. Rien. Au bout d'une semaine, l'enquête semblait avoir abouti à une impasse, et la banque comme la police se retrouvèrent au point de départ.

En face de qui nous trouvons-nous ? se demandaient les détectives. S'agissait-il d'une organisation criminelle sophistiquée ? d'un groupe terroriste ? voire d'un État ? La menace était-elle réelle ? La banque comme la police d'Israël souhaitaient en particulier résoudre une question simple mais déterminante : la banque était-elle victime, en temps réel, d'une attaque de longue durée ? En d'autres termes, le maître chanteur était-il encore capable de s'introduire à tout moment dans les ordinateurs de la banque ou se contentait-il d'utiliser l'information qu'il avait déjà subtilisée, sans plus pouvoir pénétrer dans le système ?

Ces préoccupations conduisirent David Brodet, le président de la banque Leumi, à avertir la police que si la menace était mise à exécution, dans le pire des scénarios, la banque risquait de s'effondrer. Ni plus ni moins. Si ses clients perdaient confiance, ils pourraient se précipiter pour retirer leurs capitaux et la faillite suivrait rapidement. Cela pourrait déclencher un effet domino provoquant l'effondrement d'autres banques. « Un retrait massif pourrait causer un problème de liquidités, parce que les dépôts du public ne sont pas conservés en liquide, mais sont utilisés pour accorder des crédits ; en conséquence, la banque risquerait la banqueroute… D'après l'expérience mondiale et la documentation professionnelle, le phénomène s'étendra à tout le système bancaire israélien. » Le scénario cauchemardesque de Brodet fut communiqué, par oral et par écrit, au conseiller juridique du gouvernement et au procureur de l'État[2]. Les grandes banques d'Israël n'avaient jamais été confrontées à une telle menace, pas même au plus fort de la crise financière de 2008, lorsque des méga-banques avaient fait faillite dans le monde et qu'Israël était demeuré un havre de stabilité financière.

Économiste chevronné et directeur de longue date dans les secteurs public et privé – notamment responsable des budgets et directeur général au ministère des Finances –, David Brodet avait connu d'innombrables crises économiques. Il jouissait d'un prestige personnel sans égal. Il était évident qu'un homme comme Brodet ne cédait pas facilement à la panique. Son avertissement fit donc l'effet d'une bombe. Ayant tiré la sonnette d'alarme devant la menace colossale qui pesait sur la stabilité du système bancaire d'Israël, Brodet souleva un dilemme épineux : en ces circonstances exceptionnelles, ne faudrait-il pas envisager d'accorder l'immunité au hacker, sous réserve de poser des conditions très nettes quant aux informations en sa possession, afin d'écarter cette menace sans précédent ?

CÉDER AU CHANTAGE ?

J'avais entendu un raisonnement similaire dans la bouche de la PDG de la banque Leumi. Nous avions eu un entretien après l'arrivée du premier mail de menace. Le Bureau national du cyber n'avait pas encore apporté la touche finale à ses protocoles d'urgence, mais la banque recherchait un organisme capable de lui apporter de l'aide. Mme Russak-Aminoach voulait être certaine d'agir au mieux pour repérer la brèche et bloquer à l'avenir toute infiltration des systèmes de la banque. À l'époque où l'incident éclata, elle occupait son poste depuis deux ans. L'entretien téléphonique avec elle fut grave, douloureux et franc. Mon téléphone portable sonna alors que je me rendais à l'école des officiers de Tsahal, où devait se dérouler une cérémonie d'admission des nouveaux officiers, dont mon fils faisait partie.

Cet appel m'occupa l'esprit pendant toute cette célébration familiale. Les mises en garde de la PDG faisaient écho à celles de Brodet. D'une part, déclara-t-elle, il était inconcevable de céder à une extorsion ; ce ne serait qu'une invitation à d'autres chantages. De l'autre, l'effondrement de la deuxième banque du pays risquait de déclencher une cascade de faillites catastrophiques pour l'économie israélienne. Du point de vue de Rakefet Russak-Aminoach, la banque Leumi avait déjà entamé une sérieuse transition vers la numérisation[3], de sorte qu'elle comprenait parfaitement la cyber-menace et connaissait les implications pour l'avenir de la modernisation de la banque, en cas de succès de la tentative de chantage.

La PDG émit une hypothèse que je ne pouvais alors pas réfuter; il se pourrait que l'attaquant ait ciblé la banque parce qu'il pensait qu'il s'agissait d'une banque de l'État (en hébreu, le nom « bank Leumi » signifie « banque nationale »). Si cette théorie se vérifiait, cela signifiait que l'attaque relevait non seulement du pénal, mais aussi du politique, auquel cas toutes les instances sécuritaires d'Israël – et pas seulement la police, comme dans les affaires criminelles – devaient se mobiliser pour défendre la banque. Il n'existait aucun moyen de prouver la véracité de cette théorie, mais nous ne pouvions pas non plus l'exclure.

La crise continuait à sévir. Alors que je discutais avec Mme Russak-Aminoach, je vis que l'inspecteur des banques tentait lui aussi de m'appeler au téléphone. À l'instar de la police, l'inspecteur des banques avait été mis au courant depuis le début. La loi stipulait qu'en cas d'incidents de ce genre, la banque Leumi devait adresser un rapport à son bureau. Il me demanda comment, en tant que directeur du Bureau national du cyber, responsable en dernier ressort de la synchronisation de la cyber-sécurité d'Israël, je comptais aider.

La cérémonie en l'honneur des officiers se poursuivait et, dans le même temps, je m'occupais d'une brèche dans la cyber-sécurité nationale. Entre le discours du commandant et l'épinglage de l'insigne des nouveaux chefs de section; entre l'accolade et la tape dans le dos; entre la photo de famille et les défilés des officiers frais émoulus, j'étais au téléphone avec plusieurs responsables, membres du Bureau ou non. Je parlai notamment au procureur de l'État, que nous avions consulté sur des points juridiques lors de la création du Bureau.

J'étais absolument certain qu'en tant qu'État nous ne pouvions en aucun cas autoriser le paiement d'une rançon. Nous ne devions même pas l'envisager. Pas seulement à cause des inquiétudes concernant un chantage futur, mais avant tout parce que les gouvernements ne peuvent absolument pas se permettre d'être victimes de chantage. Surtout pas ceux qui s'enorgueillissent de leurs capacités en cyber-sécurité. Il était évident que la façon dont nous allions gérer cette crise serait un indicateur pour la suite. Je compris très rapidement que je n'aurais aucun mal à persuader le procureur de l'État ; nous étions sur la même longueur d'onde et, dans le cadre de ses fonctions, il n'avait aucune intention de céder au chantage. Pour lui, la reddition, même partielle, constituerait une violation de la loi.

Lorsqu'il devint évident que la rançon ne serait pas payée, je compris que le Bureau national du cyber devait entrer dans le vif du sujet. La cérémonie à l'école des officiers de Tsahal prit fin dans la soirée et l'effervescence familiale retomba. Je décidai de confier au général de réserve Shahar Argaman la gestion de la crise. Au cours de sa carrière militaire, il avait tenté le diable dans d'innombrables opérations. L'incident de la banque Leumi, cependant, constituait un défi entièrement différent : c'était un défi dans le cyber-espace. Mais, Argaman étant un vétéran des opérations spéciales, une personne imperturbable, méthodique et efficace, il était tout indiqué pour gérer ce cas.

Le manuel expliquant comment aborder des crises nationales du cyber n'avait pas encore été écrit, mais mes instructions à Argaman étaient claires : la police israélienne devait mener l'enquête selon les directives générales du procureur de l'État. Notre rôle, en tant que Bureau national du cyber, lequel n'était pas encore opérationnel, était de fournir les grandes lignes de la gestion de la crise, d'assurer la coordination à l'échelle du pays et de faire participer toutes les parties concernées à une réaction concertée au niveau national. Voilà comment une simple tentative de chantage s'emballa pour devenir un événement cyber à l'échelle du pays tout entier.

LA NOUVELLE CYBER-CRIMINALITÉ

La banque Leumi n'était ni la première ni la dernière organisation au monde à faire l'objet d'une extorsion. Après cet incident, attaquer une institution financière en s'introduisant dans les comptes des clients ou faire chanter quelqu'un en le menaçant de publier une information sensible devint seulement une pratique plus courante.

Depuis lors, concernant la gravité des menaces, il est évident que le cyber-crime a dépassé la criminalité traditionnelle. Les chiffres parlent d'eux-mêmes : chaque année, aux États-Unis seulement, le montant du vol imputable au cyber-crime est plus élevé que la somme totale volée par toutes sortes de méthodes criminelles traditionnelles, comme le vol à la tire, le cambriolage, le vol à main armée, avec ou sans cagoule. Les hold-up en plein jour dans les succursales bancaires et les effractions sophistiquées dans les coffres-forts sont passés de mode. Le vol et la fraude via le cyber-espace sont beaucoup plus attrayants. Le butin peut être énorme, et il n'y a pas le risque de laisser des empreintes digitales sur la « scène de crime ». Et, tout comme le monde d'hier avait une criminalité organisée, notre nouveau monde a ses propres organisations criminelles. La plupart des cyber-délinquants ne perdent pas leur temps sur les sites internet connus et accessibles à tout un chacun. L'information recueillie par Google n'est que le sommet de l'iceberg – un petit pourcentage de la masse d'informations existant en ligne. La majeure partie de l'iceberg est cachée sous la surface, dans un domaine appelé le « dark web »[4].

Le terme anglais *dark web* désigne les ordinateurs et les réseaux ne répondant pas aux recherches ordinaires faites sur l'internet. Des protocoles spéciaux sont nécessaires pour y accéder. Dans le dark web, chaque information a un prix. Une base de données concernant des cartes de crédit, par exemple, a moins de valeur que la même quantité de données médicales, parce que les banques peuvent rapidement annuler des cartes de crédits volées, alors que les informations médicales garderont leur pertinence pendant plusieurs années. Certaines organisations, comme les compagnies pharmaceutiques et les compagnies d'assurances, en ont besoin. Il se trouvera toujours quelqu'un pour blanchir cette information pour eux et l'exploiter moyennant finance. Les renseignements volés dans des bases de données médicales sont si précieux pour les criminels à travers le monde que les hôpitaux et autres organisations de santé doivent déployer des efforts considérables pour se protéger. Dans bien des cas, ces efforts sont insuffisants ou trop tardifs.

C'est ce qui s'est passé à Singapour en 2018. Une énorme base de données d'informations médicales a été dérobée, comprenant entre autres des détails sur la santé du Premier ministre. Précision embarrassante pour Singapour : l'information fut divulguée en ligne[5]. C'était d'autant plus gênant que l'île de Singapour était considérée comme l'un des États du monde les plus avancés en cyber-sécurité, et qu'elle s'était dotée d'un appareil gouvernemental sans scrupule et efficace, parfaitement au fait des dangers.

Voici un autre chiffre qui illustre la révolution qu'a connue le monde de la cyber-criminalité : une étude réalisée par la société de conseil Accenture estime que, de 2020 à 2025, le total des dommages imputables à la cyber-criminalité atteindra le chiffre inimaginable de 5,2 trillions de dollars[6]. Gene Resnik, directeur de la stratégie chez Accenture, explique que les occasions de cyber-criminalité se multiplient à un rythme tout aussi vertigineux que l'expansion du cyber-espace. Selon lui, les délinquants se sont déjà propagés partout et, l'avenir, de leur point de vue, est prometteur. Par exemple, il est terrifiant d'imaginer le chantage que pourraient exercer les cyber-criminels s'ils parvenaient à pirater les systèmes de pilotage des véhicules automatisés sans conducteur.

La comparaison historique entre cyber-criminels et pirates est intéressante. Au XVe siècle, les Européens naviguaient déjà sur les océans. Les hautes mers, domaine entièrement nouveau, attiraient non seulement les chasseurs de trésors et les marchands, mais également les forbans. Pour se défendre contre les pirates, les grands ports du Nouveau Monde édifièrent des murailles protectrices et des tours de guet, assez semblables aux pare-feu inventés des siècles plus tard pour protéger les « habitants » du cyber-océan. Les navires marchands installèrent aussi des canons sur leurs ponts, tout comme les mesures protectrices existant aujourd'hui pour les voyageurs du cyber-espace lorsqu'ils transfèrent des informations d'un endroit à un autre.

Sur la mer moderne de l'information, les banques sont en première ligne face aux hackers. Elles constituent des cibles de prédilection parce que les criminels sont à la recherche d'argent et que chaque banque est un navire aux cales pleines de trésors. Les banques sont également des cibles relativement vulnérables parce qu'elles ont été parmi les premières institutions à pénétrer presque complètement dans le cyber-espace. De nos jours, la majeure partie de l'argent dans le monde existe sous forme de chaînes de codes numériques, et non sous forme de lingots d'or ou de billets de banque comme par le passé.

De plus, les gigantesques bases de données concernant leurs clients et leurs transactions sont entièrement numérisées. Les services bancaires sont accessibles aux clients via l'internet, ce qui facilite la vie aux hackers. Les banques connaissent les risques, mais elles n'ont pas le choix. La concurrence acharnée que se livrent les nouveaux services numériques sans cesse plus nombreux ne permet à aucune banque de se laisser distancer. Cette compétition a pour effet direct la fermeture de succursales bancaires dans le monde entier et leur remplacement par un nombre croissant de services numériques à distance.

Les incessantes cyber-attaques contre ces services ont fait des banques les forteresses de notre époque. Pour se protéger, elles recourent à toutes sortes de murailles énormes, tours de guet, mines, anneaux défensifs internes, ceintures de sécurité internes, postes de tir, et même « patrouilles » virtuelles. La plupart d'entre elles possèdent leurs propres unités cyber de haut niveau pour gérer ce vaste dispositif de défense. Ces unités bénéficient de budgets énormes, bien plus importants que ceux de leurs homologues dans d'autres organisations. Mais l'expérience l'a prouvé, même les cyber-forteresses les plus robustes ne peuvent garantir une immunité totale.

Tout service bancaire né dans le cyber-espace est une nouvelle opportunité pour les arnaqueurs. Leur temps de réaction est rapide ; on l'a constaté par exemple en 2019, lorsqu'un nouveau service de transactions numériques – des chèques qu'il était inutile d'imprimer – a été lancé aux États-Unis. Les voleurs ont fabriqué des chèques au nom de sociétés qu'ils ont trouvées en ligne et les ont utilisés pour transférer des fonds dans des comptes en banque ouverts spécialement à cette fin. Dans les sociétés qui brassent des millions de dollars, il arrive que personne ne remarque un chèque falsifié lorsqu'il s'agit d'un montant de quelques milliers de dollars. Et si quelqu'un le remarque, c'est généralement après la date limite permettant l'annulation du chèque (généralement quelques jours). Entre-temps, les voleurs ont déjà retiré l'argent et ont disparu.

En 2015, l'entreprise mondiale de cyber-sécurité Kaspersky a annoncé qu'elle avait découvert des vols de sommes faramineuses dans des banques en Europe et aux États-Unis au cours des deux années précédentes. Le total s'élevait à un milliard de dollars[7]. Selon les rapports, des hackers particulièrement doués avaient infiltré les systèmes bancaires via les courriels de leurs employés en utilisant la pratique de l'hameçonnage (*phishing*), ainsi appelée parce qu'ils «pêchent» les personnes qui commettent l'erreur d'ouvrir des fichiers infectés. Les attaquants avaient envoyé des fichiers contaminés à tous les employés de banque et «pêché» ceux qui n'avaient pas remarqué que ces mails provenaient de sources suspectes. Quand ces derniers avaient cliqué sur les liens, un logiciel malveillant (*malware*) s'était automatiquement téléchargé dans les systèmes des banques. Après avoir pénétré dans ces réseaux sensibles, les attaquants avaient étudié le comportement des employés et les systèmes de sécurité des banques. Ils les avaient exploités pour retirer frauduleusement des fonds, en déjouant les divers programmes de protection, puis avaient retiré des billets à des distributeurs automatiques en divers endroits. En d'autres termes, l'attaque associait l'intrusion dans le cyber-espace au retrait de liquide dans le monde réel. C'était là une forme sophistiquée de cyber-délinquance.

Une méthode moins raffinée consiste à utiliser le cyber-espace pour commettre une infraction ordinaire et connue, commençant et se terminant dans le monde physique, mais recourant aux outils du cyber-espace. Le trafic de drogue offre un excellent exemple. Les outils numériques donnent aux trafiquants l'anonymat dont ils ont besoin pour acheter et vendre des drogues, tout comme n'importe quel autre commerce en ligne. Ils peuvent en outre utiliser le cyber-espace pour effectuer et recevoir des paiements. La part du commerce de drogue qui se déroule loin des coins de rue obscurs pose de nouveaux défis aux forces de police de tous les pays et à Interpol, l'organisation internationale de la police. Cependant, la plupart des délits relevant de la vente et ou de la consommation de drogues illégales ont encore lieu dans le monde réel.

Il en va de même pour la prostitution, le trafic d'êtres humains et de nombreuses autres sortes d'activités criminelles connues, qui demeurent fondamentalement les mêmes que par le passé, si ce n'est que certaines opérations se sont déplacées vers le cyber-espace, principalement les transferts de fonds, les plateformes mettant en contact fournisseurs et clients, ainsi que les ventes. Ce qui a contraint les forces de police à créer des unités d'un type nouveau et à recruter des personnes ayant des compétences et de l'expérience en cyber-sécurité et en informatique.

Outre ces formes de cyber-crime, il en existe une troisième, plus sophistiquée. C'est le genre de délit qui n'aurait absolument pas été possible avant la création du cyber-espace et qui se déroule exclusivement en son sein. Le vol de monnaies numériques en offre un excellent exemple. Les cryptomonnaies comme le bitcoin sont créées et volées dans le cyber-espace. Le chiffrement des données est une autre forme de crime qui n'existait pas il y a à peine dix ans. Les délinquants peuvent pirater des ordinateurs privés appartenant à des particuliers ou à des sociétés, crypter les données (et la sauvegarde de sécurité s'ils y parviennent) et réclamer une rançon en cryptomonnaie pour les décrypter. Cela n'aurait pas été possible avant le stockage numérique de toutes nos informations – avant que nous ne devenions dépendants des réseaux. Du début à la fin, cette activité criminelle se déroule dans le cyber-espace.

Les particuliers et les organisations ne sont pas les seuls à être pris pour cibles par le cyber-crime. Les villes le sont également. L'un des cas les plus célèbres est celui d'Atlanta, en Géorgie, qui fut victime, en 2018, d'une attaque par un logiciel de rançon (appelé « rançongiciel » ou *ransomware*). Au cours de cette attaque, qui a duré plusieurs jours, les employés de la municipalité n'ont pas eu accès à leurs ordinateurs. Presque tous les services municipaux dépendant de l'informatique – c'est-à-dire pratiquement tous – ont cessé de fonctionner. Les tribunaux n'ont pas pu envoyer de mandats (d'arrestation ou de perquisition) à la police et la municipalité n'a pu ni recevoir de paiements ni délivrer de permis. Les attaquants qui avaient paralysé les systèmes informatiques d'Atlanta réclamaient une rançon relativement modeste, quelques dizaines de milliers de dollars seulement, mais la municipalité, soutenue par le FBI et par des sociétés privées de cyber-sécurité, a décidé de ne pas débourser un centime. Cinq jours plus tard, ses services informatisés ont fini par reprendre[8].

Tout le temps qu'a duré cette paralysie, les services d'urgence d'Atlanta se sont avérés exceptionnels : certains n'avaient pas été atteints et d'autres sont passés en mode de travail manuel, opérant comme ils le faisaient avant l'ère du numérique. La réaction efficace d'Atlanta s'explique-t-elle par une préparation à un tel scénario ? Ou bien les attaquants ont-ils réduit leurs chances de recevoir une rançon et augmenté le risque d'être pris en évitant de prendre pour cible des services vitaux afin de ne pas mettre en péril des vies humaines ?

Les hackers gagnent à respecter ce type de « proportionnalité », même dans des attaques contre des banques. Mark Gazit, le PDG de la compagnie israélienne ThetaRay, qui met au point des algorithmes destinés à contrer la fraude financière, explique que certains des vols les plus réussis commis à l'encontre de banques ne portent pas sur des montants énormes, mais accumulent un nombre gigantesque de petits vols, parfois pas plus de 25 centimes. Même si quelqu'un remarque qu'une transaction a été arrondie au dollar près (et les risques sont minces), il ne va probablement pas se plaindre. Les détenteurs de cartes de crédit peuvent repérer une facturation suspecte bien que mineure d'un magasin, mais il est difficile d'être certain qu'il s'agit d'un vol, et non d'un achat occasionnel dont ils ont oublié l'existence[9].

Les banques estiment qu'il est difficile de traiter des vols mineurs parce qu'elles sont inondées de fausses alertes. ThetaRay a conçu sa technologie pour remédier à cette défaillance en exposant des connexions suspectes entre des transactions apparemment sans liens, et en cartographiant les liens entre des bribes d'information et l'ordre qui les régit – à défaut de considérer la donnée elle-même. En langage professionnel, il s'agit d'une forme d'intelligence artificielle ou d'apprentissage profond intuitif, ou, en bref, de l'« intelligence artificielle intuitive ». L'une des grandes banques qui a testé le système utilisant la technologie de ThetaRay a découvert, à sa stupéfaction, un vol de pas moins de 20 milliards de dollars. Ni la banque ni les consommateurs n'avaient remarqué leur disparition, faute de voir le total cumulé d'un très grand nombre de sommes minuscules.

Outre cette méthode cumulative, les banques subissent régulièrement des attaques pour des montants importants, dont certaines visent les cryptomonnaies. Les Nations unies ont notamment publié un grave réquisitoire à l'encontre de hackers associés à la Corée du Nord pour avoir volé des sommes énormes de cryptomonnaies à plusieurs pays, principalement la Corée du Sud. C'est l'un des moyens utilisés par la Corée du Nord pour financer ses programmes d'armement. Dans le cas de ces attaques, dès lors que l'argent est volé, il est extrêmement difficile de le récupérer. Que peut-on faire pour y remédier ? C'est exactement le problème que l'ONU tente de résoudre[10].

Cependant, les attaques qui provoquent des dégâts immédiats énormes n'ont pas besoin d'être aussi sophistiquées. En janvier 2014, la Bourse de New York a connu une frayeur : les actions ont chuté de plus de 100 points en deux minutes, perdant 100 milliards de dollars de leur valeur après un tweet laconique émanant de l'Associated Press : « Dernières nouvelles : deux explosions à la Maison-Blanche ; Barack Obama est blessé. » Quelques minutes plus tard, l'Associated Press a précisé que son compte Twitter avait été piraté et que l'annonce était un canular. Les marchés boursiers ont retrouvé leur stabilité, mais ces quelques minutes les ont ébranlés. Il semble que ce faux tweet ait déclenché une réaction pas seulement chez les courtiers, mais également dans les algorithmes qui balayent en permanence les sites d'information et réagissent immédiatement en achetant et en vendant des actions en se fondant sur leur analyse des tendances. Ces derniers sont extrêmement sensibles à ce type d'attaques, si brèves soient-elles, notamment à cause du délai de réaction très court de la Bourse[11].

Ce piratage était d'une simplicité étonnante. C'était, semble-t-il, le travail de hackers syriens de la prétendue Armée électronique syrienne. Ils avaient tenté à maintes reprises de deviner le mot de passe du compte Twitter de l'Associated Press jusqu'à y parvenir. Cette attaque s'inscrivait dans le contexte de tension entre l'administration Obama et le président syrien Bashar el-Assad à propos de l'utilisation d'armes chimiques pendant la guerre civile en Syrie.

Cette offensive – de nature terroriste et non un simple acte criminel – fut pour tout le monde une leçon importante : une poignée de personnes avaient montré leur capacité à causer des dommages économiques à la première superpuissance du monde, non pas grâce à des compétences sophistiquées en cyber, mais en s'attaquant au mode de réflexion des gens, à ce qui conditionne leur comportement et entraîne un revirement des marchés, méthode qui, dans d'autres cas, pourrait ébranler la confiance dans les institutions financières et causer des dommages beaucoup plus graves.

Qu'allait-il se passer lorsque des criminels choisiraient de recourir à ces méthodes pour faire fortune en provoquant l'effondrement des marchés pendant quelques secondes ? Peut-être, dans de tels cas, terrorisme et simple délit ne feraient plus qu'un.

UN APPEL EN PLEINE NUIT

L'attaque contre la banque Leumi était un crime sophistiqué se déroulant entièrement dans le cyber-espace

– depuis la première manœuvre de chantage (arrivée par courriel) à la correspondance avec le maître chanteur (également par courriel), sans compter le contenu de la menace et la publication sur le dark web des coordonnées bancaires des cartes de crédit. La capacité même de l'attaquant à se cacher quelque part dans le monde reposait sur l'anonymat, facilité par les techniques d'encodage dans le cyber-espace.

Était-ce une attaque sophistiquée lancée par des acteurs puissants ? Il n'existait aucun moyen de le savoir. Nous sommes donc partis du principe que l'événement était grave ; il allait nous falloir les instruments et le savoir-faire des meilleurs experts. Et, bien que la police d'Israël ait fait de grands progrès en établissant son unité nationale de la cyber-criminalité au sein de Lahav 433, elle manquait encore des aptitudes nécessaires pour traiter un incident à l'échelle nationale.

Mandaté par le Bureau du cyber, Shahar Argaman entreprit donc d'assurer la coordination entre toutes les autres instances de cyber-sécurité du pays afin d'épauler l'effort de la police. La crainte de lourds dommages pour le pays réveilla « l'ours endormi » et détermina l'État d'Israël à mobiliser toutes les capacités du pays pour contrer l'attaquant.

Appréhendant le pire quant à l'ampleur potentielle des dommages, j'avais tiré certaines sonnettes d'alarme. En conséquence, je reçus à 2 heures du matin un appel téléphonique d'un collègue et ami, le directeur de l'une des instances de cyber-sécurité d'Israël.

« Shahar Argaman m'a fait comprendre que tu avais besoin de nos compétences, dit-il, allant droit au but.

J'ai besoin que tu me confirmes, en tant que directeur du Bureau national du cyber, qu'il s'agit vraiment d'un incident national majeur, pour que je puisse justifier mon implication et accorder à cet incident la priorité sur toutes mes autres missions. »

« C'est le cas », lui répondis-je. Je lui expliquai que l'événement risquait de prendre des proportions nationales. L'ampleur du vol n'était toujours pas définie, mais nous pensions qu'il valait mieux agir avec trop de prudence que pas assez. Comme la police ne disposait pas d'outils cyber appropriés, il était logique de s'adresser à ceux qui en avaient.

« Je comprends. J'envoie à la police une équipe avec les bons outils.

– Parfait, c'est la police qui est en charge de l'affaire, répondis-je, ce dont ils ont besoin, ce sont les outils et le savoir-faire qu'ils n'ont pas. »

Dès lors, je dormis plus sereinement. L'État d'Israël était passé à la vitesse supérieure.

Les événements de la semaine suivante furent gérés comme une crise nationale de cyber-sécurité. Puis d'autres organismes se joignirent à l'effort commun. Le Shin Bet apporta lui aussi son assistance à la police et suivit tous les développements – si l'on découvrait que l'attaque provenait d'un élément hostile, il devrait se tenir prêt à s'investir à cent pour cent. Mais d'ici là, conformément à la doctrine selon laquelle une seule instance opérationnelle serait responsable en fonction de la nature de l'attaque, et tous les autres suivraient, la responsabilité incombait à la police d'Israël. Elle traita l'affaire avant tout comme un incident criminel, avec tout ce que cela impliquait.

À NOUVEAUX CRIMES, NOUVELLES APPROCHES

Vendredi après-midi. C'était le moment où l'unité de cyber-criminalité, dans ses locaux de l'unité Lahav 433, procédait à une évaluation de la situation, en concertation avec des membres d'autres unités et organismes avec lesquels nous coordonnions nos efforts. Le chef de la police en personne avait poussé ses troupes à faire collaborer des éléments extérieurs à l'enquête ; il avait compris que cet événement représentait un nouveau type de crime technologique nécessitant une prévention de l'acte criminel en temps réel, contrairement à la majeure partie du travail de la police, qui débute une fois le délit perpétré afin de traduire en justice les délinquants.

Cet après-midi-là, l'évaluation de la situation était dirigée par le commandant de l'unité 433, le commissaire adjoint Roni Rittman, qui m'invita à y participer. Ce fut une réunion fascinante ; non pas à cause des méandres de l'enquête, mais du fait de la tension entre l'ancien et le nouveau – entre l'approche policière classique, qui comprenait l'interrogatoire des suspects, et l'enquête technologique, que l'unité de cyber-criminalité encourageait avec la participation d'autres parties prenantes. Je remarquai que Rittman était déchiré entre les deux approches. Fervent partisan des méthodes policières classiques qu'il avait pratiquées pendant des années, il comprenait aussi le nouveau défi auquel nous faisions face et la nécessité de recourir à des méthodes et des stratégies novatrices. Confrontées à une menace inédite, ces approches se heurtaient. À cet égard, il faut comprendre que les forces de police opèrent dans des districts géographiques précis. Cette structure convient pour la plupart des formes de crime à l'échelle nationale. Entre autres avantages, elle laisse les policiers se spécialiser dans les types de crimes caractéristiques de chaque région. Les zones rurales frontalières, par exemple, subissent le fléau des vols agricoles, tandis que la criminalité dans les grandes villes est entièrement différente. Chaque endroit a ses propres caractéristiques.

Dans le monde entier, les forces de police, y compris le FBI aux États-Unis et Lahav 433 en Israël, ont mis sur pied des unités centralisées, non géographiques, afin de lutter contre leurs adversaires les plus sophistiqués. Mais la dimension cyber pose de nouveaux problèmes. Dans le cyber-espace, les distinctions géographiques perdent leur pertinence, même au niveau mondial. Les criminels peuvent opérer à partir d'un endroit, mais se camoufler numériquement comme s'ils étaient ailleurs, ou utiliser un nom différent. Les frontières étatiques perdent toute signification, y compris du point de vue des enquêtes criminelles. C'est ce qui a conduit Interpol à créer son propre cyber-bureau[12]. Cette unité s'efforce de coordonner les grandes enquêtes internationales dans le cyber-espace, en recourant à des outils technologiques et à des opérations internationales conjointes.

Rétrospectivement, l'incident de la banque Leumi constitua un véritable tournant pour la cyber-sécurité en Israël. Il permit de comprendre à quel point il était nécessaire d'améliorer les capacités cyber de la police nationale. Mais en ce vendredi de novembre 2014, ces capacités n'en étaient qu'à leurs balbutiements et l'enquête piétinait. Le commissaire qui dirigeait l'unité de cyber-criminalité manifestait un optimisme prudent : « Nous avons juste besoin de quelques jours de plus », disait-il, insistant sur le fait qu'une étape décisive allait incessamment être franchie.

Le commissaire adjoint Rittman prit une grande inspiration et déclara : « Continuez à vous rapprocher de l'objectif avec vos outils cyber, vous avez de la marge, mais parallèlement, commencez à préparer un plan intégrant d'autres outils d'investigation, y compris les outils "traditionnels". »

SILENCE, ON TROUVE

L'opération consistant à se rapprocher de l'objectif – c'est-à-dire du maître chanteur – progressait tranquillement, utilisant différentes tactiques de diversion. Bien évidemment, le secret s'imposait. C'était comme une opération militaire complexe, dans laquelle tout est une question de discrétion. Ici aussi, il fallait que notre cible demeure dans l'ignorance totale de nos efforts pour l'atteindre. Cette approche silencieuse était importante pour une autre raison majeure : si l'information filtrait, elle risquait de déclencher la panique, une perte de confiance dans la banque et un effet boule de neige qui mettrait en péril sa stabilité. Ce fut une course contre la montre. Pas seulement vis-à-vis de l'attaquant, mais également pour éviter que l'affaire devienne de notoriété publique. Si cela se produisait, nous savions qu'il serait pratiquement impossible de contrôler le flux de l'information.

Nous vivons à une époque de surabondance des moyens de communication, depuis les chaînes d'information jusqu'à une gamme illimitée de réseaux sociaux presque totalement incontrôlables. Il était évident que toute personne participant à l'enquête, quiconque pensait avoir entendu quelque chose ou avait entendu parler quelqu'un qui savait quelque chose (qui lui-même avait entendu parler de quelque chose), toutes ces personnes, donc, risquaient de laisser filtrer des informations sensibles, sans en comprendre les implications. Si ces renseignements parvenaient à la presse, les journalistes ne réfléchiraient pas à deux fois avant de publier un scoop – à juste titre, selon eux.

Le secteur privé, auquel appartiennent les banques, n'est pas soumis aux règles de la censure militaire encore en vigueur en Israël. Le censeur militaire n'a autorité pour supprimer un rapport que si celui-ci risque de porter atteinte de façon évidente et tangible à la sécurité nationale. La situation présentait précisément un risque pour la sécurité nationale, mais pas un de ceux auxquels nous étions habitués. Il s'agissait d'un risque pour la sécurité financière du pays.

Parce qu'il comprenait le risque encouru pour la stabilité du système financier israélien, Yehuda Weinstein, le conseiller juridique du gouvernement, soutint l'intervention des autorités de l'État dans cette affaire. Dès le début, il demanda au Bureau national du cyber de soumettre un avis écrit sur la nature de la menace. La note qui lui fut remise l'encouragea à nous impliquer, ainsi que d'autres agences de sécurité possédant les compétences en cybertechnologies cruciales dont manquait à l'époque la police.

Weinstein réagit prudemment, mais rapidement et efficacement. Il se lança dans la bataille dès qu'il appréhenda la gravité de l'événement. Cependant, le soutien juridique était une chose; invoquer la censure militaire pour interdire la publication de l'information en était une autre. C'était là un dilemme que je préférais éviter. Nous devions donc nous efforcer d'empêcher cette information de filtrer. Certaines sources nous avaient indiqué que quelques personnes étaient au courant d'un dysfonctionnement dans la sécurité de l'information à la banque Leumi. Dès lors que des experts en cyber-sécurité de l'extérieur avaient été consultés, l'affaire avait cessé d'être un secret d'État, mais les rumeurs et des bribes d'information commençaient à circuler dans des cercles de plus en plus larges.

Nous comprenions tous l'importance de la transparence, qui contribue tout d'abord à améliorer la sécurité. Elle permet aux particuliers de gérer leurs affaires avec les organisations, notamment les banques, en connaissance de cause. Mais par ailleurs, à l'ère du cyber, il faut prendre en considération le fait que les attaquants, eux aussi, regardent les informations. Eux aussi écoutent les fuites, savent les analyser et lire entre les lignes.

Certaines étapes dans les opérations de cyber-sécurité requièrent donc un silence total; pendant un moment, la cyber-attaque doit être cachée aux clients et au public. Il m'apparaissait clairement que, par la suite, il nous faudrait prendre cette question très au sérieux, dans la législation et dans la pratique. Afin de parvenir à un juste équilibre, après des consultations approfondies, je demandai que, dans les cas où le public devait être informé d'une cyber-attaque menée contre des organisations, l'annonce se fasse en coordination avec notre Bureau. Ainsi, dans les cas, rares mais importants, où l'État mènerait une opération clandestine de cyber-sécurité, nous pourrions préserver le secret et assurer un silence radio pendant le temps nécessaire.

Entre-temps, nous comptions les heures et les minutes. L'horloge des médias égrenait son tic-tac de plus en plus vite, et le sablier des négociations avec le maître chanteur s'écoulait. Nous approchions du moment critique.

L'INTERVIEW QUI TUE

Novembre 2014 fut un mois intéressant, et pas seulement pour Israël. Cet automne-là, Sony Pictures découvrit que presque tous ses ordinateurs étaient paralysés[13]. La société de production américaine, dont le siège se trouve en Californie, appartient à la Sony Corporation, un consortium japonais. Les attaquants ne s'étaient pas contentés de perturber la production ; ils avaient aussi diffusé en ligne des informations contenues dans les ordinateurs de Sony, notamment des films encore en cours de réalisation et une correspondance sensible concernant des acteurs célèbres. Ils avaient également partagé les informations de cartes de crédit et d'autres données concernant des employés[14]. Ces fuites mirent Sony dans une situation extrêmement embarrassante, sans parler des immenses pertes causées. En téléchargeant des films avant qu'ils ne soient distribués dans les salles de cinéma, les attaquants causèrent un grave préjudice aux revenus de Sony ainsi qu'à sa réputation, dommages estimés à 100 millions de dollars[15].

Le 16 décembre 2014, les attaquants allèrent encore plus loin et lancèrent un avertissement à Sony, ses employés et leurs familles, et même à certains cinémas : si le film *The Interview* (*L'interview qui tue*) était projeté sur les écrans, ils commettraient un attentat terroriste multiforme, similaire au 11-Septembre. Les hackers allèrent jusqu'à menacer quiconque habitait à proximité de cinémas projetant le film en question. Le lendemain, Sony annonça l'annulation de la sortie du film.

À ce stade, la cyber-attaque passa de cauchemar pour Sony Pictures à menace d'importance nationale pour les États-Unis. Il était facile de deviner que l'attaque venait de la Corée du Nord : *L'interview qui tue* était une comédie mettant en scène deux journalistes américains en visite dans cet État totalitaire, qui reçoivent de la CIA l'ordre d'assassiner le chef suprême, Kim Jong-un.

L'annulation de la sortie du film fut une humiliation pour les États-Unis. Quelques jours après la capitulation de Sony, le président américain Barack Obama qualifia cette décision d'erreur. Il déclara que si la compagnie s'était concertée avec lui plus tôt, il l'aurait exhortée à ne pas céder à la menace. Il ajouta que les États-Unis ne se réconcilieraient jamais avec un despote étranger dictant aux Américains le contenu des films qu'ils étaient autorisés à réaliser et à regarder. Il était évident pour Obama que, si cette attaque était couronnée de succès, les compagnies américaines deviendraient une cible de prédilection[16].

Bien évidemment, la Corée du Nord n'endossa pas officiellement la responsabilité de cette attaque. Le groupe qui la revendiqua se présenta comme les « Gardiens de la paix », mais des responsables américains déclarèrent avoir retrouvé les empreintes numériques des hackers, et qu'elles menaient sans équivoque à la Corée du Nord. Le régime de Pyongyang nia.

La société mère de Sony au Japon finit par annuler la sortie du film en Asie. Aux États-Unis, le film ne fut distribué que dans trois cent vingt salles. Grâce à l'attention des médias, il bénéficia d'un certain succès commercial en dépit de sa diffusion limitée. Sony expliqua que plusieurs salles de cinéma, notamment dans les centres commerciaux, avaient tout simplement refusé de projeter le film à cause des menaces terroristes.

Rétrospectivement, avec l'attaque lancée contre Sony Pictures, la gravité des cyber-menaces monta d'un cran. Bien que l'agression elle-même ne se soit pas étendue au-delà des serveurs de Sony ou dans le monde physique, la menace avait eu des conséquences très concrètes sur le monde réel. C'était un dangereux précédent.

Quelques jours après le piratage de Sony Pictures, je discutai de l'incident avec l'amiral Michael Rogers, en visite en Israël. Début 2014, Rogers avait été nommé directeur de l'Agence nationale de sécurité (NSA), ce qui faisait de lui le commandant en chef du domaine cyber aux États-Unis et le responsable le plus gradé de la cybersécurité dans le système de défense américain. Il était venu pour étudier l'approche novatrice israélienne en matière de cyber-sécurité, et en vue d'établir des relations de travail, non seulement avec ses partenaires naturels comme l'unité 8200, mais également avec des organismes qu'il connaissait moins bien.

Une question fondamentale surgit au cours de nos entretiens : quel était vraiment le rôle de l'État dans la défense de compagnies privées comme Sony Pictures contre des cyber-attaques ? Nous venions de mettre au point une stratégie globale de cyber-sécurité et avions établi des critères précis pour le partage des responsabilités entre l'État et les organisations privées ou les citoyens.

À l'époque, les Américains manquaient encore d'une doctrine de cyber-défense cohérente. Ils comprenaient que Sony n'avait pas réussi à protéger correctement ses systèmes et que les autorités fédérales ne pouvaient s'en charger à sa place. Par ailleurs, l'amiral Rogers appréciait notre approche selon laquelle, dans certains cas, les autorités fédérales ne pouvaient laisser des entreprises privées à la merci d'attaquants de niveau étatique, même dans le cas d'une société de spectacles et de divertissements n'ayant rien d'une infrastructure critique. Il admit que les États-Unis devaient donner une réponse claire et indiquer les limites de ce que le gouvernement pourrait supporter si ses citoyens et ses entreprises étaient attaqués.

CONTRE-OFFENSIVE

« Acapulco ».

Tel était le nom de code que les parachutistes réservistes de Tsahal utilisèrent lorsqu'ils atteignirent la rive ouest du canal de Suez au plus fort de la guerre de Kippour en 1973, dix jours après le lancement par l'Égypte et la Syrie d'une attaque-surprise en tenailles contre Israël. L'opération était conduite dans le plus grand secret afin d'empêcher les Égyptiens de détecter les forces israéliennes alors qu'elles franchissaient le canal. Le nom de code « Acapulco » signifiait que le premier bateau était parvenu de l'autre côté et que les combattants avaient pris pied en territoire ennemi, ce qui leur permettait de commencer à établir une tête de pont.

En elles-mêmes, les cyber-attaques ne ressemblent pas nécessairement à des actes de guerre. Mais l'analogie peut nous aider à comprendre comment se déroulent de complexes opérations cyber. Imaginons que vous subissiez une cyber-attaque et que vous vouliez contrer vos attaquants en passant à l'offensive. La première chose dont vous avez besoin, c'est d'un accès clandestin aux réseaux qui vous ont infiltrés. Afin de « passer » de votre système au réseau cible, vous devez respecter une discrétion absolue. Sinon, l'autre partie détectera rapidement votre présence et vous jettera dehors. Dès que vous avez un accès, vous l'étendez et construisez en la stabilisant une « tête de pont », tout en étudiant le réseau pénétré ; enfin, vous installez un logiciel malveillant et neutralisez les défenses de votre attaquant. Lorsque vous avez exécuté ces premières mesures, vous développez l'opération, vous vous déployez dans l'ensemble des réseaux cibles et vous vous enfermez à l'intérieur. C'est la même idée que lorsqu'on déploie une tête de pont pendant une guerre en mobilisant davantage de troupes.

Dans le cas de la banque Leumi, la contre-attaque ne fut pas lancée par l'armée, mais par la police. Les policiers opérèrent prudemment et patiemment, non seulement par crainte d'être découverts et expulsés de l'ordinateur de l'attaquant, mais également pour éviter un scénario qui n'existe pas dans le monde physique, mais bel et bien possible dans le cyber-espace : l'attaquant, le maître chanteur, peut décider de disparaître parce qu'il se sent suivi ou attaqué, à tort ou à raison. En d'autres termes, il peut tout bonnement couper la connexion entre les deux réseaux, ce qui rend pratiquement impossible la pénétration dans ses serveurs.

« Nous avons ménagé un accès », m'informa Shahar Argaman le samedi soir. Nous étions arrivés à « Acapulco ». Dans la joute « à qui jouera au plus fin » menée par la police d'Israël contre celui qui tentait de faire chanter la banque Leumi, les policiers remportèrent une victoire. Ils piratèrent les ordinateurs du maître chanteur en utilisant des outils sophistiqués empruntés à d'autres agences de sécurité. À son insu, l'attaquant se retrouva sous le contrôle complet de nos forces de défense. La police avait à son tour attaqué une cible, grâce à une défense active ; le délit avait été déjoué en recourant à une contre-attaque pour identifier, bloquer et dévoiler son auteur. Après avoir stabilisé son emprise, le moment était venu pour la police d'Israël de lancer l'ultime étape de sa contre-attaque.

Les passagers du vol El Al Bangkok-Tel-Aviv n'auraient jamais pu imaginer qu'ils effectuaient leur voyage en compagnie de policiers israéliens et d'un hacker qui avait tenté d'extorquer des fonds à la banque Leumi. Ce dernier avait été arrêté en Thaïlande, à sa grande surprise, par des policiers israéliens et thaïlandais. Son extradition vers Israël marqua la fin de la crise.

Quand le maître chanteur fut identifié, la police et la banque se rendirent compte qu'il s'agissait d'un ex-employé d'une filiale de la banque Leumi, la société de cartes de crédit Leumi Card. Il avait quitté son travail plusieurs mois auparavant, mais avant de partir, il avait profité de son accès aux bases de données sensibles de la société pour télécharger des renseignements sur les clients à des fins de chantage. Son mode opératoire était assez sophistiqué, de sorte que la banque mit un certain temps – juste avant que l'homme ne soit identifié – pour se rendre compte à son tour que les informations volées correspondaient seulement aux données emmagasinées dans les ordinateurs de la compagnie de cartes de crédit. Les équipes informatiques de la banque, aidées par des experts de l'extérieur, avaient vérifié à maintes reprises les intrusions dans les systèmes informatisés de la banque et n'avaient identifié aucune « voie d'intrusion ». On finit par comprendre que la fuite des données était beaucoup moins grave qu'on ne l'avait pensé à l'origine, parce que, quoique liée à une importante base de données, elle ne portait que sur les numéros des cartes de crédit, pas sur les détails des opérations de la banque. La stabilité de la banque ou du système bancaire n'était donc pas en péril.

Pour diverses raisons, certains détails de cette affaire n'ont toujours pas été révélés. Si le coupable n'avait pas été pris avant de mettre sa menace à exécution, les dommages pour Israël auraient pu constituer un véritable désastre. D'après les détails que les tribunaux ont été autorisés à publier, l'attaquant était un Israélien âgé de trente et un ans qui avait à son actif plusieurs autres cyber-délits.

L'aspect juridique de cet épisode prit fin en 2016. Après avoir plaidé coupable, le hacker fut condamné pour chantage, violation de la vie privée, complot en vue de commettre un délit et d'autres infractions. La sentence s'éleva à onze ans de prison. Sans le vouloir, le maître chanteur avait contribué à un exceptionnel exercice de gestion d'une cyber-crise à l'échelle nationale.

UN BOND PRODIGIEUX

DU BUREAU AU DIRECTOIRE DU CYBER

LE SHIN BET FAIT VOLTE-FACE

Deux mois avant l'épisode de la banque Leumi, en septembre 2014, le Premier ministre Benyamin Nétanyahou présida une réunion décisive sur la stratégie que nous avions imaginée en matière de cyber-sécurité. Il était évident pour nous qu'une seule des parties en serait satisfaite ; l'autre en ressortirait découragée. Le Bureau national du cyber et le Shin Bet attendaient tous deux le verdict de cette décision capitale.

Si l'intervention du Premier ministre s'avérait nécessaire, c'était à cause de l'ajout manuscrit d'Yitzhak Ben-Israël, trois ans auparavant, sur le rapport de l'Initiative cyber. Cet avenant, semble-t-il, reportait de « quelques mois » la désignation de l'organisme qui serait responsable de la cyber-sécurité dans le secteur civil.

Il était temps de s'y attaquer.

Dans une version antérieure du document datée de mai 2011, Ben-Israël avait recommandé d'étendre la mission du Shin Bet, afin qu'il ne soit plus chargé seulement de protéger l'infrastructure cyber critique, mais aussi d'assurer la protection de l'ensemble du cyber-espace civil d'Israël. Mais Yoram Cohen, qui avait pris ses fonctions de directeur du Shin Bet quelques semaines plus tôt, n'était pas sûr de vouloir assumer cette responsabilité[1].

À sa demande, la version d'origine fut remplacée par une recommandation, laquelle préconisait que le Bureau national du cyber élabore en quelques mois une stratégie de cyber-sécurité holistique en se fondant sur les instructions du directeur du Shin Bet.

Lorsque je rencontrai Yoram Cohen pour la première fois, en janvier 2012, je fus surpris de constater qu'il était ouvert à l'idée de confier au Bureau national du cyber, alors à ses débuts, la responsabilité de la cyber-sécurité de l'infrastructure nationale et de l'ensemble du secteur civil. Mais l'état d'esprit changea rapidement. Entre-temps, la cyber-sécurité était devenue un élément clé, façonnant le mandat de cinq ans de Cohen – en témoigne le plan multi-annuel du Shin Bet qui lui conférait d'importantes cyber-capacités. Ainsi, le Shin Bet avait fait volte-face et se mit à lutter pour conserver la cyber-sécurité nationale sous sa houlette exclusive.

Le Shin Bet disposait de solides arguments pour revendiquer l'entière responsabilité de la cyber-sécurité de l'État. Avant tout, il était chargé d'assurer la protection d'Israël contre toutes sortes de menaces, dont les terroristes et autres éléments hostiles, ainsi que l'espionnage ; de fait, la cyber-menace provenait justement en grande partie de l'espionnage. Le Shin Bet était aussi une machine bien huilée qui avait fait ses preuves et avait une longue tradition de réussites, contrairement au Bureau national du cyber qui venait à peine d'entrer en fonction. Il n'était guère aisé de contrer ce raisonnement et encore moins de l'ignorer. Enfin, le Shin Bet présenta son argument budgétaire : il serait beaucoup plus coûteux de mettre sur pied une nouvelle organisation que de développer un organisme préexistant. Une douce musique aux oreilles des responsables du budget au ministère des Finances, dont l'opinion était toujours déterminante.

Entre 2012 et 2014, au sein des instances de sécurité israéliennes, il fut aussi question d'appeler Tsahal à diriger les efforts de cyber-défense. Cette option se fondait sur la responsabilité globale de l'armée en matière de défense nationale contre des menaces extérieures, ce qu'étaient précisément les cyber-attaques lorsqu'elles étaient menées par des États. Selon cette logique, il devenait évident que l'armée intégrerait la cyber-sécurité sous le parapluie défensif qu'elle déployait dans l'ensemble du pays[2].

Mais par ailleurs, les officiers supérieurs de Tsahal se méfiaient, à juste titre, d'une telle implication dans le domaine civil, notamment dans le secteur commercial. L'armée israélienne repose en partie sur le service militaire obligatoire ; il n'est pas normal pour des soldats de se retrouver impliqués dans la protection d'entreprises privées et de pénétrer dans leurs salles de contrôle de cyber-sécurité lorsqu'elles sont exposées à des menaces qui ne sont pas nécessairement lancées par des États ennemis, mais éventuellement par des organisations criminelles et des firmes spécialisées dans l'espionnage commercial.

D'autres soutinrent que chaque instance devrait prendre en charge la totalité de la cyber-sécurité dans son domaine. La police, responsable de la lutte contre le crime, devrait mener le combat contre la cyber-criminalité. Le Shin Bet, responsable de la lutte contre le terrorisme, devrait lutter contre le terrorisme dans le cyber-espace. Tsahal défendrait le cyber-espace contre des ennemis extérieurs. Telle était la direction qu'empruntaient la plupart des pays.

Ce fut un combat professionnel titanesque. Nous avions nous aussi notre propre argumentation, très sérieuse, et avec le temps, j'acquis l'assurance et la conviction que le Bureau devrait être transformé en un directoire à part entière, doté de son propre secteur opérationnel responsable de la cyber-défense de l'État d'Israël. Notre position reposait toujours sur une solide stratégie de cyber-défense à trois strates : robustesse, résilience et défense nationale.

Après un long processus administratif et une réflexion appuyée, nous avons imaginé un nouveau modèle, le premier du genre au monde, pour autant que je sache. Nous pensions que ce serait une erreur d'éclater la responsabilité de la cyber-sécurité entre différents organismes selon les niveaux, le type de menace ou son origine (l'Iran ou la Chine, par exemple). Nous estimions plutôt qu'Israël devrait créer une instance opérationnelle assumant la responsabilité de la défense du cyber-espace du pays, d'un bout à l'autre, en mettant l'accent sur le secteur civil et sur les trois strates.

La nouvelle instance opérationnelle, que nous proposions de baptiser « Autorité nationale de cyber-sécurité », travaillerait en tandem avec le Bureau national du cyber. Elle œuvrerait aussi bien avec le secteur privé qu'avec les organisations de défense. Elle constituerait un intermédiaire entre ces deux mondes, un hybride – à la fois régulateur civil travaillant avec l'ensemble de l'économie, organisme de sécurité protégeant le secteur civil de cyberattaques et gestionnaire de cyber-crise à l'échelle nationale, le tout en un. Nous avons argumenté qu'une telle entité hybride était la conséquence naturelle du caractère unique du cyber-espace et qu'elle était nécessaire du fait que, dans ce domaine, le secteur privé était directement exposé à des attaques hostiles sans être doté des forces de sécurité pour les amortir.

À la première strate, celle de la *robustesse du marché*, l'Autorité nationale de cyber-sécurité superviserait la réglementation et protégerait directement les infrastructures sensibles.

À la deuxième strate, celle de la *résilience*, la nouvelle Autorité dirigerait l'équipe informatique civile chargée des interventions d'urgence, et de repousser des attaques spécifiques, notamment en communiquant des informations importantes à tous les organismes sécuritaires, en donnant des instructions en temps réel et en mobilisant même les équipes d'intervention d'urgence en cas de besoin.

À la troisième strate, celle de la *défense nationale*, l'Autorité gérerait les cyber-crises nationales dans l'ensemble de l'économie israélienne. À cet égard, elle travaillerait en étroite coopération avec les organismes de défense, l'information circulant dans les deux sens. Les enquêteurs aideraient la nouvelle Autorité à gérer la cyber-sécurité conjointement avec le secteur privé, tout en aidant également les organismes de sécurité à remonter à la source des attaques afin de pouvoir les déjouer et riposter. Les informations concernant la défense seraient partagées avec des organismes civils selon des instructions précises.

Nous avons recommandé que l'Autorité du cyber se concentre sur les attaques et non sur les attaquants, depuis l'enquête jusqu'à la mise en échec de l'attaque. Les forces de sécurité régulières se chargeraient quant à elles d'identifier les attaquants. Ainsi, l'Autorité ne franchirait pas les cyber-« frontières » d'Israël. Nous avons martelé que le cyber-espace représentait une menace d'un genre inédit qui ne ferait que s'intensifier et nécessiterait donc l'attention d'un organisme de protection unifié. La cyber-défense était trop importante pour être mise en balance avec d'autres missions comme le contre-terrorisme, pris en charge par le Shin Bet, l'application de la loi, par la police d'Israël, ou la défense contre des armées ennemies, par Tsahal. Selon nous, la nouvelle Autorité du cyber devait être un service indépendant, un peu comme on perçoit l'armée de l'air israélienne.

Un autre facteur important justifiait notre position : la démocratie et les droits de l'homme – je le dis sans le moindre cynisme. Nous pensions que, dans un régime démocratique, il valait mieux répartir la responsabilité de la sécurité en la confiant à plusieurs organismes distincts. Non pas parce qu'un seul organisme serait plus « pur » que les autres, ou parce que l'un comporterait des gens « bien » et l'autre des « méchants », mais parce qu'un excès de connaissances et de pouvoir au sein d'un seul et même organisme finirait par être exploité à des fins peu souhaitables.

LE BRAS DE FER CONTINUE

Nétanyahou hésitait. Confier au Shin Bet la mission d'être le bouclier de l'État en matière de cyber ou accorder au Bureau national du cyber le statut d'un directoire à part entière chargé d'élaborer une défense opérationnelle du cyber-espace, la décision lui incombait. Mais la nécessité de choisir entre les deux approches contraignit également d'autres protagonistes à prendre position.

Le ministre de la Défense soutint nos arguments en faveur du Bureau national du cyber. Il pensait que, depuis des années, Israël avait su étendre les capacités de ses organismes de défense pour s'adapter à l'évolution des menaces, mais que le cyber-espace était une question entièrement différente. Il ne pouvait être géré simplement en étendant les capacités des organismes existants.

Malheureusement, ce soutien ne suffit pas à emporter la décision. Contrairement au ministre de la Défense, le conseiller à la sécurité nationale (futur directeur du Mossad), Yossi Cohen, était farouchement opposé à la création d'une nouvelle Autorité du cyber. Il s'érigeait ainsi contre la recommandation de son prédécesseur Amidror qui, vers la fin de son mandat de conseiller à la sécurité nationale, avait rédigé un document de principe soutenant fermement une telle Autorité. Cohen avait engagé son propre processus administratif sur la question et avait invité toutes les parties, y compris le Mossad et les services du renseignement militaire, à plusieurs réunions dans son bureau afin de l'aider à affermir sa position.

Je ne m'attendais pas à grand-chose. Son ultime recommandation fut similaire à celle qu'il avait soutenue en ma présence devant le Premier ministre, le jour où il avait été nommé conseiller à la sécurité nationale en 2013, bien avant d'avoir étudié la question. Le Shin Bet serait le « patron », l'instance principale responsable de la cybersécurité, tandis que le Bureau national du cyber n'aurait que des fonctions de réglementation.

Le ministre des Infrastructures nationales était en désaccord avec Cohen. Il avait mené sa propre recherche à la demande du Premier ministre et était parvenu à la conclusion opposée, soutenant l'approche du Bureau du cyber.

Confronté à ces avis contradictoires, Nétanyahou décida de consulter une personne extérieure au gouvernement. Il demanda à Yitzhak Ben-Israël, premier directeur de l'Initiative cyber, de présenter sa position. J'accueillis favorablement cette mesure ; il était évident que beaucoup de choses avaient changé depuis les hésitations qu'il avait formulées à la fin des délibérations de l'Initiative cyber, et que la doctrine holistique élaborée par le Bureau serait à même de le convaincre. C'est effectivement ce qui se produisit[3].

Une fois mise par écrit la position de Ben-Israël en faveur du transfert de la responsabilité de la cyber-défense civile à une nouvelle Autorité opérationnelle, tout fut en place pour la réunion décisive avec le Premier ministre.

UNE DÉCISION SANS APPEL

18 septembre 2014. La salle de conférences de la Kirya, à Tel-Aviv, était bondée. Les assistants qui ne purent trouver de sièges autour de l'immense table en acajou formèrent un cercle extérieur, dos au mur. Les micros étaient allumés afin d'enregistrer la réunion et tout serait retranscrit. J'étais calme. Non pas que je connaisse d'avance le résultat, mais mon intuition me disait que le Premier ministre n'aurait pas convoqué une telle réunion s'il n'était pas disposé à prendre une décision. Et s'il était prêt à se décider, il prendrait probablement la bonne décision stratégique – en notre faveur.

Yossi Cohen, le conseiller à la sécurité nationale, présenta ses recommandations ; Ben-Israël, les siennes. Tout le monde autour de la table réagit. Chaque personne, chaque organisation intervint à son tour, chacune avec sa propre logique et sa propre philosophie. La réunion fut tenue secrète, et je ne peux communiquer ce qui fut discuté, mais toutes les questions les plus sérieuses et les arguments les plus importants furent évoqués.

Je pris la parole à plusieurs reprises, formulant le plus clairement possible le choix auquel était confronté le Premier ministre. Il fallait choisir entre une instance sécuritaire civile et une instance sécuritaire secrète ; entre une organisation ad hoc qui inventerait et développerait cette discipline entièrement nouvelle et une organisation pour laquelle la cyber-sécurité ne constituerait qu'une tâche parmi d'autres. Je soulignai encore une fois que nous prenions là une décision sur une question dont l'importance ne ferait que croître. Nous devions considérer les menaces de demain et d'après-demain, et celle des décennies à venir, pas seulement la situation actuelle.

Nétanyahou prit sa décision.

La réunion avait eu lieu un jeudi. Le dimanche suivant, les porte-parole du Premier ministre publièrent le communiqué suivant : « Le Premier ministre Benyamin Nétanyahou a décidé de créer une Autorité nationale opérationnelle de cyber-défense et a chargé le directeur du Bureau national du cyber d'Israël, M. Eviatar Matania, de diriger cette instance. La nouvelle Autorité recevra les attributions et l'autorité nécessaire pour défendre le domaine civil contre des cyber-menaces et constituera un organisme opérationnel agissant parallèlement au Bureau du cyber, lequel continuera à construire et à renforcer l'État d'Israël et à assurer sa position de leader mondial dans le domaine. »

Voilà. C'était clair et net. Affaire réglée.

UN ULTIME DÉFI : LA RÉSOLUTION DU GOUVERNEMENT

C'était le moment d'entrer dans le vif du sujet.

La décision de Nétanyahou allait avoir des implications d'une portée considérable. Le Bureau national du cyber devait donc être transformé en *Directoire* incluant une *Autorité* opérationnelle aux côtés d'un *Bureau du cyber* distinct, responsable de la ligne politique et de la stratégie. Cette entreprise révolutionnaire devait être précisée en détail et traduite par une résolution gouvernementale entièrement inédite, laquelle devait être soumise à l'approbation ministérielle dans un laps de temps de deux mois seulement. Le Premier ministre avait décidé de la direction en laquelle il croyait, mais seul le gouvernement pourrait créer une nouvelle instance dotée de prérogatives légales.

Le temps était compté. Dès mon investiture, un projet ambitieux réunissant tous les protagonistes fut entrepris. Un sentiment d'urgence régnait dans le Bureau. Les lumières restaient allumées jusque tard dans la nuit, et les nuits se faisaient de plus en plus longues. Pour l'instant, le Bureau s'était installé dans ses nouveaux locaux dans le nord de Tel-Aviv et débordait d'énergie, notamment celle de ses nouveaux employés, jeunes pour la plupart.

Nous étions pressés et le travail à abattre était colossal. Il fut décidé de diviser la tâche et de proposer deux résolutions gouvernementales distinctes. La première comportait une longue liste de mesures visant à promouvoir la cyber-robustesse du secteur civil. La seconde établissait la nouvelle Autorité opérationnelle ; ce fut cette résolution qui attira le plus l'attention (et constitua la pomme de discorde principale avec les autres organisations de sécurité, car les conflits de compétences ne s'étaient pas apaisés du jour au lendemain).

Le travail préparatoire à soumettre au gouvernement sur la politique de robustesse fut confié à Ziv Salomon et Jacqueline Ben-Bassat. Dès les premiers jours du cyber-bureau, elles constituèrent un parfait duo professionnel. Ziv avait une solide expérience en matière de sécurité de l'information. Quant à Jacqueline, son histoire était fascinante. Elle était née et avait grandi à Alep, en Syrie, puis s'était enfuie avec sa famille en 1978 (elle était alors adolescente) et avait gagné Israël par des voies indirectes. En dépit de son milieu familial traditionaliste et de l'opposition initiale de son père, cette jeune immigrante s'était enrôlée dans le renseignement de Tsahal et avait mis sa connaissance de la langue arabe au service de l'unité 8200. Elle réussit dans tous les postes qui lui furent confiés dans cette unité avant de la quitter avec le rang de lieutenant-colonel pour nous rejoindre au Bureau du cyber.

Jacqueline Ben-Bassat et Ziv Salomon ne disposaient d'aucun modèle à copier. Une telle configuration n'existait nulle part ailleurs dans le monde. Il leur fallut faire du porte-à-porte, de ministère en ministère, étudiant chacun en profondeur, consultant toutes sortes de personnes tout en préparant leur hiérarchie à l'ampleur des changements à venir lorsque le cyber-espace passerait sous l'administration de l'État. À la fin de ces démarches épuisantes, quinze unités de cyber-défense furent créées, une pour chaque ministère concerné, et un régulateur pour toute instance non ministérielle – mais qui nécessitait tout de même des mesures de cyber-robustesse.

Notre second effort porta sur la rédaction d'une résolution gouvernementale dans le droit fil de l'argumentation présentée lors de la réunion initiale présidée par le Premier ministre. C'était la fameuse Autorité opérationnelle hybride, à la fois civile et sécuritaire, qui serait l'instance officielle responsable de la défense du cyber-espace israélien.

Nous avons commencé par ce qui aurait dû aller de soi, c'est-à-dire la définition du terme « cyber-défense », afin de déterminer les domaines de responsabilité de cette nouvelle Autorité. Nous avons décidé que, dans une perspective nationale, la cyber-défense comprenait « la totalité des activités destinées à prévenir, neutraliser, étudier et affronter les cyber-menaces et les cyber-événements, et à minimiser leurs effets et les dommages qu'ils pourraient causer, avant, pendant et après leur apparition ».

La tâche suivante consista à décrire les fonctions de l'Autorité. En premier lieu, administrer, faire fonctionner et mettre en œuvre toute la gamme des mesures de défense active (c'est-à-dire protéger le cyber-espace israélien selon la nouvelle définition du terme « cyber-défense »). Ensuite, gérer l'équipe cyber de Beersheva chargée de réagir en cas d'urgence, afin de promouvoir la résilience nationale du cyber-espace civil – deuxième niveau de notre doctrine globale de défense. La troisième fonction concernait la robustesse générale du domaine cyber dans le secteur civil.

Le projet de résolution comprenait un autre point important : transformer le Bureau national du cyber en un « Directoire national du cyber » comprenant deux unités : d'une part le « Bureau » existant qui se consacrerait à la construction d'une force cyber, à la technologie, à la politique et la stratégie, et d'autre part une nouvelle « Autorité » qui prendrait en charge la défense opérationnelle. C'était là, à mon avis, une synthèse puissante et pionnière dans le monde. Dans cette proposition, le directeur du Bureau (en l'occurrence, moi) serait aussi à la tête du Directoire, ce qui le rendrait responsable du plan d'action de l'Autorité et lui donnerait une vue panoramique de la cyber-sécurité en Israël.

Mais alors que nous nous escrimions sur la version finale des résolutions proposées, Israël était en pleine crise politique. La coalition au pouvoir s'effondra, des élections furent organisées et Benyamin Nétanyahou dut alors diriger le gouvernement par intérim. Ce rebondissement politique était grave : si ce n'est dans des cas d'extrême urgence, les gouvernements par intérim, en Israël, ne sont pas censés prendre des décisions porteuses d'implications de long terme. Ils ne peuvent absolument pas adopter de résolutions aux conséquences budgétaires significatives qui lieraient les mains du gouvernement suivant. Quoi qu'il en soit, la prochaine campagne électorale nous priverait de l'attention des politiques. Qui serait dans les dispositions d'esprit voulues pour traiter alors de cyber-sécurité ?

Je décidai cependant d'exploiter toutes les possibilités de promouvoir ces résolutions, en dépit de la situation. J'organisai une réunion avec le conseiller juridique Yehuda Weinstein et m'y rendis armé de toute une série d'arguments de poids expliquant pourquoi les résolutions étaient urgentes, importantes, stratégiques et impossibles à différer.

Le sort avait voulu que Weinstein et moi-même nous rencontrions quelques jours plus tôt, en plein épisode de la société de cartes de crédit Leumi Card, de sorte que je n'eus pas à lui expliquer depuis le début les menaces qui planaient sur le cyber-espace. Je lui exposai directement un résumé des déclarations de Nétanyahou lors de la réunion du gouvernement en septembre, et lui expliquai à quel point nous avions travaillé intensément et en profondeur pour préparer ces résolutions gouvernementales. Le fait que ce travail ait en réalité commencé des années plus tôt, lors des délibérations sur la stratégie de cyber-sécurité, était une preuve suffisante pour Weinstein qu'il ne s'agissait pas d'une lubie ou de la manœuvre sournoise d'un gouvernement en fin de parcours. Notre affaire était solide et logique ; conscient de son importance et de son urgence, Weinstein accorda une autorisation exceptionnelle de soumettre nos projets à l'approbation du gouvernement par intérim.

La réunion du gouvernement était prévue pour le 4 janvier 2015.

Une fois de plus, tout était prêt. Les décisions étaient arrêtées. L'enveloppe fut remise au secrétariat du gouvernement. Que pouvait-il arriver ?

Tout.

Samedi soir, 3 janvier, douze heures avant la réunion du Conseil des ministres, je reçus un appel téléphonique du secrétaire du gouvernement Avihaï Mandelblit. Je savais que rien de bon ne pouvait sortir d'un appel téléphonique à une heure pareille.

Mandelblit était nerveux. Il me dit que le Premier ministre avait différé le Conseil des ministres tant attendu sur la cyber-défense. Il n'avait pas la moindre idée de la raison de ce report. Moi non plus. Je pouvais seulement émettre l'hypothèse que, vendredi, le Premier ministre avait reçu à son domicile une visite de quelqu'un qui l'avait persuadé de repousser la réunion. Je me souvins de quelque chose que m'avait dit un de mes collègues à propos de la dynamique de la prise de décision du gouvernement : « Tant de choses doivent concorder. Et puis, un détail tourne mal ou change, ce qui amène quelque chose d'autre à tomber, et puis une autre affaire surgit et, soudain, tout vous échappe, et c'est le retour à la case départ. Bonne chance ! »

CLAP DE FIN

Les semaines suivantes donnèrent l'impression de ne jamais se terminer. Le conseiller à la sécurité nationale m'informa que nous devions procéder à quelques amendements pour conclure avec le gouvernement, et qu'il allait travailler avec moi dans ce sens. Malgré cela, rien n'avançait. Chaque jour, j'avais le sentiment qu'au lieu de me rapprocher du gouvernement, je m'en éloignais. Chaque mercredi, jour où les résolutions du gouvernement doivent être prêtes à temps pour le Conseil des ministres du dimanche (début de la semaine de travail en Israël), alors que nous avions procédé à toutes les révisions nécessaires pour soumettre une résolution à jour, une nouvelle affaire surgissait dont nous devions nous occuper.

Puis je me rendis compte de ce qu'il fallait faire pour mettre un terme à cette affaire une fois pour toutes. Je retroussai mes manches et fis le trajet jusqu'à Jérusalem pour rencontrer l'âme des résolutions du gouvernement, le directeur général du bureau du Premier ministre, Harel Locker. Je lui dis que s'il n'intervenait pas, nous ne serions jamais à même de terminer ce que nous avions commencé. Ce qui était en jeu, c'était la survie d'un projet et une direction stratégique. Locker, un homme impétueux, aguerri, à l'œil exercé en matière de politique organisationnelle, comprit immédiatement. Il se jeta lui-même dans le combat, avec brio.

« Discutons de cette résolution en petit groupe en filtrant ce qui n'est pas essentiel, me dit-il lorsqu'il se rendit dans nos bureaux avec une petite équipe. Ce qui est déterminant, laissez-moi le régler avec le Shin Bet. »

Ce fut fait.

La réunion ne fut guère aisée. Locker était impitoyable. « Pourquoi est-ce si important ? » demandait-il presque après chaque phrase. Nous expliquions. Il retira de la résolution supposée finale tout ce qui ne lui semblait pas critique. À un moment donné, il demanda à quelques membres de mon équipe de quitter la salle. De son point de vue, ils l'empêchaient de mener à bien son travail de réduction du texte.

La réunion commença à 22 heures et se poursuivit jusqu'aux petites heures du matin. Par la suite, nous parcourûmes l'ensemble du document, qui avait considérablement rétréci. « Maintenant, laissez-le-moi », dit Locker. Mais il y eut encore quelques échanges pénibles, dont une discussion à trois avec Harel Locker et le secrétaire militaire Eyal Zamir, pendant laquelle les deux hommes m'exhortèrent à accepter une autre réserve, importante pour Yossi Cohen, à propos du comité de réflexion du Directoire.

« Eviatar, écoutez-moi, dit Locker, l'adoption de cette résolution est une déclaration stratégique du gouvernement. Toutes les questions mineures seront oubliées, et seule la grande affaire restera : la création de ce Directoire qui portera toute la question du cyber en Israël à un niveau entièrement inédit. Tout le reste sera éclipsé par comparaison. Faites une dernière concession, et tout est dit. Ce n'est pas quelque chose d'essentiel. »

Il avait raison. J'avais haussé le ton pour des raisons purement tactiques : m'assurer que c'était la dernière fois qu'ils entameraient notre résolution. Je cédai. Il était temps de conclure.

MOI, TARZAN

Le 15 février 2015 fut l'une des journées les plus décisives de l'histoire de la cyber-défense nationale d'Israël. Ce jour-là, après trois années de travail acharné en équipe à concrétiser notre vision ex nihilo, après d'innombrables combats, controverses, lignes rouges, exigences, concessions et apprentissages rigoureux, deux résolutions furent soumises à l'approbation du gouvernement. La résolution visant à renforcer la robustesse du secteur civil israélien dans le cyber-espace reçut le numéro de série 2443, et la résolution 2444 traitait de l'aspect opérationnel de la protection du cyber-espace.

Naftali Bennett, ministre de l'Économie, prit la parole. Il était l'un des fondateurs de Cyota et n'avait donc guère besoin d'explications détaillées sur le sujet. Il s'était bien préparé ; avant la réunion du Conseil des ministres, il avait demandé à Yossi Cohen, conseiller à la sécurité nationale, de lui parler des points principaux des prochaines résolutions. La réunion se déroula donc à trois dans le bureau de Cohen. Bennett posa des questions et manifesta un vif intérêt pour les réponses. Il se préoccupa en particulier de la cyber-défense de nos infrastructures critiques. Comment seraient-elles transférées en bon ordre du Shin Bet, dont elles dépendaient depuis 2002, à cette nouvelle entité ? Bennett exprima les mêmes inquiétudes lors du Conseil des ministres. Il tendit soudain les bras et se mit à parler de Tarzan, le légendaire roi de la jungle. Il expliqua que lorsque Tarzan se balance d'arbre en arbre, il ne lâche pas une liane avant de s'être emparé de la suivante. De la même façon, il proposa que le Shin Bet ne renonce pas à sa responsabilité à l'égard des infrastructures avant de s'être assuré que le Directoire ait les choses bien en main.

Je ne me souvenais pas si Tarzan ne lâchait sa liane qu'après avoir saisi la suivante, ou s'il était momentanément suspendu en l'air, mais c'était une bonne analogie. Après un dernier argument sur la façon de procéder au transfert de responsabilités, tout fut fini. Le gouvernement israélien avait enfin décidé d'une voie à suivre concernant la cyber-défense de l'État d'Israël pour les décennies à venir.

COMMENT DEVENIR UNE SUPERPUISSANCE

DE CYBERNET À CYBEREASON

Pendant la transformation du Bureau en Directoire national du cyber, les cyber-attaques se poursuivirent sans discontinuer.

Au cours de l'été 2014, en pleine opération « Bordure protectrice » dans la bande de Gaza, l'une de ces attaques prit pour cible une grande entreprise considérée comme très importante pour l'économie d'Israël. C'était une cyber-attaque du type DoS (attaque par déni de service), l'une des plus communes. Elle consiste à surcharger de requêtes le système ciblé en vue de le saturer. Par exemple, un réseau d'ordinateurs peut simultanément « bombarder » un site internet de demandes de tel ou tel formulaire, jusqu'à ce que le site s'effondre. Les attaquants utilisent des « bots », des programmes informatiques automatisés, pour envoyer ces demandes de façon répétée. Certaines attaques visaient Tsahal, mais tandis que le Directoire national du cyber entrait en fonction, l'armée avait elle aussi accompli d'immenses progrès et créé sa propre unité de cyber-défense sous l'égide de son directoire C4I. Cette nouvelle division devait rapidement améliorer la robustesse et la résilience des réseaux informatiques de Tsahal tout en détectant et en arrêtant les attaquants.

Vers la fin des années 2010, Tsahal détecta une tentative d'attaque des systèmes de détection et d'avertissement du commandement Sud. Ces systèmes sophistiqués ont pour rôle principal d'alerter les citoyens israéliens lorsque des roquettes sont tirées vers Israël depuis la bande de Gaza. Des radars capables de calculer le point d'impact de chaque roquette alors qu'elle est encore à mi-course sont connectés à des sirènes. Cette intégration permet à l'armée d'activer les sirènes d'alerte dans certaines régions afin que la vie continue comme à l'ordinaire partout ailleurs.

On imagine aisément le chaos et le coût en vies humaines si l'ennemi avait pris le contrôle de ces ordinateurs en situation d'urgence. Il aurait pu déclencher une série de fausses alertes, ou réduire au silence les sirènes pendant une attaque réelle. Par la suite, le général Noam Shaar, qui commandait alors la division de cyber-défense de Tsahal, révéla que l'unité avait réussi à détecter l'attaque en temps réel et l'avait déjouée. Shaar désigna les Iraniens comme étant vraisemblablement responsables[1].

Durant un autre incident, moins sophistiqué, les cyber-attaquants du Hamas tentèrent d'exploiter l'information des caméras de sécurité installées en Judée et en Samarie. Ce déploiement de caméras est censé contribuer à la sécurité des routes, des carrefours, des localités et autres lieux sensibles. Le Hamas identifia ce réseau de caméras comme un point faible parce qu'il était relié à l'internet civil. On peut seulement imaginer le potentiel d'une telle attaque en cas de réussite, notamment le pouvoir de contrôler les forces de Tsahal et d'autres intervenants, ce qui aurait entravé la capacité de l'armée à déjouer des attentats terroristes. Là encore, la division de cyber-défense de Tsahal repéra à temps la brèche et réussit à prévenir tout dommage réel.

Les cyber-attaques contre Tsahal n'étaient qu'une partie de notre routine. Il était évident que la fréquence et – c'est bien plus important – la sophistication de ces attaques allaient s'intensifier. Nous n'étions pas les seuls à apprendre comment améliorer nos défenses ; les attaquants eux aussi progressaient. La mise en œuvre des résolutions du gouvernement et la création de l'Autorité nationale de cyber-sécurité – le bras opérationnel du Directoire – furent donc mes priorités.

CYBERNET : UNE AUTOROUTE DÉFENSIVE

L'un des projets les plus importants lancés en 2015 fut un système novateur de partage de l'information entre tous les protagonistes de la cyber-sécurité d'Israël, depuis le gouvernement jusqu'aux secteurs économiques ainsi que les entreprises, aussi bien nationales que privées.

L'idée de Cybernet, le système que nous avions décidé de développer, germa pour la première fois dans le cerveau de Nir Peleg, notre directeur adjoint de la recherche-développement, après des lectures sur plusieurs systèmes de partage de l'information entre les industries et au sein de divers secteurs. Son attention avait été attirée en particulier par un système conçu par les Britanniques, lequel incluait ce qu'on appelle dans le renseignement les « cellules de fusion ». À l'aide de ces plateformes, les responsables de la sécurité de l'information de diverses entreprises pouvaient échanger des données et des idées sur les attaques et les logiciels malveillants, et le faire anonymement, comme s'ils se trouvaient dans une pièce obscure et fermée où personne ne pouvait les identifier. Le gouvernement britannique avait hébergé l'infrastructure.

Lors de notre voyage en Grande-Bretagne en mai 2014, Peleg arriva avec les grandes lignes de notre propre système, Cybernet. Nos hôtes furent enchantés de partager leur expérience concernant leur système qui, lui aussi, était nouveau. D'une façon générale, nos relations avec les Britanniques avaient été excellentes depuis les premiers jours du Directoire du cyber. Fin 2012, Londres avait été ma première destination pour les réunions avec des partenaires internationaux.

Notre visite à Londres confirma les idées initiales de Peleg sur la façon de structurer notre système de partage de l'information. Le projet prévoyait de développer une nouvelle sorte de trafic de l'information fondée sur ce qui, à l'époque, était une idée novatrice : le transfert de données potentiellement très sensibles (d'un point de vue commercial ou sécuritaire), en prenant bien soin de cacher la source d'information et de garantir la confidentialité. Une sorte de réseau social anonyme pour les cyber-défenseurs.

Auparavant, les gouvernements avaient tendance à distinguer deux sortes d'informations : les informations sensibles (du point de vue du renseignement ou de la sécurité) et les informations entièrement non classifiées. D'après les normes en vigueur ces dernières années, les informations classifiées n'étaient transférées qu'après avoir été aseptisées (c'est-à-dire après avoir nettoyé les détails qui risquaient de révéler des sources ou de permettre la collecte de renseignements secrets). Dans le cas de la cyber-sécurité, l'ANSI (Agence nationale pour la sécurité de l'information) était responsable, lorsque c'était nécessaire, du transfert de ces informations hors du secteur de la sécurité, mais elle ne le faisait que très rarement. La raison est à chercher dans la nature profonde des organes du renseignement. Ces derniers ne sont guère enclins à partager l'information, à moins qu'ils ne soient contraints de s'engager dans un système « un donné pour un rendu » ou qu'ils n'en aient reçu l'ordre. La protection des secrets et des sources est profondément ancrée dans leur psychisme.

En cyber-sécurité, nous devions combiner deux paramètres : la nécessité d'aseptiser les informations sensibles à l'usage des civils et la crainte naturelle des sociétés privées d'exposer leurs secrets commerciaux. Dans ces conditions, comment ces deux types d'information pouvaient-ils néanmoins être partagés ? L'un de nos principes fondateurs fut le suivant : le réseau devait être officiellement non classifié, mais tout le monde n'y aurait pas accès. L'information serait partagée sous une forme codée sans qu'un élément d'information isolé puisse causer de tort en cas de fuite. Elle serait transférée sur la base d'« un individu à un autre », ainsi que sous forme de messages de groupe, ou de secteur à secteur. Tout le processus serait placé sous la direction du Centre national de cyber-défense de Beersheva (le CERT national). C'est là que se déciderait quelle information partager et avec qui.

Parallèlement à Cybernet, nous avons créé, par secteurs, des centres de partage de l'information et de gestion des crises. Chaque centre serait créé en collaboration avec son ministère de tutelle et le Directoire national du cyber.

Ces branches semi-indépendantes seraient situées au sein des bâtiments du Centre national de cyber-défense, ce qui permettrait d'examiner rapidement les incidents, en utilisant une masse critique de savoir et de personnel. Et comme les centres étaient répartis par secteurs tout en échangeant leurs points de vue avec le QG national, le flux d'information générale pourrait être utilisé au profit de secteurs spécifiques et inversement. Le but était d'encourager une autoroute continue d'informations et d'idées dans les deux sens.

Le premier centre sectoriel que nous avons fondé dans les locaux du CERT national concernait le secteur de l'énergie. Le second centre, constitué avec le ministère des Finances et l'ensemble du système bancaire, s'occupait des finances. Le suivant portait sur la sécurité intérieure, puis d'autres encore suivirent, en 2020 pour les transports, les communications et la protection de l'environnement.

ADALLOM, OU LE BOOM DES START-UP

Tout comme nous l'avions prédit, la cyber-sécurité israélienne prit véritablement son envol au milieu des années 2010. Israël avait profité d'une conjoncture mondiale favorable : une demande incessante de solutions contre une menace croissante. Lors des premiers jours du Bureau du cyber, les start-up israéliennes de cyber-sécurité avaient rapidement proliféré; entre 2012 et 2015, elles étaient passées d'une à plusieurs centaines. Les sociétés internationales avaient pénétré le marché israélien et commencèrent à se les arracher. Adallom, vendue à Microsoft pour 320 millions de dollars moins de trois ans après sa création, fut un symbole de l'esprit de l'époque.

Assaf Rappaport et Ami Luttwak sortaient tous deux du programme d'élite Talpiot de Tsahal. Ils décidèrent de s'associer à leur ami Roy Reznik et commencèrent à travailler à leur propre start-up dans un appartement loué par l'un d'eux, jusqu'à ce que sa petite amie les mette dehors. Ils s'installèrent alors dans un véritable bureau dans le parc de technologies de pointe situé au nord de Tel-Aviv. Le nom qu'ils choisirent pour leur start-up – Adallom – ne signifie rien en français, mais il se fonde sur un événement significatif de l'histoire israélienne. Adallom est une référence au carrefour Ad Halom, à une trentaine de kilomètres au sud de Tel-Aviv. Littéralement, ce nom signifie «jusqu'ici». Pendant la guerre d'Indépendance de 1948, les forces d'invasion égyptiennes furent stoppées par quatre avions de combat Messerschmitt à cette ultime ligne de défense avant Tel-Aviv. Les fondateurs d'Adallom décidèrent de développer dans le cyber-espace une ligne de fortifications qui constituerait la barrière ultime après la rupture de toutes les autres lignes de défense. Le champ d'opérations qu'ils avaient choisi de protéger était le cloud.

Les entrepreneurs prirent contact avec Zohar Zisapel, l'un des propriétaires du groupe RAD, qui comprenait l'entreprise de cyber-sécurité Radware. Lorsqu'il rencontra l'équipe, il s'enthousiasma et offrit un million de dollars d'investissement. Mais quelques jours avant la signature du contrat, les trois start-uppers furent contactés par un certain Gili Raanan; la société de capital-risque californienne Sequoia Capital était également partante pour investir dans leur toute jeune entreprise. L'équipe préféra rejeter Sequoia ; ils se sentaient engagés à l'égard de Zisapel et estimaient ne pas être prêts pour l'investissement d'un capital-risque. Raanan se montra cependant très convaincant ; il leur demandait simplement de présenter la société à ses collègues. Ce qu'ils firent.

« Dans la soirée, se rappelle Assaf Rappaport, Gili Raanan m'a appelé et m'a dit : "Venez demain avec Ami et Roy. Je voudrais vous dire ce que je pense de votre présentation." En dépit de sa requête, j'y suis allé seul.

Après avoir descendu en flèche notre performance, Gili m'a dit : "Même sans voir votre business plan, il est évident que vous devez lever davantage de fonds." Soudain il a sorti un morceau de papier et il a rédigé une liste de conditions pour un investissement de 4,5 millions de dollars[2]. J'étais sidéré. »

Il fallait maintenant informer Zohar Zisapel, leur premier investisseur, que son offre avait été largement dépassée par Sequoia. La réunion fatidique avec Zisapel eut lieu en novembre 2012, pendant une série de combats menés dans la bande de Gaza appelés « opération Pilier de défense ». Cette nuit-là, des roquettes furent tirées sur Tel-Aviv pour la première fois depuis vingt ans.

« Nous avons entendu la sirène, et Zohar et moi sommes allés immédiatement dans l'espace protégé de l'appartement, raconte Assaf Rappaport, et c'est là, dans l'abri, que je lui ai parlé de l'offre de Sequoia. De nouveau, sa réaction m'a causé un choc. Au lieu d'être furieux, Zohar m'a dit : "Je ne comprends pas pourquoi vous êtes gêné de m'en parler. Tout d'abord, vous avez obtenu des offres fabuleuses, vous devriez être content. Sequoia est un bon fonds d'investissement ; je connais cette société, et je recommande aussi Gili Raanan. Ne vous sentez pas coupable. Toute offre présente des avantages, et quelle que soit celle que vous choisirez, je vous soutiendrai. Je suis moi aussi disposé à investir avec Sequoia." »

Cette anecdote – des entrepreneurs vétérans des unités d'élite de Tsahal ; un investisseur chevronné désireux d'apporter immédiatement de l'argent ; un important fonds de capital-risque entrant en lice ; tous blottis dans un abri, sous une salve de roquettes –, c'est l'histoire de la technologie de pointe et de la cyber-sécurité en Israël.

Après avoir conclu l'affaire, Rappaport et Luttwak s'installèrent pendant deux semaines dans les bureaux de Sequoia à Palo Alto pour rencontrer des dizaines de personnes de la Silicon Valley. C'était comme un tapis roulant où défilaient les directeurs et cadres supérieurs de sociétés comme Salesforce, Yahoo, Microsoft, Google, AWS (le service cloud d'Amazon), etc. Ordinairement, dans le monde des start-up, dès que l'on pose le pied sur l'accélérateur, il est extrêmement difficile de changer de direction. Les entrepreneurs s'entichent de leurs propres idées. Dans le cas d'Adallom, les réactions extérieures furent éminemment utiles pour élaborer le produit final, un CASB (*cloud access security broker*[3]) – un système de surveillance et de protection des sociétés pour l'utilisation de logiciels en ligne, en servant d'intermédiaire lors de leur accès au cloud.

Depuis le Directoire national du cyber, nous observions la croissance des start-up d'année en année, d'un sujet à l'autre, d'un rachat à l'autre, mais nous assistions aussi à des chutes et à des découragements. Adallom, quant à elle, était une réussite.

En janvier 2014, Rappaport présenta sa société sur l'écran d'un ordinateur portable, en jeune entrepreneur qu'il était, au congrès Cybertech de Tel-Aviv. Tout s'enchaîna alors à la vitesse vertigineuse caractéristique du monde des start-up de l'époque. Peu après, alors qu'il était en vacances, Rappaport reçut un appel téléphonique surprenant de l'un des directeurs de Microsoft : « Bonjour Assaf, j'appelle du siège de Microsoft. Je vais vous envoyer un courriel, mais je voudrais d'abord vous le lire. » Microsoft voulait acheter Adallom et finit, au milieu de l'année 2015, par payer 320 millions de dollars pour cette jeune entreprise. Ce fut un exit rapide et total.

En janvier 2018, Rappaport fut nommé directeur du centre de R&D de Microsoft en Israël, et ses collègues d'Adallom y reçurent eux aussi des postes de direction. Mais ils étaient, semble-t-il, atteints du virus de la start-up. Fin 2019, ils quittèrent Microsoft pour fonder une nouvelle start-up, Wiz, dans le domaine de la cyber-sécurité du cloud. En un an, ils avaient levé plus d'un milliard de dollars.

Bouclant la boucle, à l'instar de nombreux entrepreneurs de start-up ayant gagné de coquettes sommes, les fondateurs d'Adallom rejoignirent eux aussi les rangs des investisseurs injectant des fonds dans de jeunes entreprises.

Le marché était en ébullition.

RAYONNEMENT INTERNATIONAL

Après les résolutions du gouvernement de 2015, je reçus des demandes de visite émanant d'organisations gouvernementales ou parlementaires du monde entier.

La création du Bureau national du cyber, puis du Directoire national du cyber – directement responsable devant le Premier ministre – témoignait de nos intentions. L'importance accordée par le Premier ministre Nétanyahou à cette question quasiment partout où il se rendait et dans presque chaque réunion indiquait qu'Israël était en passe de devenir l'une des principales puissances mondiales dans le cyber-espace, et cet exploit intéressait particulièrement les petites et moyennes nations désireuses de savoir comment nous nous y étions pris.

C'était pour nous une excellente occasion de partager nos connaissances avec des alliés, mais également d'instaurer une collaboration pratique avec eux, même si nous manquions de main-d'œuvre pour pérenniser ces échanges dans la foulée de nos visites à l'étranger. Les relations internationales ne consistent pas en réunions polies de temps à autre, mais en une série de mesures inspirant la confiance, permettant de trouver des domaines d'éventuelle coopération et de décider d'entreprendre des projets communs. La Tchéquie en offre un excellent exemple.

Yossi Azar, ancien fonctionnaire du bureau du Premier ministre israélien, était chargé d'entretenir nos relations avec les Tchèques. Il développa un lien personnel privilégié avec l'assistant du chef de la cyber-sécurité tchèque, Robert Kahofer, personnage central dans nos rapports avec ce pays – il était en fait la bouche et les oreilles du chef de la cyber-sécurité tchèque. Membre de la jeune génération en Tchéquie, Kahofer parlait couramment l'anglais et put même au bout d'un certain temps discuter en hébreu. Azar et Kahofer établirent rapidement des relations de confiance, ce qui les aida naturellement à surmonter les obstacles qui ne manquèrent pas de surgir. Kahofer s'enthousiasma pour Israël et, au cours de l'été 2020, il fut nommé attaché cyber de la Tchéquie en Israël.

La coopération entre Israël et la Tchéquie sur la cyber-sécurité s'établit sur une base de liens bilatéraux qui furent renouvelés et intensifiés immédiatement après la révolution de Velours en 1989, lorsque la Tchécoslovaquie s'émancipa de l'étau russe. Dans les années 2010, la Tchéquie devint l'un des principaux alliés d'Israël en Europe. Les Tchèques m'ont raconté qu'ils comptaient sur Israël pour les remercier de l'aide qu'ils avaient apportée à notre nouveau pays en 1948, avant même que l'État d'Israël ne déclare son indépendance. À cette occasion, les Tchèques envoyèrent du matériel – au début des fusils, puis des munitions des usines Škoda, qui arrivèrent à un moment de pénurie critique avant la création officielle de Tsahal. Par la suite, les deux pays signèrent également des contrats pour la fourniture d'avions de chasse et l'entraînement de pilotes de combat en territoire tchèque.

Il était donc tout naturel que, dès sa création, le Bureau du cyber devienne un autre pilier de la prospère relation bilatérale israélo-tchèque. Fin 2014, je signai un accord de coopération avec mon homologue tchèque Dušan Navrátil, chef de l'organisation tchèque de cyber-sécurité

NUKIB. Cette signature s'ajouta à la série d'accords signés au cours de la visite en Israël du Premier ministre tchèque.

UN PIED AU JAPON : CYBEREASON

Le rapprochement entre pays dépend en grande partie des ambassadeurs en poste de par le monde, à l'instar de Ruth Kahanoff, ambassadrice israélienne au Japon.

Le gouvernement japonais possède une grande influence sur les tendances générales de son secteur privé. Afin d'inspirer aux Japonais la confiance nécessaire pour s'ouvrir à Israël, le gouvernement israélien prit donc une série de mesures : visites réciproques des responsables du gouvernement et des Premiers ministres, projets de coopération et instituts d'exportation. Shinzo Abe, Premier ministre japonais, se rendit en Israël deux fois en deux ans, indiquant aux grandes entreprises du Japon qu'elles étaient les bienvenues pour poursuivre la collaboration avec Israël, un pays dont la culture est aussi éloignée du Japon que le Moyen-Orient l'est de l'Extrême-Orient.

Fin 2015, l'ambassadrice Kahanoff organisa une visite au Japon afin que nous rencontrions des responsables du gouvernement et des grandes entreprises. Nous étions curieux de connaître le travail de grande portée réalisé par les Japonais en matière de cyber-sécurité et souhaitions établir une coopération entre nos deux pays. Notre visite annonça la transformation de cette cyber-relation au compte-gouttes en un véritable déluge. Les Japonais s'intéressèrent à notre approche défensive, à nos entreprises de cyber et à la manière adéquate de travailler avec elles. La cyber-défense des Jeux olympiques de Tokyo, prévus pour 2020 mais finalement reportés à cause de la crise mondiale de la Covid-19, fut prise très au sérieux, et à juste titre. Le travail fut réparti entre les grandes sociétés japonaises, et en parallèle les organisateurs recherchèrent des partenaires technologiques en Israël.

Les relations commerciales entre sociétés israéliennes et japonaises se développèrent donc, le projet étant d'augmenter le volume des transactions technologiques entre nos deux pays, notamment dans le domaine de la cyber-sécurité. Peu à peu, les fonds d'investissement japonais commencèrent à pénétrer dans le monde des start-up israéliennes. L'histoire de la société israélienne Cybereason en est un exemple éclairant.

À l'instar de bien d'autres cyber-entrepreneurs, Lior Div commença sa carrière dans l'unité 8200. Après avoir achevé son service militaire en 2001, Div étudia l'informatique et se retrouva au cœur du maelström des start-up israéliennes. Les start-up auxquelles il collabora naissaient puis mouraient à un rythme étourdissant. Il tira les leçons de ses échecs, comme de ses succès – une qualité primordiale pour un entrepreneur.

Seuls ceux qui croient en leur capacité à concrétiser des idées à peine ébauchées ont l'étoffe de véritables entrepreneurs ; ce sont ceux qui n'hésitent pas à remettre en cause les idées reçues et interroger les faits, estimant qu'ils peuvent et doivent innover. Et même si cela ne marche pas une ou deux fois, nul doute qu'ils réussiront la prochaine fois. Un esprit d'entreprise de ce type requiert la combinaison de qualités innées et d'un environnement adéquat. Dans les cultures qui n'admettent pas le « droit à l'erreur », il est dangereux d'être entrepreneur. Mais le monde de la technologie de pointe israélienne a justement produit un écosystème qui encourage l'innovation parce qu'il ne craint pas les échecs. Contrairement à bien d'autres cultures, notamment en Asie, en Israël un CV transparent peut constituer un atout. L'hypothèse implicite est que, lors du prochain défi à relever, un entrepreneur doué tirera les leçons de son échec et déploiera deux fois plus d'énergie. Il apportera en outre son réseau de relations et sa riche expérience.

Ce fut Stuxnet qui déclencha la création de Cybereason. En 2011, les bribes d'information sur ce vers informatique inédit devinrent un sujet de conversation général. Div, tout comme Yossi Naar et Yonatan Striem-Amit, des anciens de l'unité 8200, comprit le danger que Stuxnet laissait présager. Les trois hommes décidèrent de mettre leurs projets professionnels de côté pour s'associer. L'idée de départ était la suivante : comprendre ce que faisaient des attaquants à l'intérieur des réseaux d'organisations ou d'organismes, puis attaquer leur méthodologie, pas leur technique. Ils décidèrent de mettre au point un produit répondant aux questions suivantes : « Y a-t-il en ce moment même un attaquant à l'intérieur du réseau ? Et si tel est le cas, que fait-il là ? Et comment (et quand) le mettre dehors ? »

Ce produit n'était pas un pare-feu, ni une solution contre des virus et autres logiciels malveillants, mais une sorte de jeu d'échecs contre des attaquants chevronnés dotés de la capacité de lancer des cyber-attaques cohérentes et perfectionnées. Comment lutter contre un attaquant qui est déjà dissimulé à l'intérieur des systèmes d'une organisation ? Amit, Naar et Div recherchèrent une solution hors des sentiers battus. Ils décidèrent de construire un système qui ne bloquerait pas tous les attaquants, mais *inviteraient* des attaquants à jouer selon les règles de leur propre logiciel de protection, sans savoir qu'ils avaient été détectés. Cela permettrait de contrôler les attaques au moment où elles se déroulent et de choisir le moment le plus propice pour expulser les attaquants des systèmes informatiques.

L'équipe fut portée à vingt-cinq personnes qui passèrent deux années entières à travailler au développement du logiciel. Début 2014, Amit et Div s'installèrent à Boston. Entre-temps, quinze organisations israéliennes avaient déjà ouvert leurs réseaux à la compagnie pour une période d'essai. Mais les ventes plafonnaient, et les banques commencèrent à exercer des pressions.

La percée se produisit en 2015. Vers la fin de l'année, Div rencontra un représentant du conglomérat japonais SoftBank à la recherche de technologies intéressantes aux États-Unis. Il fut convoqué à une réunion urgente avec les patrons à Tokyo.

SoftBank avait été fondé au début des années 1980 pour éditer des magazines professionnels en ligne. Aujourd'hui, la compagnie est surtout connue dans le monde entier pour son fonds d'investissement Vision, créé par le fondateur du conglomérat, Masayoshi Son – lequel avait auparavant gagné des milliards en investissant dans la société chinoise Alibaba. Vision a investi dans Uber, WeWork et d'autres entreprises de la « nouvelle économie », et certains de ses investissements se sont inévitablement soldés par un échec. Au Japon, la principale activité de SoftBank porte toujours sur la technologie cellulaire. Div, quant à lui, avait rendez-vous avec les gros bonnets de la compagnie.

Il choisit de leur parler franchement, en anglais : « Je suis persuadé que vous avez fait tout ce qui était possible en ce qui concerne la cyber-sécurité, compte tenu de ce qui existe actuellement sur le marché[4]. De mon côté, je comprends comment les hackers travaillent et, pour cette raison, je pense être en mesure de vous donner une explication et une solution qui n'existent nulle part ailleurs. On ne peut pas comprendre cette perspective si l'on n'a pas été dans les organisations où j'ai travaillé. »

Comment la société Cybereason retourne-t-elle la stratégie de réflexion des hackers contre ces derniers ? Lior Div parle d'une « approche comportementale ». Celle-ci analyse simultanément plusieurs ordinateurs afin d'identifier des modèles comportementaux inhabituels. On ne peut détecter ces schémas que lorsqu'on dispose d'une vue d'ensemble, en connectant ensemble les ordinateurs de diverses entités. Plus il y a d'ordinateurs dotés du logiciel Cybereason dans le monde, plus on peut recueillir d'informations « comportementales ». Et chaque fois qu'une activité suspecte est détectée par le logiciel, elle est analysée afin de comprendre la stratégie de l'attaquant dans ce cas précis.

Div venait à peine d'atterrir à Boston qu'il reçut un appel de Tokyo. SoftBank souhaitait acquérir son logiciel.

« Pendant l'appel, je leur ai demandé d'offrir plus d'un million de dollars, et ils ont accepté. Le lendemain, nous avons commencé à installer le logiciel dans plus de cinquante mille points d'accès au Japon.

La technologie a fait ses preuves immédiatement. Quatre mois seulement après la deuxième tranche d'investissements, nous avons reçu un autre investissement, cette fois de 59 millions de dollars. Tout autant que l'argent, ce qui importait pour nous, c'était que, d'un seul coup, SoftBank nous avait ouvert le marché japonais. »

Cybereason fut propulsée en avant. En juillet 2017, une quatrième campagne d'investissements récolta 100 millions de dollars de plus. Cybereason en profita pour s'intéresser à de nouveaux domaines, entre autres, la sécurité de « l'internet des objets* ». Une dizaine d'années après sa création, la petite start-up israélienne était devenue l'une des principales sociétés dans son domaine et ne cessait de se développer. Elle était en passe de devenir l'un des géants de la cyber-sécurité dans le monde.

L'une des découvertes de Cybereason lui valut une notoriété internationale. En 2018, l'entreprise signala qu'elle avait décodé une attaque d'un genre rare, appelée opération « Soft Cell ». Selon Cybereason, un « élément anonyme » avait pénétré dans au moins dix compagnies de télécommunications gérant des réseaux cellulaires à travers le monde. Le hacker avait réussi à s'introduire profondément dans leurs systèmes, à atteindre leurs données et à contrôler les activités de certaines personnes depuis leurs réseaux informatiques internes. L'attaque avait atteint une vingtaine de ces cibles de valeur. L'attaquant voulait tout savoir sur ce petit nombre de personnes, notamment leur localisation à tout moment. La cyber-attaque avait été

* Le terme « internet des objets » *(Internet of things)* désigne les appareils physiques connectés à l'internet et capables de transmettre des données sur le monde qui les entoure à d'autres appareils reliés au réseau.

menée avec modération afin de minimiser le risque d'être dévoilée et neutralisée.

Cybereason attribua l'attaque, avec une « quasi-certitude », à la Chine[5], en dépit des dénégations de celle-ci. L'affaire fut révélée lorsque Cybereason détecta une activité suspecte dans le réseau d'une compagnie cellulaire qui employait ses services. Il s'avéra que, six mois plus tôt, les hackers anonymes avaient pénétré dans leurs bases de données. D'autres compagnies de télécommunications eurent moins de chance ; les attaquants avaient infiltré leurs réseaux depuis au moins sept ans, bien avant la découverte de l'opération « Soft Cell ».

LA NOUVELLE START-UP NATIONALE

La mission la plus importante du Directoire du cyber en 2015-2016 fut la création de la fameuse Autorité nationale de cyber-sécurité.

Pour la cimenter, nous avions besoin d'un socle opérationnel et défensif, le premier étant le renseignement – plus précisément l'analyse et l'évaluation du renseignement à des fins de cyber-défense. Cette approche associe l'analyse du réseau et une évaluation semblable à celle que pratique le département de recherche du renseignement militaire. Lorsqu'on procède à l'évaluation de renseignements, on peut s'appuyer sur des supports nombreux et variés – depuis les sources classifiées jusqu'aux sources accessibles sur l'internet. C'est un type de travail différent de celui réalisé par les analystes, qui cherchent à découvrir en temps réel les cyber-attaques afin de les repousser. Ici, l'analyse du renseignement s'effectue un cran plus haut, au niveau étatique : menaces, ennemis, cyber-campagnes, régions et secteurs à risques, etc.

Outre le renseignement, nous avons également entrepris de créer la branche des opérations. Qu'on ne s'y méprenne pas : cette branche n'était pas censée mener des cyber-opérations offensives, mais des opérations de *cyber-défense*. Afin de remplir cette mission déterminante, nous avons voulu embaucher les meilleurs cerveaux dans le domaine de la technologie. Il s'agissait d'experts en réseaux, capables de surveiller les communications entre ordinateurs et les informations à partir de détecteurs, puis de les analyser en se focalisant sur les données les plus importantes : où se produisaient les attaques, dans quelle direction elles se propageaient, à quoi ressemblaient leurs séquences de code, à quoi elles pouvaient être assimilées, quelles vulnérabilités elles avaient exploitées, sans compter tout élément nécessaire pour repérer un attaquant, l'isoler par une clôture, puis le détruire.

De telles capacités de défense active constituent un véritable exploit; très peu de personnes possèdent les compétences et l'expérience nécessaires pour réaliser un tel travail. Les responsables du renseignement militaire israélien et les cyber-experts de Tsahal investissent d'immenses efforts pour trouver et former ces candidats avant leur enrôlement dans l'armée.

Faute de pouvoir accéder directement aux futurs conscrits de l'armée israélienne, nous nous sommes efforcés de recruter des anciens de ces unités qui avaient la volonté et l'énergie de construire une branche de cyber-défense opérationnelle entièrement nouvelle. Nous leur avons fait miroiter ce défi exceptionnel, tout en faisant appel à leur patriotisme. Nous avons ainsi tenté de surpasser les immenses tentations que leur offrait le secteur privé – principalement des salaires appréciables que nous ne pouvions leur proposer, en tant qu'organisme gouvernemental. Notre plan prévoyait que la branche opérationnelle traiterait des attaques les plus graves et les plus complexes lancées contre Israël, celles que les organisations ou entreprises seraient incapables d'affronter elles-mêmes. Elle opérerait à la fois à la deuxième strate, celle de la résilience, et à la troisième, celle de la défense nationale. La branche opérationnelle s'impliquerait dans l'ensemble du pays en vue d'identifier et de bloquer les attaques de grande portée, tout en travaillant de concert avec les organismes de défense. Elle serait un centre d'échanges d'informations provenant aussi bien du secteur civil que des services du renseignement. Ensemble, chaque organisme évaluerait les attaques en cours, utilisant ses informations et ses capacités d'analyse pour atteindre ses objectifs[6].

Restait la première strate de la cyber-sécurité nationale : la robustesse. Nous avons décidé que l'Autorité disposerait d'une « unité robustesse », orientée vers le marché. Notre objectif était de développer une doctrine et des capacités d'action en vue de protéger des secteurs entiers et des organisations contre une série de menaces. Il fallait, par exemple, proposer des mesures incitatives pour renforcer la robustesse du marché et sensibiliser les entreprises et les citoyens à la cyber-sécurité par le biais de l'éducation[7].

Enfin, nous avons encouragé un projet majeur; la création d'un centre national de cyber-défense chargé d'aider le secteur civil à repousser les cyber-attaques : le Centre israélien d'intervention d'urgence informatique, ou « CERT national », mentionné plus haut. Notre mission allait bien au-delà d'une transmission de l'information afin de stopper de futures attaques. Nous avons créé une équipe d'intervention rapide et efficace pour aider le marché en cas de besoin. Selon nous, il fallait traiter les attaques décentralisées qui se propageaient dans le pays comme une épidémie ; en regroupant les bribes d'information à la manière d'un puzzle, nous pourrions dévoiler une vue d'ensemble. Aucune pièce de puzzle isolée – c'est-à-dire aucune attaque contre une seule entreprise – ne pourrait à elle seule révéler une potentielle pandémie en cours de préparation. Une équipe d'intervention spéciale serait sur la brèche pour donner l'assaut sur la « scène de crime » et gérer les attaques ; nous avons donc décidé que le CERT national disposerait d'une salle de crise fonctionnant vingt-quatre heures sur vingt-quatre et sept jours sur sept.

Quant à sa localisation, le parc de high-tech Gav-Yam du Néguev, à Beersheva, s'imposait comme une évidence : il serait le principal ancrage du futur écosystème cyber d'Israël. Nous montrions ainsi que le gouvernement israélien ne se contentait pas d'encourager les entreprises de cyber-sécurité à s'implanter à Beersheva, mais s'y installait lui-même. Le projet débuta à l'été 2015, quatre mois seulement après l'adoption capitale des résolutions gouvernementales.

TARZAN FAIT SON RETOUR

Le train lancé par le gouvernement israélien afin de créer le Directoire national du cyber et, en son sein, l'Autorité nationale de cyber-sécurité continua péniblement à avancer, puis prit de la vitesse. Tout en construisant nos plateformes nationales et nos relations de coopération internationales, nous travaillions en étroite collaboration avec le Shin Bet, et nos relations se décrispèrent. Nous souhaitions travailler en bonne intelligence au sujet des infrastructures critiques et de la délimitation de nos responsabilités – un projet que nous étions censés avoir préparé pour le Premier ministre, mais qui était resté bloqué.

Tout s'arrangea rapidement lorsque Nadav Argaman devint directeur du Shin Bet au cours du deuxième trimestre de 2016. Il n'était pas lié par les positions de son prédécesseur et souhaitait boucler les choses. En une seule réunion et plusieurs coups de téléphone, ce fut réglé. Pour transférer la responsabilité du Shin Bet au Directoire de façon progressive, nous allions appliquer la fameuse métaphore de Naftali Bennett sur Tarzan.

COMPÉTITION ET COOPÉRATION DANS LE CYBER-ESPACE

DE WANNACRY À ETERNALBLUE

VENDREDI : L'ATTAQUE

Le vendredi 12 mai 2017, les premiers signalements concernant une cyber-attaque d'ampleur tombèrent. En quelques heures, WannaCry, comme elle allait bientôt être baptisée, allait toucher des dizaines de milliers d'ordinateurs. Des rapports sur les dommages accumulés afflueraient de plus de cent pays.

Le service de santé du Royaume-Uni (le NHS, National Health Service) fut l'un des premiers organismes à subir des dommages importants. Les systèmes informatisés de tout un hôpital cessèrent de fonctionner – il s'agissait principalement des réseaux administratifs responsables de l'admission et de la sortie des patients, des rendez-vous, du transfert d'informations, etc. En quelques heures, plusieurs hôpitaux durent cesser d'admettre de nouveaux patients.

Cette cyber-attaque fit la une dans le monde entier. Les journaux télévisés montraient sans relâche les images d'hôpitaux paralysés. Les réseaux sociaux abondaient en anecdotes, de nombreux patients avaient attendu si longtemps une intervention chirurgicale qu'ils n'avaient eu d'autre choix que de rentrer chez eux, désespérés. Au cours des premières heures, il semblait impossible d'arrêter la propagation du virus, et le NHS risquait la paralysie totale.

L'attaque utilisait un *ransomware* (un logiciel de rançon également appelé « rançongiciel »), qui fonctionnait en codant les informations stockées dans des centaines de disques durs d'ordinateurs et, de fait, les verrouillait. En échange de la libération de ces données, les attaquants réclamaient un versement de plusieurs centaines de dollars à payer en bitcoins. Cette cryptomonnaie se fonde sur la technologie *blockchain* (une chaîne de blocs), laquelle permet des transactions codées sécurisées en ligne sans organe de contrôle.

Les services médicaux sont considérés comme des cibles particulièrement sensibles ; si les hôpitaux sont hors service et que l'équipement médical destiné à sauver des vies est paralysé, il semble qu'il n'y ait pas d'autre choix que de céder au chantage. Mais WannaCry ne s'arrêta ni aux hôpitaux ni à la Grande-Bretagne. L'attaque se propagea à travers le monde, notamment dans des multinationales de communication comme Telefónica en Espagne, des compagnies de chemin de fer et des sociétés industrielles. Des ministères et des universités subirent également des dommages. Dans les usines Honda de Saitama, au Japon, la production fut interrompue pendant plusieurs heures.

De toute évidence, WannaCry se comportait de façon tout à fait insolite[1]. Contrairement à de nombreux virus, un utilisateur pouvait être infecté même sans avoir cliqué sur un lien suspect. Le logiciel malveillant pénétrait dans des systèmes exécutés sur Windows et se répliquait rapidement d'ordinateur à ordinateur via les réseaux. Grâce à l'internet, il pouvait se propager depuis les premiers systèmes infectés jusqu'à des ordinateurs extérieurs. Plus étrange encore : même ceux qui acceptaient de payer la rançon ne recevaient pas de « contrepartie ». Leurs ordinateurs demeuraient bloqués. Le monde vit ces images et écouta les experts exprimer leur confusion devant la nature de cette attaque, ses sources et le dommage potentiel. Tous tentèrent de comprendre ce qu'était ce logiciel malveillant et qui était derrière. S'agissait-il d'une organisation criminelle ou d'un État ? Qui avait intérêt à se faire passer pour un hacker par rançongiciel, sans toutefois s'intéresser véritablement aux bitcoins ? Mais la principale question était : quelle vulnérabilité exploitait le logiciel malveillant pour lancer une attaque aussi massive ?

LE CYBER BRITANNIQUE ENTRE EN ACTION

Le Centre national de cyber-sécurité de Grande-Bretagne (NCSC) fut la première instance nationale à affronter WannaCry, et elle le fit rapidement. Cette nouvelle structure fondée fin 2016 avait réuni plusieurs organismes plus anciens en vue de devenir l'interface privilégiée de toutes les questions de cyber-sécurité en Grande-Bretagne, un organe unique à même de venir en aide aux instances gouvernementales, aux entreprises privées et aux particuliers.

Le NCSC s'inspirait du modèle israélien, le Directoire national du cyber. Il fut importé en Grande-Bretagne par Matthew Gould, l'énergique ambassadeur britannique en Israël en poste de 2010 à 2015. Ce dernier imagina un partenariat étendu entre la Grande-Bretagne et Israël dans toute une gamme de questions politiques, sécuritaires et économiques. Il insista en particulier pour que les communautés high-tech des deux pays coopèrent; reconnaissant le dynamisme de la technologie israélienne, il était conscient que la Grande-Bretagne avait besoin de mettre en œuvre son propre projet.

Gould ne partait pas de zéro. Dans les années 2010, la Grande-Bretagne s'était acharnée à accéder au stade de superpuissance scientifique et technologique de premier plan[2]. Londres était en passe de devenir l'un des principaux centres de high-tech du monde, rivalisant avec des villes comme San Francisco, Boston et Tel-Aviv. L'ambassadeur Gould pensait que la jonction des forces de ces deux pays – l'innovation et l'esprit d'entreprise d'Israël couplés à l'immense puissance scientifique et financière de la Grande-Bretagne – pouvait produire une collaboration synergique.

Il n'est donc guère étonnant que Gould se soit tout particulièrement intéressé à la cyber-sécurité, le sujet le plus en vue dans l'économie des technologies de pointe et dans le monde de la sécurité à l'époque. Vers la fin de son mandat en Israël, Gould savait que son prochain poste dans la fonction publique consisterait à diriger la branche cyber-sécurité du Bureau du cabinet britannique et qu'on attendait de lui qu'il rapporte des idées d'Israël. Il ne perdit pas de temps en préparatifs et, au cours de ses derniers mois en Israël, il sillonna le pays. Il connaissait déjà les principaux protagonistes du cyber-espace israélien. En tant qu'ambassadeur, il s'était beaucoup impliqué en Israël et possédait un vaste réseau de contacts.

Se fondant sur les études et recommandations de Gould, les Britanniques mirent sur pied leur nouveau Centre national de cyber-sécurité sous l'égide du QG des communications du gouvernement, et nommèrent à sa tête Ciaran Martin. WannaCry fut l'un des premiers grands défis posés au nouveau Centre britannique de cyber-sécurité, et Martin découvrit rapidement qu'il s'agissait d'un incident de cyber-sécurité d'une ampleur sans précédent. Le NCSC se démenait pour comprendre quelles étaient les cibles de l'attaque : les hôpitaux étaient-ils visés en premier lieu ou d'autres secteurs avaient-ils été touchés ? Quelle était l'ampleur des dégâts et une intervention au niveau national s'imposait-elle ?

Entre-temps, les membres de l'équipe technique du NCSC s'étaient plongés dans les arcanes de l'attaque pour tenter d'en comprendre la nature. Il leur fallait de toute urgence identifier d'où venait WannaCry, quelles faiblesses cette attaque exploitait et comment elle se propageait. Plus vite ils sauraient ce qui se passait, plus vite ils pourraient intervenir pour bloquer l'attaque et la surmonter. Le NCSC travailla avec les services de santé britanniques, les hôpitaux et la population, tout en s'empressant de mettre au courant ses partenaires internationaux ; ainsi les autres pays pourraient repousser l'attaque ou, s'ils n'avaient pas encore été atteints, s'y préparer.

Dans une crise comme celle-ci, les premières heures sont toujours exténuantes. L'incertitude règne. Chaque seconde, un nouveau rapport signale une nouvelle cible. À ce stade, on ne sait pas encore très bien si une puissance étatique est derrière l'agression ou si c'est l'œuvre d'une organisation criminelle. On ignore si elle se propage en provoquant des dommages par des voies connues ou si elle utilise de nouvelles cyber-armes inconnues. Un élément était particulièrement perturbant : l'attaque semblait se propager sans que quiconque ait ouvert de pièces jointes douteuses. Elle sautait tout simplement d'un ordinateur à un autre. Cela commençait à ressembler à une apocalypse pour le réseau informatique.

UNE VULNÉRABILITÉ NOMMÉE ETERNALBLUE

Les détails commencèrent à se préciser relativement rapidement. Si WannaCry se propageait à une telle vitesse, c'est parce que le logiciel tirait parti d'une vulnérabilité dans l'un des composants du système d'exploitation Windows. Microsoft avait sorti un correctif (une mise à jour du logiciel) pour les versions de Windows qu'elle utilisait à cette époque, mais pas pour les versions plus anciennes, comme Windows XP. Malheureusement, ces versions usagées étaient encore utilisées pour des outils sensibles, comme les appareils médicaux. Le logiciel malveillant atteignait également certains utilisateurs de Windows qui n'avaient pas encore eu le temps de télécharger la dernière mise à jour.

Il s'avéra qu'en avril 2017 un groupe de hackers appelés les « Shadow Brokers » (littéralement, « les courtiers de l'ombre ») avait révélé l'existence de cette vulnérabilité, qu'ils avaient baptisée « EternalBlue ». Ce groupe mystérieux soutenait que le code d'exploitation (la porte d'entrée) de cette vulnérabilité avait été dérobé à la NSA; l'agence américaine l'avait utilisée pour s'introduire dans les ordinateurs Windows du monde entier et les espionner. En tant qu'entreprise dont le logiciel – principalement le système d'exploitation Windows et plus tard Microsoft Office – était utilisé dans le monde entier, Microsoft était la cible par excellence pour des personnes recherchant des vulnérabilités. D'autres grandes entreprises mondiales constituaient elles aussi des cibles attrayantes : Google, Facebook, Alibaba, Amazon, Apple et d'autres, dont les noms sont moins connus, mais qui contrôlent des secteurs spécifiques, comme les services financiers.

Qu'ils travaillent seuls ou pour des organisations criminelles, des groupes terroristes ou même des États, les hackers savent qu'en découvrant des vulnérabilités dans les systèmes de ces géants mondiaux, ils mettront la main sur un incroyable pactole, car ils peuvent revendre ces portes d'entrées dans les logiciels. Les multinationales investissent donc des efforts et des budgets colossaux pour protéger leurs réseaux et leurs produits, et elles suppriment constamment des vulnérabilités. EternalBlue leur avait tout simplement échappé.

Les allégations sur la provenance du code d'exploitation et son lien avec la NSA furent corroborées par diverses sources fiables, mais jamais officiellement[3]. Une vulnérabilité aussi répandue, intégrée dans un système d'exploitation aussi courant, aurait certainement été un excellent outil d'espionnage. Sa caractéristique générique – un même outil utilisant une vulnérabilité en autant d'endroits, étendu à autant de systèmes informatiques, contre des cibles si nombreuses, dont le seul point commun était leur système d'exploitation Windows – lui conférait précisément sa valeur pour un espion stratégique comme la NSA. Tant qu'elle n'était exploitée que par la NSA, elle demeura une vulnérabilité zero-day, c'est-à-dire, en l'occurrence, n'ayant fait l'objet d'aucune publication. Mais, dès sa divulgation, tout changea. Au début, seules quelques rares personnes furent au courant de l'existence d'EternalBlue (d'aucuns affirment qu'elle fut utilisée dès 2016), mais elle finit par se répandre jusqu'à ce que l'annonce faite par les Shadow Brokers la fasse connaître très largement.

En mars 2017, environ un mois avant l'annonce, Microsoft sortit une mise à jour de sécurité et envoya un patch à tous les utilisateurs de Windows[4]. Le fait que Microsoft ait procédé à cet envoi avant la divulgation de la vulnérabilité indique que l'entreprise avait déjà conscience de son existence. Il est possible que les responsables de la NSA, en se rendant compte que la vulnérabilité avait été repérée par d'autres, aient mis Microsoft dans la confidence afin que la société colmate la brèche et empêche de futures attaques criminelles ou terroristes.

L'utilisation par la NSA de vulnérabilités dans des programmes aussi répandus que ceux de Microsoft fait souvent les grands titres. Sur le plan éthique, cette pratique est pour le moins problématique. Exploiter les brèches dans le logiciel d'une société à des fins d'espionnage ou de cyber-attaques peut causer des dommages à la réputation et aux affaires de la société en question. Les directeurs de Microsoft protestèrent contre un tel usage de leur technologie, notamment dans le cas d'EternalBlue[5]. Pour eux, la divulgation de vulnérabilités aussi importantes revenait à laisser des terroristes mettre la main sur des armes dangereuses. Si les gouvernements devaient utiliser de telles vulnérabilités, ils devaient au moins veiller à ce qu'elles restent classifiées.

De fait, le débat sur EternalBlue est loin d'être clos. En janvier 2020, la NSA surprit le monde entier en informant Microsoft d'une autre vulnérabilité sérieuse découverte dans Windows[6]. Anne Neuberger, qui dirigeait l'équipe de la NSA chargée de la cyber-sécurité, déclara que la décision de rendre publique cette porte d'entrée participait d'un changement dans l'approche de l'agence, qui s'orientait davantage vers la collaboration avec la communauté mondiale de la cyber-sécurité[7]. Une fois de plus, Microsoft s'empressa de colmater la brèche.

SAMEDI : À LA RECHERCHE DU *KILL SWITCH*

Revenons en mai 2017, aux premières heures de la crise. WannaCry se propageait à un rythme record. Dans un tel cas, la collaboration mondiale est essentielle. Encore une fois, la préparation face aux virus informatiques peut être comparée aux mesures prises lors d'une pandémie. La première chose que les services de santé tentent de faire lorsqu'ils découvrent un nouveau virus, qu'il s'agisse du SARS ou de la Covid-19, c'est de couper la chaîne de transmission. Cela signifie mettre en quarantaine les personnes testées positives, comprendre quel est le vecteur de transmission et qui sont les patients dont le système immunitaire sera incapable d'en venir à bout. Ces mesures se poursuivent en général jusqu'à ce qu'un vaccin soit trouvé pour contrer le virus. Il arrive que les services de santé isolent des régions entières et placent leurs populations en confinement, comme le fit la Chine lorsque la Covid-19 commença à se propager à Wuhan, puis comme d'autres pays à leur tour atteints par le virus.

De même, la lutte contre une cyber-attaque mondiale comme WannaCry a commencé par une tentative d'isoler les systèmes informatiques contaminés. Dans le monde du cyber, l'équivalent de la mise en quarantaine des malades consiste généralement à déconnecter de l'internet les ordinateurs atteints et à isoler les réseaux contaminés au sein des organisations. Les réseaux sont souvent déconnectés les uns des autres et de l'internet à titre préventif, sans qu'on suspecte la moindre contamination, et ce jusqu'à ce que les divers systèmes puissent être passés en revue.

Il y a cependant des différences fondamentales entre ces deux sortes de contamination. Dans le cas d'un virus biologique, si on ne trouve pas de médicament, les patients peuvent seulement recevoir des soins palliatifs visant à limiter l'effet du virus sur le corps et à améliorer leurs perspectives de survie. Dans le cyber-espace, les choses sont légèrement différentes. Assez souvent, il n'existe pas de « traitement » susceptible de « guérir » un ordinateur, puisque son système d'exploitation a été détruit et doit être entièrement reconstruit. Dans le cas des ordinateurs où les informations et le software ont déjà été cryptés par les pirates, la situation peut être fatale. Le patient est déjà mort. Si l'information stockée sur l'ordinateur a été sauvegardée, tout n'est pas perdu ; il est possible de revenir à la case départ après avoir nettoyé l'ordinateur et réinstallé les systèmes. S'il n'existe aucune sauvegarde à jour, la situation est beaucoup plus grave.

Parfois, dans le cas d'attaques par des rançongiciels, il est possible de restaurer l'information si quelqu'un parvient à décrypter l'algorithme de codage de l'attaquant, à condition que des spécialistes de cyber-sécurité découvrent des erreurs dans le code du rançongiciel de l'attaquant et parviennent à restaurer l'information d'origine. En langage professionnel, cela s'appelle un « bouton d'arrêt d'urgence » (*kill switch*), c'est-à-dire un mécanisme bloquant l'attaque du logiciel malveillant.

Dans le cas de WannaCry, un *kill switch* fut découvert. Avant de commencer à coder l'information sur les ordinateurs, le logiciel malveillant tenta d'établir une connexion avec un site internet en particulier. S'il avait trouvé ce site, l'attaque ne se serait pas produite. Ce mécanisme permet aux concepteurs du logiciel malveillant de mettre fin à l'attaque s'ils le souhaitent ; il leur suffit d'activer le site, qui sert également à tromper ceux qui recherchent le logiciel malveillant[8]. Mais ce bouton d'arrêt d'urgence ne fonctionnant qu'un temps, les attaquants auraient pu le contourner s'ils l'avaient voulu.

On l'a vu, dans les deux types de pandémies virales, la coopération internationale est essentielle. La rapidité à laquelle le NCSC britannique parvint à joindre différents experts, ainsi que la capacité d'étudier à l'échelle mondiale les systèmes ciblés pour tenter de mettre fin à l'attaque, tout cela fut un exercice novateur de coopération internationale, inenvisageable quelques années plus tôt.

Le partage de l'information est lui aussi essentiel dans la recherche de « vaccins » contre les deux types de virus. Dans le monde physique, cela prend beaucoup de temps. Dans le cyber-espace, un vaccin est produit dès que les experts en cyber-sécurité comprennent ce qui se passe et colmatent la brèche. Contrairement au domaine physique, où différents laboratoires s'efforcent de mettre au point des vaccins pour tel ou tel virus, et peuvent même coopérer à cette fin, dans le cyber-espace, la société qui a développé le logiciel doit également développer un patch de sécurité. Dès lors que les concepteurs d'un logiciel découvrent une vulnérabilité, ce n'est qu'une question de temps avant qu'ils n'y remédient.

Dans le cas de WannaCry, à la fin de la semaine, il devint évident que Microsoft avait déjà, deux mois plus tôt, produit un vaccin contre la vulnérabilité EternalBlue. Ce fut un soulagement pour tout le monde. Une fois la majeure partie des interrogations résolue, le moyen de stopper la propagation de WannaCry était clair : il suffisait que les utilisateurs de Windows téléchargent les mises à jour de sécurité qui empêcheraient l'exploitation de la vulnérabilité EternalBlue et entraveraient la propagation de l'attaque dans les versions antérieures de Windows. La demande augmenta soudain considérablement ; Microsoft installa des serveurs informatiques spéciaux avec des mises à jour prêtes à être téléchargées dans le monde entier afin de lutter contre l'attaque. Ces mesures préventives furent plus efficaces que prévu. En une journée, on constata les premiers signes de ralentissement de la propagation du logiciel malveillant, mais partout dans le monde, l'état d'urgence fut maintenu.

DIMANCHE : WANNACRY ARRIVE EN ISRAËL

WannaCry fut le premier grand défi que les différents centres de cyber-sécurité dispersés à travers la planète affrontèrent ensemble. Dimanche, le nombre de pays atteints dépassa les cent cinquante. Israël fut affecté de façon quelque peu différente du reste du monde pour une raison particulière : l'attaque avait été lancée un vendredi, premier jour de la fin de semaine israélienne, où la plupart des organismes du pays sont fermés et les ordinateurs éteints. Cela permit au Directoire national du cyber de se préparer à la menace imminente pendant le week-end, avant que les ministères et le secteur privé – et leurs systèmes informatiques – ne rouvrent, le dimanche matin.

Vendredi, dès qu'il eut vent de l'attaque, le Directoire entra en état d'alerte. Nous avions défini par avance les urgences de sécurité comme des urgences provenant exclusivement du cyber-espace : elles pouvaient certes se propager dans différents secteurs comme les services de santé, mais elles émanaient du cyber-espace, et c'était également de là que devait provenir la réaction. C'était la différence avec les urgences nationales provoquées par des catastrophes naturelles, comme des tremblements de terre ou des incendies, ou avec les états d'urgence dus à la guerre, qui pouvaient aussi inclure des cyber-attaques. Dans ce cas, le cyber-espace n'aurait été qu'un aspect d'un état d'urgence généralisé.

Les différences n'étaient pas purement sémantiques ; dans le cas d'urgences se présentant exclusivement dans le cyber-espace, le Directoire national du cyber serait l'instance dirigeante, travaillant en coopération avec les organismes de sécurité et les ministères pour gérer l'urgence de A à Z. Dans les autres cas, l'instance chargée de prendre la direction des opérations était celle qui était rattachée à la source de la crise. Par exemple, lorsqu'un incendie se déclare, les services des sapeurs-pompiers et autres services de sauvetage dirigent la lutte. Si un tel cas se produisait en même temps qu'une cyber-attaque, peut-être parce que les groupes criminels ou terroristes entendent exploiter l'urgence à leur profit, le Directoire du cyber entrerait en lice, mais seulement à titre de renfort.

Cette fois, les rênes étaient donc entre les mains du Directoire national du cyber. Nos contacts permanents avec les Britanniques nous furent d'une grande utilité, de même que nos communications avec les autres centres de cyber-sécurité dans le monde, qui nous aidèrent à appréhender l'évolution et la nature de l'attaque. Notre personnel de cyber-sécurité comprit rapidement un certain nombre de choses. Tout d'abord, le téléchargement de la mise à jour de sécurité de Microsoft garantissait que le logiciel malveillant ne pénétrerait ni ne se propagerait dans les ordinateurs. Ensuite, grâce aux mises à jour d'un logiciel dont l'Autorité du cyber avait instamment demandé l'installation dans plusieurs organismes des mois auparavant, ce patch avait déjà été téléchargé sur de nombreux ordinateurs israéliens. Le niveau « robustesse » dans lequel nous avions investi avait fait ses preuves ; nous appliquions une bonne cyber-hygiène.

Par précaution cependant, des instructions furent transmises aux organismes israéliens sur la façon de vérifier et de mettre à jour leurs systèmes ce samedi soir-là, ou au plus tard dimanche matin, alors que la plupart de leurs ordinateurs seraient encore déconnectés. Nous leur demandions d'installer les mises à jour avant de s'exposer à l'internet et donc aux attaques extérieures. Afin de leur faciliter la tâche, et compte tenu de la ruée mondiale sur les serveurs de Microsoft, l'Autorité du cyber installa ses propres serveurs avec les mises à jour de sécurité de Microsoft, et se tint régulièrement au courant de la nature de l'attaque. L'efficacité de l'Autorité nationale du cyber ainsi que la rapidité de réaction du réseau des spécialistes de cyber-sécurité dans les différents ministères portèrent leurs fruits. À l'heure de vérité, lorsque les Israéliens retournèrent au travail, il s'avéra que le nombre de systèmes affectés dans le pays était insignifiant. D'un point de vue national, les dommages étaient négligeables.

Dimanche, les organismes de cyber-sécurité israéliens entamèrent des consultations à l'échelon professionnel ; la coopération fut pragmatique et s'avéra efficace. Dans l'après-midi, je m'entretins avec Ciaran Martin, le directeur du NCSC. Étant son homologue, je voulus m'enquérir de la façon dont il abordait les retombées de l'attaque en Grande-Bretagne, et proposer une aide, au-delà de notre coopération bilatérale ordinaire. Martin se réjouit de mon appel. Il voulut savoir comment s'était passée notre première journée de travail après la propagation du logiciel malveillant et tenta de prédire ce que les Britanniques trouveraient en revenant au travail lundi. En quelques mots, je le tins au courant, concluant que les dégâts en Israël avaient été minimes. Martin me confia par la suite que le fait même que nous ayons eu cet entretien avait été encore plus important que sa teneur ; c'était une illustration de la coopération entre nos pays. C'était exactement, selon lui, le type de relations qui s'imposaient entre les systèmes de cyber-sécurité des nations qui partageaient des valeurs et des intérêts communs.

WannaCry se déchaîna dans le monde pendant quelques jours seulement, laissant dans son sillage d'importantes séquelles. On estime que deux cent mille ordinateurs furent atteints. Sur le plan économique, cela représentait plusieurs milliards de dollars, soit l'équivalent de la valeur mensuelle de l'ensemble du marché mondial de cyber-sécurité. Autrement dit, une attaque de quelques jours coûta à l'économie mondiale le même montant que trente jours de protection de chaque réseau informatique sur la planète Terre. On s'aperçut aussi que la Grande-Bretagne n'avait pas été le pays le plus touché. La Russie et l'Ukraine furent frappées plus sévèrement, semble-t-il à cause du nombre important de réseaux utilisant d'anciennes versions de Windows. D'aucuns soutinrent qu'elles avaient subi un tel dommage à cause du nombre considérable de versions sans licence du système d'exploitation, lesquelles ne téléchargeaient pas automatiquement les mises à jour de sécurité.

Quant à la source de l'attaque, les chercheurs en cyber-sécurité désignèrent la Corée du Nord. Tom Bossert, le conseiller à la sécurité intérieure de la Maison-Blanche, confirma officiellement cette théorie, fin 2017, dans le *Wall Street Journal*[9]. Si graves qu'aient été les dommages, les répercussions économiques auraient pu être bien plus graves encore. Le vaccin, qui existait déjà, avait joué un rôle déterminant dans le contrôle de la propagation du virus.

MICROSOFT SE MET À NIVEAU

L'implication active de Microsoft dans l'univers de la cyber-sécurité était loin d'être une évidence. Dans un passé pas si lointain, la compagnie était communément considérée comme une entreprise de logiciels plutôt lourdaude, dont les systèmes étaient sujets à de fréquents dysfonctionnements et comportaient des brèches de sécurité. Mais dans les années 2010, Microsoft fit des pas de géant en cyber-sécurité et améliora considérablement la qualité de sa protection. Elle fit de ce domaine un élément clé de sa réflexion et de sa raison d'être en tant que société, améliorant constamment Windows Defender jusqu'à ce qu'il devienne un rival digne des principaux autres programmes antivirus – et ce, dans l'espoir de rendre obsolètes certains d'entre eux. Microsoft investit également des montants considérables dans d'excellentes équipes de cyber-sécurité qui mirent au point de nouveaux programmes destinés à sécuriser ou à remplacer les plateformes existantes. La société investit particulièrement dans la cyber-sécurité pour Microsoft Azure, qui fournit des services de cloud dans le monde entier et entre en concurrence avec les services équivalents d'Amazon.

Microsoft n'est pas seule sur le marché mondial à procéder à des changements aussi radicaux. Les sociétés de software les plus importantes du monde, les géants du high-tech, commencent à prendre la mesure de l'énorme responsabilité qui leur incombe, non seulement en matière de fonctionnalité de leurs produits, mais également en matière de cyber-sécurité mondiale. Ils comprennent que leur hégémonie en ce qui concerne les produits et leur distribution impose d'organiser de bien meilleurs systèmes défensifs que par le passé. Leurs logiciels constituent la base du cyber-espace mondial.

À cet égard, l'activité dans le cyber-espace diffère de l'activité dans les domaines physiques. La puissance technologique de sociétés comme Microsoft, Google, Apple, Amazon ou Facebook aux États-Unis, ou Alibaba et Tencent en Chine, et leur implantation dans le monde sont véritablement exceptionnelles. Les mesures prises autrefois par les États dans le domaine physique – à l'encontre des pirates aux XVIIIe et XIXe siècles ou à l'encontre des organisations terroristes dans la seconde moitié du XXe siècle et au début du XXIe – doivent désormais être prises par les géants technologiques dans le cyber-espace. Et pas seulement pour eux-mêmes, bien sûr. Les pays, notamment les plus grands et les plus influents, disposent encore de capacités et de pouvoirs souverains pour faire usage de la force dans le cyber-espace à un niveau que les compagnies privées ne peuvent atteindre. Ils sont également responsables de leurs citoyens. Mais la pyramide du pouvoir évolue, et cette évolution pousse les géants technologiques à agir et à prendre la responsabilité de la protection du cyber-espace mondial.

Selon Michal Braverman-Blumenstyk, directrice du centre de R&D de Microsoft à Jérusalem, l'entrée saisissante de l'entreprise dans la cyber-défense mondiale ne fut guère anodine. Nombre de personnes pensaient, explique-t-elle, que puisque le cœur de l'activité de Microsoft était son système d'exploitation Windows et ses logiciels, la compagnie devait laisser la sécurité à des sociétés spécialisées[10]. Si Microsoft avait adopté cette approche, elle aurait produit seulement des logiciels.

Mais selon Mme Braverman, « en Israël, nous pensions autrement. Tout n'est pas facile chez Microsoft, mais on est ouverts. On laisse les gens être créatifs. En fait, la compagnie se réinvente constamment. Elle n'a pas laissé Windows prendre le contrôle. Aujourd'hui, l'implication de Microsoft dans la sécurité est considérée pratiquement comme allant de soi, parce que même des sociétés comme Google et AWS, le cloud d'Amazon, sont déjà sur le terrain. Mais lorsque nous avons émis cette idée pour la première fois, elle semblait étrange à beaucoup de gens. »

Michal Braverman a travaillé plusieurs années à Cyota. Passée chez Microsoft en 2013, elle a fondé son centre cyber. Avec Yoram Yaacovi, qui dirigeait le centre de R&D de Microsoft Israël depuis des années, elle a procédé à l'acquisition de plusieurs start-up israéliennes, dont la plus importante est… Adallom. Le but était justement de faire de Microsoft un leader mondial en cyber-sécurité.

CYBER-SÉCURITÉ ET AVIATION : LA PRISE DE CONSCIENCE

Qu'en est-il des dommages causés par WannaCry et des leçons à en tirer ? L'attaque produisit des dégâts économiques considérables, mais elle suscita aussi quelques idées importantes. Du côté de l'utilisateur, elle illustra l'importance de la mise à jour régulière des systèmes d'exploitation et des différents programmes. En ce qui concernait la défense nationale, elle mit en relief la nécessité d'une coopération internationale.

Je compris que c'était là une occasion de promouvoir une question complexe, sensible et importante, que seule une coopération internationale serait à même de traiter : la cyber-sécurité dans l'aviation mondiale. Non seulement les avions eux-mêmes étaient menacés, mais également la gestion du trafic aérien et les systèmes de contrôle au sol. Le monde avait besoin d'une cyber-sécurité efficace pour les aéroports et tout ce qui s'y rapporte. Je demandai à Kobi Hirsch, l'un de nos responsables de la recherche-développement, de se renseigner sur ce que faisait le reste du monde en matière de cyber-sécurité aéronautique. Il s'enthousiasma pour le sujet. Je le vis un jour faire irruption comme un fou au QG du Directoire. Dès qu'il put attirer mon regard, il se précipita sur moi et me lança carrément : « La prochaine fois que je dois me rendre à l'étranger, je préfère embarquer sur un rafiot !

– Quoi ? » lui demandai-je, sidéré.

Kobi éclata de rire avant d'expliquer : « Écoutez, Eviatar, plus j'en apprends sur la cyber-sécurité aéronautique, plus j'ai envie de renoncer à voyager en avion. Les avions sont dangereux. C'est plus sûr de prendre le bateau, je vous assure. »

Hirsch soutint que le problème de la cyber-sécurité aéronautique, c'était qu'entre le moment où un nouvel avion passait du stade de la planche à dessin des ingénieurs à la fin de la chaîne de production, n'était plus adaptée aux toutes nouvelles cyber-menaces. Chaque avion est une réalisation industrielle formidable, mais pendant qu'il est en cours de conception ou de fabrication, la cyber-menace a le temps d'avancer de plusieurs générations. Hirsch n'ignorait pas le fait que, pendant la durée de vie d'un avion, ses systèmes d'exploitation pouvaient être mis à jour : « Mais ça prend du temps, c'est compliqué, expliqua-t-il, et surtout, n'oubliez pas que le problème, ce n'est pas seulement l'aspect logiciel, le software, c'est aussi l'ingénierie du système et l'interconnexion entre les différents systèmes à bord de chaque appareil. Par exemple dans un avion, les écrans multimédias et les systèmes de navigation doivent-ils être interconnectés ? »

Cela méritait réflexion. Imaginez que vous êtes installé à votre place dans l'avion, et que vous manipulez les boutons de l'écran tactile qui vous permet de jouer ou regarder un film. Soudain, un système d'exploitation inconnu s'affiche. D'habitude, il suffit de redémarrer l'appareil ou d'appuyer sur un autre bouton pour vous ramener à l'écran d'origine, et continuer à choisir le film que vous souhaitez voir pendant le vol. Mais que se passe-t-il si un passager doué en informatique découvre qu'en quelques actions rapides, il peut directement donner des instructions à un système différent, comme celui du contrôle du vol ? Pourrait-il alors éteindre le pilote automatique ?

Chris Roberts, un hacker spécialisé dans la cybersécurité de l'aviation, a évoqué la possibilité qu'un passager parvienne à atteindre les systèmes d'un avion, allant jusqu'à décrire le scénario dans l'un de ses tweets. Il a connu une certaine notoriété au début de l'année 2015 après son arrestation par le FBI – selon la presse, une enquête avait été diligentée suite à ce tweet[11]. Soudainement, l'opinion mondiale a pris conscience de l'importance de la cybersécurité aéronautique. Chris Roberts est évidemment devenu persona non grata pour les compagnies d'aviation, mais il est aussi devenu un orateur très recherché dans les cyber-conférences.

Roberts considère sa mise en garde comme un devoir : il est impératif de faire prendre conscience des cyber-menaces pesant sur l'aviation mondiale, afin que les vulnérabilités puissent être rectifiées et que les futurs systèmes soient mieux conçus. Il est, à première vue, ce qu'on appelle dans le métier un « chapeau blanc » (*white hat*, un hacker bienveillant qui recherche des failles de sécurité uniquement en vue de les corriger avant que d'autres puissent les exploiter à des fins malveillantes).

De nombreux hackers *white hat* se sont mis au service de compagnies de cyber-sécurité et d'équipes de recherche universitaire. Ils ont tendance à publier leurs découvertes quelques jours après avoir averti les sociétés développant les logiciels où des failles ont été découvertes. Ils leur donnent ainsi une avance afin de colmater la brèche. Ce fut la méthode utilisée par Check Point en 2018, lorsque la compagnie publia une vulnérabilité qui avait permis de pirater des ordinateurs par l'intermédiaire de simples imprimantes.

Il existe aussi de très grosses sociétés qui, de leur propre initiative, lancent des défis aux équipes de cyber-sécurité. Elles invitent des hackers à tenter de pénétrer dans leurs nouveaux produits avant de les lancer sur le marché, afin de détecter des vulnérabilités en amont. La récompense proposée pour la découverte d'une vulnérabilité peut atteindre des dizaines de milliers de dollars. Le problème est que, de l'autre côté de la barricade numérique, se trouvent des hackers *black hat* (malveillants), et leurs « récompenses » sont en général beaucoup plus importantes.

Les hackers *black hat* vendent les vulnérabilités sur le dark web, où le prix peut atteindre des montants colossaux, notamment dans le cas de vulnérabilités toutes « fraîches » qui prendront longtemps avant d'être détectées et corrigées. En matière de vulnérabilités aussi, le temps, c'est de l'argent, et les marchandises ont une date de péremption. La plupart des acheteurs de vulnérabilités sur le dark web les utilisent pour commettre des cyber-délits, mais les terroristes eux aussi y font leur marché.

Si les cyber-vulnérabilités des systèmes aéronautiques tombaient entre les mains de criminels, de terroristes ou de hackers aux intentions malveillantes, les conséquences pourraient être terribles. Une cyber-attaque qui paralyserait un avion de ligne en vol aurait des implications mondiales. Elle serait catastrophique pour notre sécurité en tant que passagers, pour l'ensemble de la sécurité de l'aviation civile et pour l'économie mondiale. Le domaine de l'aviation est particulièrement sensible au moindre signe d'attaque, réelle ou supposée. Il suffirait de semer le chaos dans le tableau des départs dans un aéroport pour provoquer la fermeture de l'aéroport en question. Dans une telle situation, personne ne prendrait le risque d'autoriser les avions à décoller. Les dommages immédiats causés par une cyber-attaque aussi élémentaire seraient désastreux.

LE MODÈLE AMÉRICAIN

Affronter les menaces qui pèsent sur l'aviation nécessite un effort international de la part de tous les organismes concernés : États, régulateurs, compagnies aériennes, industriels et aéroports. J'ai donc entrepris de former une coalition pour traiter ce problème. Pas seulement à l'intérieur d'Israël, mais avec d'autres pays du monde. La coopération internationale et la solidarité dont j'avais été témoin pendant la crise de WannaCry m'encouragèrent : l'époque était propice, et chacun trouverait l'intérêt, la volonté et la capacité de collaborer contre une menace d'une si grande portée. L'épisode de WannaCry avait exigé une entraide opérationnelle immédiate. Dans le domaine de l'aviation, je voulais établir une coopération à un stade bien plus précoce et doter l'aviation civile de capacités défensives. Pour cela, il fallait une base pour la coopération en temps de crise.

Les candidats naturels pour ce type de coopération étaient bien sûr les Américains. L'idée d'une entraide cyber-stratégique entre les États-Unis et Israël avait commencé à se concrétiser avant WannaCry, lors de ma visite à la Maison-Blanche début 2017. L'accueil chaleureux qui nous avait été réservé reflétait l'évolution des relations de cyber-sécurité entre Jérusalem et Washington. La première fois que j'avais rendu visite à mon homologue à la Maison-Blanche datait de l'administration Obama. Début 2017, nos hôtes provenaient de l'équipe de sécurité nationale du nouveau président. Tom Bossert, ancien fonctionnaire de l'administration de George W. Bush, revint dans le feu de l'action sous Trump en tant que conseiller à la sécurité intérieure. Rob Joyce, haut fonctionnaire de la NSA, fut détaché à la Maison-Blanche au titre de « tsar de la cyber-sécurité » sous les ordres de Bossert. Ils formaient une équipe formidable, associant professionnalisme, stratégie et politique. L'entente avec eux fut instantanée.

Au cours de nos délibérations, nous eûmes l'idée d'établir une coopération stratégique entre la Maison-Blanche et le bureau du Premier ministre israélien, un échelon au-dessus de la coopération professionnelle ordinaire dans les deux pays. Cette cyber-coopération ordinaire comprenait, entre autres, des accords entre le ministère israélien de la Sécurité publique (et le Directoire du cyber) et le département américain de la Sécurité intérieure.

Le département de la Sécurité intérieure est un organisme relativement nouveau, fondé en 2002 par le président George W. Bush après les attentats du 11-Septembre. Ce département rassemble vingt-deux organismes et instances qui furent retirés d'autres départements, ou créés par la fusion d'organismes existants, dont les Services des douanes et de la protection des frontières des États-Unis, les services secrets, l'agence de police douanière et de l'immigration, l'Agence fédérale de gestion des urgences, et d'autres couvrant d'innombrables domaines connexes. Par sa taille, le département de la Sécurité intérieure est ainsi devenu le troisième département du gouvernement fédéral, avec quelque deux cent cinquante mille employés et un budget annuel de 10 milliards de dollars[12]. Mais il continue à être gêné par les problèmes issus de la fusion de tant d'agences associées. Son contrôle s'étend à des domaines immenses ; les questions qu'il traite sont complexes – l'une d'elles étant la protection du cyber-espace civil des États-Unis.

En dépit des changements structuraux opérés, les domaines de compétence de la CISA (Cybersecurity and Infrastructure Security Agency), l'organe en charge de la cyber-sécurité, sont demeurés plus ou moins les mêmes : renforcer la résilience du cyber-espace civil américain en cas de menaces, concevoir des méthodes de gestion des cyber-menaces, inculquer ces méthodes au secteur civil, défendre les infrastructures critiques en coopération avec d'autres agences, etc. Le principe directeur consiste à proposer des conseils et à élaborer des solutions. La CISA n'a pratiquement aucune responsabilité opérationnelle directe en matière de défense, laquelle demeure entre les mains d'autres organes du gouvernement, chacun selon ses fonctions, ou entre les mains de compagnies et organisations du secteur civil[13].

À cet égard, le département de la Sécurité intérieure et sa branche cyber ne présentent qu'une ressemblance partielle avec le Directoire national du cyber israélien – tous deux ont un regard global sur l'économie, développent des doctrines et encouragent la robustesse et la résilience du secteur civil.

Mais la différence est essentielle. Après les décisions prises en 2015 par le gouvernement, le Directoire national du cyber s'est vu confier une autorité et une responsabilité véritablement opérationnelles. Les Américains, quant à eux, n'ont pas d'organisation unique dotée des compétences, des capacités, de l'autorité et de la responsabilité pour l'ensemble du marché. Pour résumer, on peut dire que la NSA et le commandement américain du cyber, placés tous deux sous la même direction, gèrent les campagnes défensives contre des ennemis des États-Unis au plus haut niveau, en déjouant des attaques et en ripostant. Mais ils le font sans toucher aux organismes civils. Pour l'essentiel, c'est le FBI qui enquête sur les attaques après qu'elles se sont produites, afin de traquer les criminels et de les traduire en justice. Le département de la Sécurité intérieure, via la CISA, encourage la résilience générale de l'économie américaine et des agences gouvernementales. Le secteur civil américain dépend pour sa cyber-sécurité du secteur privé et de ses capacités, les organismes fédéraux intervenant le moins possible, notamment en temps de crise.

En 2018, une commission baptisée « Solarium » a été nommée par le Congrès pour concevoir une approche stratégique de la protection du cyber-espace des États-Unis qui ferait consensus. Elle a mis en évidence les difficultés de ce partage des responsabilités en matière de cyber aux États-Unis. Il a fallu attendre mars 2020 pour que l'équipe de Solarium soumette ses conclusions et recommande la nomination d'un cyber-directeur à la Maison-Blanche. Ce dernier, doté de prérogatives claires, pourrait coordonner les nombreuses autorités cyber existantes, dans l'esprit de ce qui avait été fait dans le domaine du renseignement après les attentats du 11-Septembre, lorsque Washington comprit la nécessité d'une telle coordination.

ISRAËL ET LES ÉTATS-UNIS SÉCURISENT LE CIEL

En juin 2017, un mois environ après WannaCry, lorsque Bossert et Joyce vinrent nous rendre visite en Israël, ce fut l'occasion de signer un document définissant un partenariat stratégique sur un certain nombre de sujets importants. Notre proposition d'inclure l'aviation civile dans ces sujets fut acceptée; les Américains étaient disposés à peser de tout leur poids dans cet effort conjoint, étant donné qu'ils hébergeaient non seulement les plus grandes industries aéronautiques du monde, mais aussi l'Autorité fédérale de l'aviation (le leader mondial des protocoles d'aviation), ainsi qu'un savoir-faire éprouvé, sans oublier d'innombrables grands aéroports et une recherche de pointe.

Que pouvions-nous apporter, avec notre minuscule pays ? Beaucoup, apparemment. Le premier élément déterminant était l'expérience d'Israël en matière de sécurité spécialement adaptée à l'aviation. Après avoir été aux prises pendant des années avec des menaces plus graves que pour la plupart des autres pays, Israël avait élaboré à la fois une doctrine spéciale pour la sécurité de l'aviation et des inventions à la pointe de la technologie.

Cette particularité israélienne était le résultat d'une série de détournements d'avions et d'attentats terroristes perpétrés dans les aéroports qui commencèrent à la fin des années 1960 et s'intensifièrent dans les années 1970. Le paroxysme fut atteint en mai 1972 avec le détournement d'un avion de ligne appartenant à la compagnie belge Sabena, qui fut contraint d'atterrir en Israël. La crise se termina par une mission de sauvetage réalisée par l'unité d'élite Sayéret Matkal, à laquelle participèrent deux futurs Premiers ministres israéliens, Ehud Barak et Benyamin Nétanyahou. À l'époque, les attentats terroristes se succédaient, en Israël : le meurtre de onze athlètes israéliens aux Jeux olympiques de Munich en 1972 ; un attentat contre un lycée dans la ville de Maalot au cours duquel des dizaines d'enfants furent massacrés en mai 1974 ; et l'attentat à l'hôtel Savoy de Tel-Aviv en mars 1975. Ce ne sont là que quelques exemples parmi les attentats les plus tristement célèbres.

Afin de mieux assurer la sécurité des aéroports et avions israéliens, le gouvernement israélien décida en 1975 d'un partage des responsabilités en matière de sécurité. Le Shin Bet fut donc chargé de la sécurité à l'extérieur d'Israël et de certaines questions à l'intérieur d'Israël, principalement l'aviation civile, la navigation et la protection personnelle de citoyens considérés comme des « symboles de l'État ». Depuis, le Shin Bet a accumulé des compétences et une expérience exceptionnelles dans le domaine de la sécurité de l'aviation. Son approche de la sécurité physique, laquelle a pour objectif de garantir une absence totale de menaces dans certains domaines, a servi de modèle pour affronter les cyber-menaces et les menaces hybrides – celles qui pèsent et sur le monde physique et sur le monde du cyber. C'est une doctrine de défense intégrée.

Le second élément que nous avons souhaité partager avec les Américains fut la rapidité à laquelle nous étions capables de réunir tous les protagonistes concernés dans un effort conjoint : le ministère des Transports, l'Autorité des aéroports, le Shin Bet, les industries technologiques, les professionnels de la sécurité nationale, etc. C'était une question de culture et de contacts personnels entre les personnes dirigeant les différents domaines, caractéristiques d'un petit pays.

Enfin, les succès d'Israël en matière de cyber-sécurité nationale, les résolutions du gouvernement qui permirent un développement rapide du Directoire du cyber, et les moyens et doctrines technologiques que nous avions déjà mis en œuvre dans la protection des infrastructures critiques, notamment dans le domaine de l'aviation, nous donnaient, à cette époque, un net avantage sur les autres pays.

Cette réunion de coopération stratégique fut unique en son genre. Rob Joyce et moi-même présidions les débats.

D'un côté de la longue table étaient assis les représentants de tous les départements et agences de sécurité des États-Unis ; de l'autre, leurs homologues israéliens. Ce fut une réunion rationnelle, fascinante, pratique, où l'on put faire des propositions concrètes de coopération bilatérale sur plusieurs thèmes : qui allait travailler avec qui, qui dirigerait chaque domaine, et quel calendrier adopter. Un accord-cadre stratégique fut finalement signé. Dans cette campagne de réflexion sur la cyber-sécurité dans l'aviation, comme dans les autres domaines que nous avions choisis, le moment était venu de décoller.

RETOUR D'ETERNALBLUE

Le logiciel malveillant WannaCry disparut aussi rapidement qu'il avait surgi, mais la vulnérabilité EternalBlue, quoique découverte, n'avait pas encore revêtu son ultime forme, la plus puissante. Pour les virus informatiques aussi, il peut y avoir une « seconde vague[14] ». Nous avions à peine eu le temps de tirer les leçons des incidents et de conclure des accords bilatéraux et internationaux qu'en juin 2017, un peu plus d'un mois après l'irruption et la disparition de WannaCry, survint une autre attaque à l'échelle mondiale, qui exploitait la même vulnérabilité. Baptisée « NotPetya », elle provoqua des dommages économiques encore plus importants que ceux causés par WannaCry.

NotPetya fut lancée dans le contexte d'un âpre conflit entre la Russie et l'Ukraine, lequel s'intensifia en 2014 et s'embrasa au départ dans certaines régions du sud-est de l'Ukraine culturellement et géographiquement proches de la Russie. Bientôt, des milices populaires prirent les armes contre les forces militaires ukrainiennes. La lutte atteignit un paroxysme dans la péninsule de Crimée, que la Russie avait occupée et annexée début 2015 sous prétexte que les habitants souhaitaient faire sécession de l'Ukraine. Le conflit ethnique dégénéra en une grave crise entre ces deux États-nations.

L'affrontement évolua simultanément dans le monde physique, avec des combats sanglants, et dans le cyber-espace. Il devint l'un des cyber-champs de bataille les plus actifs du monde. Quand l'Ukraine et l'Occident accusèrent la Russie d'être derrière les « milices » de hackers russes qui se faisaient passer pour des organisations civiles, le gouvernement russe nia. De fait, les cyber-attaques contre les compagnies d'électricité et autres infrastructures critiques en Ukraine devinrent monnaie courante, qu'il s'agisse du ralentissement des services à l'aéroport d'Odessa, de la paralysie du système des billets de train, du vol de données personnelles, du sabotage des systèmes informatiques gouvernementaux ou de coupures d'électricité. En 2015, une cyber-attaque provoqua la fermeture de trois centrales électriques et de bien d'autres postes électriques, et en décembre 2016, en plein hiver, une autre cyber-attaque coupa brièvement l'alimentation en électricité[15].

Puis l'attaque NotPetya se déchaîna. Au début, elle prit pour cible un système de comptabilité appelé M.E.Doc conçu par une société de logiciels de Kiev. Les attaquants s'introduisirent dans le serveur de la société et firent en sorte que toute mise à jour installe une « porte dérobée ». C'était là une manœuvre extrêmement habile parce que

80 % des entreprises en Ukraine utilisaient ce logiciel pour collaborer avec les organismes gouvernementaux. Inutile de préciser qu'une société de logiciels de cette taille ne pouvait avoir les mêmes capacités en matière de cyber-sécurité que des géants comme Google et Microsoft. Les attaquants s'implantèrent dans environ un million d'ordinateurs ukrainiens en exploitant les mises à jour de leur logiciel de comptabilité[16]. La « porte dérobée » était là, prête à être utilisée le jour où les hackers en décideraient. Les hackers s'en servirent effectivement pour propager un nouveau logiciel malveillant, NotPetya, qui emprunta la faille d'EternalBlue et une autre vulnérabilité pour entrer. NotPetya fut lancé sous la forme d'une attaque intégrée et devint l'une des cyber-armes les plus redoutables de toute l'histoire de la cyber-sécurité.

Mais les attaquants avaient apparemment sous-estimé leur foudroyant succès. Peut-être n'avaient-ils pas pris en compte la possibilité que NotPetya déborde des frontières de l'Ukraine et se propage dans le monde entier par l'intermédiaire des ordinateurs d'entreprises ayant leur siège en Ukraine, ou par les filiales avec lesquelles elles étaient connectées. Ce fut précisément ce qui se produisit. À l'instar de WannaCry, en quelques heures, NotPetya atteignit des organismes et des entreprises partout sur la planète. Parmi les victimes, la société pharmaceutique Merck subit un dommage estimé à 1 milliard de dollars, et une filiale européenne de FedEx subit un dommage de 400 millions de dollars[17]. En quelques heures, l'attaque paralysa également Maersk, une compagnie maritime danoise à la tête d'une immense flotte de cargos qui sillonnent les mers et les océans[18]. La société, contrainte de fermer pour au moins huit jours, s'employa à mettre sur pied un nouveau réseau exempt du logiciel malveillant, mais dut tout de même suspendre une partie de ses opérations mondiales. Avec les navires à l'arrêt dans les ports, d'énormes quantités de marchandises se retrouvèrent bloquées dans des entrepôts. Ses immenses systèmes d'information furent remplacés par des smartphones dotés d'applications de base (et par des appels téléphoniques, comme autrefois). Des dommages considérables furent enregistrés dans des dizaines de ports dans le monde. C'était le moment pour Yonatan Amit, chef de la technologie chez Cybereason, d'entrer en scène.

CYBEREASON TROUVE LE *KILL SWITCH*

Au moment de l'attaque WannaCry, Amit et son équipe chez Cybereason avaient tenté de découvrir le bouton d'arrêt d'urgence, ou *kill switch*, une chaîne de codes dans laquelle les hackers intègrent souvent le logiciel malveillant, afin de pouvoir mettre fin à l'attaque en cliquant sur un bouton, au moment de leur choix. À leur grande déception, dans le cas de WannaCry, le *kill switch* avait été découvert par quelqu'un d'autre. Rapidement, à l'aide des mises à jour de Microsoft, WannaCry avait été neutralisé. La vie était revenue à la normale, mais Amit avait fixé un objectif à son équipe : « Vous n'avez pas stoppé WannaCry. La prochaine fois qu'il se produit quelque chose de ce genre, c'est vous qui trouverez. » C'était pour lui une question d'esprit de compétitivité et de prestige.

Amit était loin d'imaginer que les armes utilisées par WannaCry serviraient si rapidement lors de l'attaque

NotPetya. Lorsque les premiers rapports sur les dommages causés par cette dernière tombèrent, les membres de Cybereason se mirent à travailler vingt-quatre heures sur vingt-quatre. Ils isolèrent le logiciel malveillant et tentèrent d'entrer dans la tête des hackers afin de comprendre rapidement comment opérait le virus. Ils découvrirent pas moins de deux *kill switches*. Le premier était un fichier vide qui stoppait l'attaque dès lors qu'il était installé sur un ordinateur. L'équipe en conclut que les auteurs de l'attaque avaient envoyé ce fichier aux ordinateurs qu'ils souhaitaient « immuniser » par avance.

Le second *kill switch* était beaucoup plus surprenant. L'équipe de Cybereason découvrit que lorsqu'un ordinateur possédait exclusivement un clavier anglais, le logiciel malveillant le repérait, s'arrêtait immédiatement et n'attaquait pas l'ordinateur en question. *Pourquoi cette commande a-t-elle été écrite ?* se demandaient-ils. La seule explication à laquelle ils purent penser – qui se fondait uniquement sur une intuition – était que l'attaquant, probablement en Russie, ne souhaitait pas causer de réels dommages aux systèmes informatiques américains, lesquels ne possédaient pas de claviers en langue étrangère, et certainement pas de claviers en cyrillique, comme c'était le cas pour les cibles d'origine de l'attaque. Redoutaient-ils d'irriter les Américains ? Quoi qu'il en soit, l'équipe de Yonatan Amit l'emporta, et la découverte de Cybereason fut rapportée par CNN et d'autres médias. De nombreux utilisateurs créèrent un fichier vide portant le même nom que le « vaccin », comme l'avait conseillé la société, et empêchèrent ainsi l'attaque contre leurs ordinateurs[19].

Quelques années plus tard, les membres de Cybereason enquêtèrent également sur une attaque qui affolait les États-Unis, lancée en 2020 par l'intermédiaire de la chaîne logistique informatisée de la société SolarWinds. Dans ce cas célèbre, qui fit l'objet d'une longue enquête du Sénat des États-Unis en février 2021, des ordinateurs américains sensibles furent piratés, mais on ne découvrit la présence russe que lorsque le piratage atteignit les ordinateurs de la compagnie de cyber-sécurité FireEye.

« Le modus operandi des attaquants était exactement celui de NotPetya, à tel point que nous aurions pu le prédire, nous dit par la suite Lior Div, de Cybereason. Au début, les hackers russes envoyèrent une mise à jour à tous les clients de SolarWinds, semblable à la mise à jour envoyée aux clients de M.E.Doc en 2017. De la même façon, la mise à jour fonctionna comme une tête de pont par laquelle les attaquants atteignirent tous les ordinateurs de périphérie, afin de parvenir à un contrôle technologique total. »

Lorsque les membres de Cybereason démontèrent le code malveillant, ils eurent l'agréable surprise de découvrir une commande ordonnant au virus de ne pas attaquer les ordinateurs utilisant plusieurs applications connues de cyber-sécurité, entre autres le logiciel de Cybereason. « Nous pensons, explique Div, que cette commande est peut-être une preuve de la leçon tirée par les attaquants de NotPetya. Nous y avons vu une sorte d'hommage. »

Revenons trois ans en arrière, à NotPetya. L'attaque prit fin grâce à l'association de plusieurs facteurs : l'utilisation du *kill switch* (le fichier vide découvert par Cybereason) et la grande quantité de mises à jour de sécurité téléchargées, principalement de Microsoft. Une fois de plus, il s'agissait de mises à jour connues qui, tout simplement, n'avaient pas été téléchargées en temps voulu. Avant d'être complètement neutralisée, l'attaque avait causé dans le monde des dommages cumulés estimés à 10 milliards de dollars, un nouveau record mondial pour une seule cyber-attaque.

RÉGULER LE CYBER-ESPACE : UN DÉSACCORD FONDAMENTAL

Les attaques WannaCry et NotPetya auraient pu être évitées par une meilleure cyber-hygiène. Mais il ne sera jamais possible d'être totalement immunisé contre chaque virus et logiciel malveillant, et il existe des attaques sophistiquées et complexes contre lesquelles une bonne cyber-hygiène ne peut offrir de réponse. Alors comment éviter des attaques comme NotPetya ? Et comment le monde peut-il ralentir cette accélération vers la cyber-guerre ? Faut-il un traité international ? La solution réside-t-elle dans un traité analogue au Traité de non-prolifération nucléaire, le fameux TNP, qui représente une véritable pierre angulaire dans la prévention de la propagation incontrôlée des armes nucléaires, tout en autorisant l'usage pacifique des technologies nucléaires ?

L'une des initiatives les plus importantes dans la recherche d'un consensus mondial sur la cyber-sécurité fut menée par le « Groupe des experts gouvernementaux dans le domaine de l'information et des télécommunications dans le contexte de la sécurité internationale ». C'est là une longue dénomination pour désigner une simple initiative connue en anglais sous le sigle UN GGE. En lançant ce projet, les Nations unies avaient pour objectif de parvenir à un vaste consensus international concernant le comportement à adopter dans le cyber-espace : déterminer les normes et les règles, définir ce qui est autorisé et ce qui ne l'est pas, fixer des limites et mettre par écrit les statuts d'une coopération internationale.

L'initiative du GGE commença à prendre forme au tournant du millénaire, alors que se généralisait la prise de conscience que le cyber-espace n'était pas seulement un moyen de promouvoir l'activité économique, comme l'avaient prouvé de nombreuses compagnies, mais également un domaine d'épanouissement de toutes sortes d'activités humaines ou étatiques. Dans ces conditions, les dirigeants des Nations unies jugèrent bon que les pays du monde entier acceptent un code de conduite commun dans ce nouveau domaine.

Cette approche conduisit le secrétariat général de l'ONU à réunir un groupe de quinze États pour délibérer des questions de sécurité dans le domaine de plus en plus étendu du cyber-espace. Les experts se creusèrent la tête, mais faute de se mettre d'accord, ils ne publièrent aucun rapport. Le reste du processus fut plus encourageant. En effet, les deux groupes de travail, créés l'un après l'autre vers la fin des années 2010, parvinrent à quelques points de consensus. Les participants avaient, entre-temps, assisté à plusieurs cyber-attaques célèbres, comme celles qui avaient frappé la Géorgie et l'Estonie, communément attribuées à la Russie.

La quatrième des cinq séries de négociations entre les experts internationaux à laquelle Israël participa donna les résultats les plus importants. Comprenant des délégués de vingt pays, elle se déroula de la fin 2013 à juillet 2015. Les Américains, dans le droit fil de l'approche de l'administration Obama, insistaient pour que tous les pays s'engagent à adopter un comportement raisonnable dans le cyber-espace, en vertu du droit international. En Israël, cette direction nous inquiétait quelque peu. Nous n'étions pas opposés à l'adoption de règles de droit international, mais nous craignions qu'une hâte intempestive ne traduise un manque de professionnalisme. La communauté internationale avait mis plusieurs années avant de parvenir à des accords généraux sur une conduite internationale. Nous estimions que, dans le cyber-espace aussi, l'intériorisation de ces règles prendrait du temps.

Un bon exemple de cette problématique est la technologie du cloud. Cette dernière a commencé à se développer à un rythme vertigineux dans les années 2010 et a pris une importance croissante pour les entreprises et les gouvernements, à l'échelle nationale et au-delà. Mais quelles sont les règles concernant l'information qui y est stockée, et qui n'existe dans le domaine physique d'aucun État, alors même que le cloud est utilisé par des sociétés et des particuliers ? Qui en est responsable ? Qu'arriverait-il si le cloud était utilisé pour lancer des attaques ? Et quelles y sont les règles en matière de souveraineté ? Celle-ci dépend-elle de l'emplacement physique des serveurs ? ou du détenteur de l'information ?

Nous soutenions que ces questions, et d'autres encore qui faisaient l'objet de débats acharnés à l'époque, étaient constamment réinventées au fur et à mesure du développement de la technologie et de l'émergence de nouvelles capacités, et que nous devions nous montrer extrêmement prudents avant de définir des lois et des règles qui pourraient convenir un certain temps, ou pour telle ou telle technologie, mais qui risquaient de devenir obsolètes très rapidement. Selon nous, il valait mieux que la communauté internationale décide des règles générales de droit international qui devraient s'appliquer dans le cyber-espace, règles dont l'interprétation et les modalités d'application seraient élaborées au cours d'un processus se prolongeant sur plusieurs années.

L'une des propositions lancées pendant les délibérations porta sur l'attaque des infrastructures critiques d'un pays. Une attaque directe contre ces systèmes serait considérée comme une attaque directe contre des civils. Le problème avec cette proposition, c'était que chaque pays avait des critères différents pour définir une infrastructure critique. Les Américains, par exemple, comptaient seize secteurs critiques. D'autres pays, moins. Pour notre part, en Israël nous avions décidé de définir des systèmes critiques, pas des secteurs entiers.

Lors d'une conférence organisée aux États-Unis en septembre 2016, je transmis l'inquiétude d'Israël à ce sujet; si nous adoptions une définition trop floue de ce qu'est une infrastructure critique, chaque pays se sentirait libre de l'interpréter à sa guise. De plus, certaines nations obéiraient aux normes, quand d'autres se montreraient moins accommodantes. Cette dernière catégorie comptait de nombreux pays, notamment parmi les ennemis d'Israël.

J'ajoutai qu'il serait difficile d'établir d'emblée un trop grand nombre de règles. Mieux valait concevoir un ensemble limité de normes susceptibles d'être effectivement appliquées. À titre d'exemple de priorité, je mentionnai les dommages causés à l'intégrité des informations financières – une proposition imaginée par l'institut Carnegie de Washington.

Plusieurs années ont passé depuis, et la communauté internationale n'a guère progressé en matière de normes régulant le cyber. Verrons-nous dans un proche avenir un traité international sur la cyber-guerre ? Il est impossible de l'affirmer. Mais, au stade où en sont les choses, la route est jonchée d'embûches.

Une étude réalisée à l'université de Tel-Aviv a tenté de creuser la question suivante : pourquoi le monde n'est-il pas encore parvenu à des accords, ne serait-ce que préliminaires, dans ce domaine ? La raison en est, semble-t-il, qu'il existe de profondes divergences de vue entre les pays quant à la souveraineté numérique. Les démocraties occidentales, et au premier chef les États-Unis, considèrent l'internet en particulier et le cyber-espace en général comme un domaine libre, pouvant être utilisé dans le monde sans restrictions locales, lesquelles équivaudraient selon elles à de la censure et à une violation des libertés. D'autres pays, avec à leur tête la Russie et la Chine, refusent de « recevoir des ordres » d'autres nations concernant ce qu'ils peuvent ou ne peuvent pas faire dans leurs propres espaces numériques. Ils ne souhaitent pas que Google ou Facebook leur dictent ce qu'ils peuvent ou non censurer, et ils exigent, en tant qu'États souverains, de pouvoir contrôler l'information concernant leurs citoyens. C'est cette divergence fondamentale de conceptions du monde qui empêche notamment la conclusion d'un accord.

Mais ce désaccord profond ne constitue pas le seul obstacle sur la voie d'un accord global. La gamme des cyber-attaques va des simples « jeux » de piratage au délit local, elle s'étend du crime organisé aux attentats terroristes, jusqu'aux attaques stratégiques téléguidées par un État. Il est difficile de définir clairement quelles activités relèvent de la belligérance et celles dont le monde peut s'accommoder. La façon dont les pays appréhendent les cyber-attaques entrave également la conclusion d'un accord. D'aucuns considèrent les cyber-attaques comme des attentats terroristes ou des crimes ; d'autres y voient un aspect de la guerre de l'information ; et d'autres encore les appréhendent comme une dimension entièrement nouvelle de la guerre. Pour parvenir à des accords, le monde doit donc d'abord surmonter ces différences fondamentales de perception[20].

L'UNIFICATION DU DIRECTOIRE

Après l'épisode WannaCry et après avoir considéré les activités et la synchronisation interne du Directoire, je compris que nous étions en passe d'épuiser les bénéfices de sa structuration en deux entités sœurs : le Bureau, responsable de la politique et de la construction de capacités, et l'Autorité opérationnelle. Le moment était venu de les fusionner en une seule instance, sous la direction du chef du Directoire. Ce changement structurel permit d'établir une étroite connexion entre le travail opérationnel et l'aspect stratégique de construction de capacités de défense, en donnant au chef du Directoire un contrôle plus strict de l'ensemble de l'organisation et de ses opérations quotidiennes, et en minimisant les frictions entre les deux branches. Mon second mandat de trois ans prenait bientôt fin, il me fallait agir rapidement.

Le Premier ministre approuva la recommandation et la soumit au gouvernement, qui l'adopta vers la fin de 2017. Début janvier 2018, je remis les rênes du Directoire à Yigal Unna, qui nous avait rejoints six mois plus tôt pour diriger le département de cyber-technologie après avoir occupé diverses fonctions de cyber-sécurité au Shin Bet pendant plusieurs années. Mes six années de service au Directoire du cyber avaient pris fin.

LES GUERRES DU FUTUR

CE QUE LE CYBER-ESPACE VA CHANGER

EMPOISONNER NOS PUITS

Pendant le week-end des 24 et 25 avril 2020, le scénario cauchemardesque évoqué par le Directoire du cyber à ses débuts finit par se dérouler, presque comme dans l'original : une attaque concertée des installations hydrauliques dans tout Israël. Une centrale isolée n'était pas considérée comme une infrastructure critique pouvant mettre en péril la sécurité nationale d'Israël. Mais une attaque coordonnée contre plusieurs installations pourrait causer des dégâts tangibles au pays. Le Directoire national du cyber s'était attendu et préparé à des attaques de ce genre en imaginant des simulations et leurs solutions. C'était désormais l'épreuve de vérité. Même si le gouvernement israélien n'accusa personne, de nombreux médias internationaux attribuèrent l'attaque à l'Iran[1].

Comment Israël pouvait-il être sûr que son infrastructure hydraulique était réellement attaquée ? Ne pouvait-il s'agir d'une panne technique ? Qui serait à même de faire le lien entre tous les problèmes rencontrés par les différentes installations et comprendre qu'une cyber-attaque délibérée et concertée était en cours ? Ces questions nous avaient toujours perturbés et nous devions maintenant leur apporter une réponse pratique.

En principe, les cyber-attaques peuvent être détectées de la même façon partout dans le monde. La découverte commence généralement lorsqu'on décèle une activité suspecte, trahie par une « signature » repérée dans d'autres contextes. Ou bien elle peut commencer par l'identification d'anomalies. Parfois, une erreur surgit dans un seul système ; parfois, lorsque des signaux commencent à affluer dans divers systèmes – bien souvent dans différentes entreprises –, indiquant qu'il se produit quelque chose d'étrange à plusieurs endroits, seul un acteur possédant une vue d'ensemble peut comprendre qu'une attaque est en cours. Dans certains cas, les cyber-attaques provoquent des « effets secondaires » que les attaquants n'avaient pas planifiés, mais qui révèlent la présence de l'attaque. Il se peut aussi que le pays soit en alerte grâce à des renseignements antérieurs et qu'il puisse identifier l'attaque en temps réel.

Dans le cas de la cyber-attaque visant l'approvisionnement en eau d'Israël, le système israélien de protection du cyber permit de détecter l'attaque à temps[2] ; suffisamment de signaux d'alarme s'étaient déclenchés au Directoire national du cyber. Une station hydraulique qui avait enregistré des irrégularités dans ses données subit des dommages. Dans une autre station, une pompe s'était déconnectée des systèmes de contrôle et avait commencé à fonctionner de façon incontrôlable, au risque d'exploser. Les systèmes informatiques d'une compagnie des eaux avaient été piratés. Dans un autre cas encore, une pompe cessa même brièvement de fonctionner[3].

Les attaques contre les ressources en eau d'un pays comptent parmi les formes de cyber-attaques les plus dangereuses et les plus abjectes. L'eau est, de loin, la ressource la plus importante pour la population, avant le logement, l'électricité et les communications. En outre, les attaquants ne se contentèrent pas de viser les infrastructures hydrauliques en Israël pour perturber l'approvisionnement, ils tentèrent aussi d'empoisonner l'eau en interférant dans sa concentration en chlore[4]. En quantité contrôlée, le chlore empêche la propagation de contaminations. À fortes doses, il peut être dangereux. À tous égards, il s'agissait bien d'une attaque terroriste.

LES NOUVELLES FRONTIÈRES DE LA GUERRE

Dans l'Antiquité, les armées s'affrontaient au son des tambours et les trompettes rythmaient la marche des soldats. Lorsque les colonnes et les compagnies se rencontraient, on savait parfaitement qui combattait qui, qui avait déclaré la guerre et qui envahissait quel territoire. Les guerres étaient ordinairement, mais pas toujours, limitées dans le temps et géographiquement, et il était relativement simple de savoir quand elles avaient commencé, quand elles s'étaient terminées et qui l'avait emporté. Au XXe siècle, la codification des lois de la guerre et le développement du droit international n'atténuèrent pas la férocité et la fréquence des guerres, mais celles-ci demeuraient par définition des événements relativement circonscrits. Au XXIe siècle cependant, la guerre est devenue une affaire moins nette. Les coups que se portent Israël et l'Iran ces dernières années, par exemple, sont-ils considérés comme une guerre ?

En 2020, ces échanges d'hostilités entre l'Iran et Israël dans le cyber-espace, dont ont fait état les médias[5], faisaient partie d'un affrontement plus vaste entre les deux pays, y compris dans le domaine physique. L'Iran a décidé de dominer le Moyen-Orient et tente de placer des avant-postes dans tous les pays de la région par l'intermédiaire de ses antennes ou alliés : les chiites dans le sud de l'Irak, les houthis au Yémen, le Hezbollah au Liban et le régime d'Assad en Syrie. L'Iran aspire à exercer une hégémonie et une influence généralisées sur le reste du monde, mais l'un de ses objectifs prioritaires est d'encercler Israël, puissance régionale, par des bastions pro-iraniens ; ainsi le gouvernement iranien entend faire peser une menace permanente à ses frontières, afin de limiter la liberté de manœuvre israélienne.

Israël se préoccupe principalement des aspirations nucléaires de l'Iran, mais il s'inquiète aussi de la force croissante de ses mandataires régionaux, principalement le Hezbollah. Ces mandataires peuvent agir contre l'État d'Israël à tout moment, en fonction d'intérêts qui ne sont pas nécessairement partagés par leurs pays hôtes (comme le Liban). Cette stratégie sape la capacité de dissuasion d'Israël, laquelle dépend en grande partie de la menace exercée sur le pays hôte. L'Iran et ses mandataires sont donc à couteaux tirés avec Israël.

Depuis des années, à différents niveaux d'intensité et par divers moyens, l'État d'Israël prend des mesures contre le projet nucléaire de l'Iran. Il s'efforce aussi de limiter l'acquisition par le Hezbollah de missiles de longue portée et d'une grande précision, qui pourraient frapper n'importe quel endroit dans le pays, notamment les sites les plus sensibles. L'Iran et ses alliés régionaux essayent quant à eux d'affermir leur puissance afin de limiter les activités d'Israël ; ils agissent également dans le domaine physique, avec des tentatives d'attaques sur des soldats de Tsahal à la frontière, l'envoi de drones en Israël, etc.

Ces opérations ne peuvent pas être qualifiées de « guerre », à proprement parler. Mais elles ne s'apparentent pas non plus à la paix ou à un cessez-le-feu. Tsahal appelle ces opérations des « campagnes entre les guerres » (en anglais, *campaign between wars*), ou MABAM dans le jargon militaire israélien. L'Iran les considère comme faisant partie intégrante de sa lutte continue pour parvenir à une hégémonie régionale. Mais ces activités, qui ne sont limitées ni dans le temps ni dans l'espace, ne constituent qu'une infime partie de ce qui se passe véritablement. Parallèlement, les opérations menées dans le cyber-espace entre Israël et l'Iran – espionnage, campagnes de renseignement et tentatives des deux parties de pirater les systèmes informatiques et les communications de l'adversaire – se multiplient. Les hostilités sont devenues monnaie courante dans le cyber-espace, et ce dernier a rendu les limites de la guerre, autrefois si nettes, plus floues que jamais.

Les citoyens israéliens auraient-ils eu vent de l'attaque contre leurs systèmes d'approvisionnement en eau si le Directoire national du cyber n'en avait pas fait état ? Tant que les foyers sont fournis en eau, ils n'ont aucune raison de savoir qu'un tel événement s'est produit – ce qui n'est pas le cas des opérations qui se déroulent dans le domaine physique. Lorsqu'une roquette est tirée et franchit la frontière, même si elle ne tue personne, tout le monde en entend parler. Ainsi, par exemple, l'attaque de dizaines de drones et de missiles de croisière lancée contre les équipements pétroliers saoudiens en septembre 2019 – attaque attribuée à l'Iran et à ses alliés régionaux. Cette offensive n'a pas dégénéré en guerre, mais les médias y ont consacré beaucoup d'attention et elle a provoqué d'autres réactions, notamment des avertissements de la part de l'administration américaine[6].

Les cyber-incidents qui prennent pour cibles des entreprises et sont déjoués avant qu'ils n'affectent les clients ou le public ne sont pas nécessairement évoqués dans les bulletins d'information. Des cyber-guerres peuvent donc se déchaîner entre des États, frapper des infrastructures et divers systèmes, sans que le public soit véritablement au courant de la guerre en cours. La perception qu'il en a dépend principalement de l'intensité du cyber-conflit, du type et de la nature des attaques et de ce que la victime, que ce soit un État ou une organisation, est disposée à supporter.

Israël et l'Iran ne sont pas les seuls rivaux à s'affronter ainsi. Les activités de la Russie et de l'Ukraine mentionnées plus haut, et leurs hostilités dans le cyber-espace depuis que la Russie a annexé la péninsule de Crimée en 2014 sont un autre exemple du brouillage croissant des frontières de la guerre. Des cyber-attaques sont régulièrement lancées contre les systèmes informatiques, notamment les infrastructures physiques. Les auteurs de l'attaque sont parfois nettement identifiables, même s'ils nient avec véhémence. Il arrive aussi que la source d'une attaque et ses objectifs soient moins clairs. Fait-elle partie d'une lutte pour le pouvoir entre deux États qui recourent parfois à des formes de crime ou à des organisations criminelles pour brouiller les cartes, ou relève-t-elle seulement d'un cyber-crime qui exploite souvent des conflits internationaux afin de dissimuler la nature de ses agissements ?

L'attaque des infrastructures hydrauliques israéliennes (attribuée à l'Iran), les coups portés aux sociétés pétrolières saoudiennes (également attribués à l'Iran), l'attaque des centrales électriques de l'Ukraine (imputée à la Russie), l'attaque perturbant le déroulement des élections américaines, ainsi que des centaines d'autres attaques et frappes survenues dans le cyber-espace ces dernières années n'ont pas déclenché de guerre au sens propre du terme, pas plus qu'ils n'ont été considérés comme des guerres. Parfois, ils sont perçus comme des attentats terroristes ; parfois, ils s'insèrent dans le cadre d'hostilités plus larges ou de conflits régionaux. Pourtant, ces mêmes attaques contre les équipements pétroliers, électriques ou hydrauliques, si elles avaient eu lieu dans le domaine physique, auraient été nettement perçues comme des actes de guerre et auraient, dans bien des cas, mené à une escalade des hostilités. La gamme extrêmement étendue des cyber-attaques, les difficultés de les attribuer à des sources spécifiques, la capacité des attaquants à se camoufler en criminels ou terroristes et le recours à des intermédiaires, tout cela brouille le concept de guerre tel que l'humanité l'a toujours connu. Le cyber-espace est-il en train de dessiner un nouvel art de la guerre, marqué par des horizons incertains ?

LES GÉNÉRAUX DU FUTUR

Plus que quiconque, les officiers ne peuvent demeurer indifférents à l'essor des cyber-hostilités. Dans le monde entier, les armées devront s'adapter et se mettre au niveau sur le plan technologique, tout comme elles ont évolué par le passé, en réponse à d'autres bouleversements survenus dans la nature de la guerre et des menaces sécuritaires.

Pendant la Seconde Guerre mondiale, les généraux ont dû prendre des décisions à la vitesse d'un tank ou d'un avion. Il leur a fallu comprendre le Blitzkrieg et les raids aériens, notions inconnues pendant les guerres napoléoniennes ou pendant la guerre de Sécession aux États-Unis. Dans la seconde moitié du XXe siècle, le rythme de combat des armées modernes se mesurait à l'aune d'une journée. Le matin, les généraux étaient tenus au courant de ce qui s'était passé la veille et s'organisaient en conséquence pour prendre des décisions concernant les hostilités du lendemain. Ce rythme ne convient ni aux cyber-guerres ni aux champs de bataille contemporains.

Les généraux de l'avenir devront avoir conscience que le temps nécessaire pour qu'un logiciel malveillant se répande dans le cyber-espace est celui qu'il faut pour envoyer un signal à un ordinateur – soit une fraction de seconde. Lorsqu'un avion non identifié franchit la frontière d'un pays et fonce vers une cible quelconque – un incident qui se cantonne au domaine physique –, les décideurs n'ont que quelques minutes pour prendre des décisions cruciales. Doivent-ils intercepter immédiatement l'avion et risquer d'abattre un appareil innocent rempli de voyageurs, ou prendre le risque de laisser se produire un attentat sur le modèle des Tours jumelles ? Il n'y a pas de temps à perdre. Il n'y a pas lieu de discuter. Une décision doit être prise immédiatement, sur-le-champ. Ce cas de figure se rapproche davantage d'une cyber-attaque, où le délai de réaction est encore plus court. L'attaque NotPetya a provoqué en quelques heures l'effondrement des systèmes informatiques de multinationales. Aussi bien les cyber-attaquants que les cyber-défenseurs doivent comprendre et contrôler rapidement une attaque, pendant qu'elle se propage en quelques minutes, parfois également dans des endroits et des réseaux qui n'étaient pas les cibles d'origine.

Les systèmes de contrôle et de surveillance, notamment ceux qui sont à la pointe de la technologie, vont jouer à l'avenir un rôle encore plus déterminant. Sur le champ de bataille, une grande partie des décisions seront prises automatiquement, en fonction d'une programmation antérieure, souvent même par des systèmes d'intelligence artificielle. Les commandants des champs de bataille devront également faire preuve d'intuitions cybertechnologiques afin de comprendre, analyser et diriger des opérations au sein du cyber-espace dans des laps de temps extrêmement courts. Mais la vitesse n'est pas la seule variable à laquelle devront s'adapter les généraux du futur dans le cyber-espace.

Les armées modernes opérant ces dernières années dans un environnement saturé de médias doivent traiter ces mêmes médias différemment. L'armée israélienne aurait-elle pu réaliser l'opération « Abiré-Lev » (« les hommes vaillants ») pour franchir le canal de Suez en 1973, dans l'environnement médiatique d'aujourd'hui ? Probablement pas. Imaginez les reporters le long des routes du désert, photographiant les tanks en mouvement. Même avec les restrictions rigoureuses de la censure militaire d'Israël, il serait difficile de garder secrets les préparatifs de la traversée. Ajoutez à cela des soldats tenant les réseaux sociaux informés de ce qu'ils voient, ou, au contraire, se coupant de l'internet, signalant ainsi à l'ennemi qu'une opération se prépare.

Le domaine du cyber a créé une nouvelle sorte de média : les réseaux sociaux, ainsi que les innombrables services de messagerie. Les réseaux sociaux opèrent rapidement, et pas toujours avec exactitude. Rumeurs et informations se répandent comme une traînée de poudre et ne peuvent être contrôlées par un comité éditorial. Tout un chacun peut aisément écrire, rapporter et s'exprimer. Certes, depuis longtemps, journaux, émissions de radio et discours à la nation radiodiffusés et télévisés font partie intégrante de la guerre. La couverture par la télévision influence l'état d'esprit de la population au moins autant que les explosions dans le monde réel. Mais rien de tout cela ne peut se comparer avec la quantité et le poids des informations véhiculées par les réseaux sociaux. Les généraux du futur devront comprendre comment fonctionnent ces médias afin de les mobiliser à leurs propres fins.

Le champ de bataille de demain est technologique. Il ne nécessite ni force physique, ni courage, ni savoir-faire particulier pour conduire un véhicule, piloter un avion, tirer au canon ou lancer une roquette. Ce qu'il requiert avant tout, c'est une compréhension technologique du cyber-espace, depuis la matière de son hardware jusqu'aux protocoles de son infrastructure et aux algorithmes de ses applications. Il nécessite d'appréhender des systèmes complexes ; de maîtriser le décodage ; de faire preuve de persévérance pour découvrir des vulnérabilités et d'endurance pour déjouer des cyber-« embuscades ».

Les soldats de l'ère du cyber-espace sont des accros à l'informatique, des mathématiciens de premier ordre, des ingénieurs en hardware et en software et des experts du renseignement en ligne. Ceux qui devront discuter avec eux, les diriger, comprendre leurs difficultés et la façon de les surmonter sont les généraux du futur. Ils n'auront pas peur de la technologie, se sentiront chez eux sur l'internet et ne considéreront pas les « mordus » de l'informatique comme des cinglés, même s'ils ne se lèvent pas le matin pour courir ou effectuer des manœuvres comme des soldats dits « ordinaires ».

Les armées modernes sont-elles en train de former la nouvelle génération de commandants aptes à diriger dans cette ère nouvelle de la cyber-guerre ? À l'académie de la Marine des États-Unis à Annapolis, les élèves officiers doivent tous suivre un cours de base d'informatique. Ils peuvent aussi passer une licence d'informatique. Ils se familiarisent avec les ordinateurs et les réseaux, les ficelles de la défense et de l'attaque, la politique et la stratégie du cyber. Ces cadets deviendront les généraux de demain, et doivent être entraînés en conséquence. Bien sûr, les armées n'ont pas toutes intériorisé cet impératif. La plupart d'entre elles ne fournissent pas à leurs officiers, notamment les plus gradés, de formation en technologie.

La formation technologique que dispense Tsahal à ses officiers et généraux de combat, par exemple, est insuffisante. Ses écoles militaires pour les officiers, le collège de commandement tactique et les cours de commandement et d'état-major ne mettent pas suffisamment l'accent sur un programme de formation pratique en technologie militaire. Que sait aujourd'hui un officier de combat de Tsahal en service actif des armes guidées au laser, de la guerre électronique, de la guerre des communications ou des capacités des systèmes autonomes, sans parler de la cyber-technologie ? Pas assez. Beaucoup moins qu'un soldat moyen du corps des blindés à propos de son tank, ou qu'un officier d'artillerie à propos des calculs de trajectoire des projectiles de longue portée. Ils doivent se familiariser davantage avec la technologie moderne utilisée dans les nouveaux systèmes.

La capacité de faire fonctionner des cyber-technologies, défensives et offensives, de comprendre les réseaux informatiques et ce qui se passe en eux, de prendre immédiatement des décisions et, dans le cadre d'une guerre générale, de comprendre ce qui est possible et ce qui ne l'est pas, ce dont il faut s'inquiéter et ce qui risque d'arriver, tout cela doit désormais faire partie intégrante de la formation des officiers de l'armée. Le fait qu'environ un quart des officiers professionnels de Tsahal travaillent dans des divisions technologiques et y restent plusieurs années après leur service militaire obligatoire contribue à réduire les carences en cyber des gradés. Ils produisent un corps d'officiers technologiques de qualité, servant aux côtés des généraux. Mais cela ne suffit pas. Tant que la connaissance approfondie de la cyber-guerre demeure l'apanage d'officiers spécialistes en technologie formant un groupe distinct du reste de l'armée professionnelle, le recours au cyber-espace à des fins militaires et défensives demeurera limité.

CYBER-SÉCURITÉ ET INTELLIGENCE ARTIFICIELLE

Peut-être les généraux de l'avenir seront-ils des machines informatiques ou des logiciels sophistiqués dotés d'assistants humains. Les généraux en chair et en os assumeront probablement des rôles de commandement différents, encore difficiles à prévoir.

Les ouvrages de science-fiction sont remplis de descriptions de guerres que mènent des machines, les unes contre les autres et contre les humains. Ils ont inspiré d'innombrables scénarios de films à succès, dans lesquels des machines dotées d'une puissance informatique invraisemblable traquent des humains, ou dans lesquels des robots intelligents contrôlent des planètes entières et leurs populations. La réalité est encore loin de ces inventions. Mais le domaine de l'intelligence artificielle (IA) a connu un nouveau souffle dans les années 2010, notamment en ce qui concerne l'apprentissage des machines. Et plus le domaine progresse, plus les machines et les algorithmes sophistiqués jouent des rôles déterminants dans la défense. En matière de cyber-guerre, le potentiel est particulièrement important. On appréhende généralement l'IA comme la capacité des ordinateurs à « penser comme des êtres humains ». Cela semble menaçant à cause de notre peur primitive d'une prise de contrôle par les machines. Nous n'en sommes pas là. Mieux vaut donc réfléchir à l'IA comme à une branche importante de l'informatique dans laquelle on apprend aux ordinateurs à traiter de problèmes sans leur dicter à l'avance que faire à chaque étape. Les problèmes ne peuvent pas tous être résolus par des algorithmes. Parfois, ce qui importe, c'est la capacité d'un ordinateur à parvenir à une compréhension en se fondant sur les énormes quantités d'informations et de règles qu'il a apprises lui-même, définies par des programmeurs dotés de cerveaux humains.

Ce domaine n'est aucunement nouveau. Les premiers articles sur l'IA ont paru dès les années 1950. Étudié principalement dans les universités, ce secteur a connu des hauts et des bas avant de prendre véritablement son envol grâce aux progrès gigantesques de la capacité des ordinateurs à effectuer des calculs et à transmettre des données, couplage qui permet d'exploiter de nombreuses informations, de les envoyer, puis de les stocker et de les analyser en utilisant des algorithmes complexes. La science algorithmique ne peut pas encore créer de simulations de type humain ni d'ordinateurs s'approchant de la capacité de réflexion humaine. Mais elle s'en approche à petits pas, comme en témoignent les capacités de reconnaissance faciale numérique, technologie qui a accompli d'extraordinaires progrès ces dix dernières années, grâce à l'utilisation d'algorithmes d'apprentissage profond.

Les algorithmes de reconnaissance faciale peuvent être décrits simplement ainsi : pour chaque identification, l'algorithme reçoit une réaction positive ou négative et, avec le temps, se corrige lui-même pour atteindre des niveaux de précision impressionnants. Supposons, par exemple, que nous voulions écrire un algorithme pour identifier la photo d'un chien. En utilisant des méthodes traditionnelles, nous apprendrions à l'ordinateur à vérifier si la forme est dotée d'une queue, combien de pattes elle a, etc. Cette méthode n'est pas très précise. En revanche, dans un apprentissage profond et dirigé, nous « montrons » au logiciel plusieurs photos de chiens et d'autres animaux, et il tente de décider s'il s'agit d'un chien ou non. Le programme reçoit un feed-back sur les identifications correctes ou incorrectes, ce qui alimente le processus itératif d'ajustage jusqu'à ce qu'il parvienne à un haut niveau de précision. Tant qu'il est alimenté en informations, le système ne cessera pas de se corriger et d'apprendre.

L'avènement de l'intelligence artificielle a d'importantes répercussions sur notre vie. Des applications avancées utilisent déjà des algorithmes sophistiqués, de ceux qui s'améliorent en apprenant, dans chaque domaine : compréhension de l'écriture et de la parole, fourniture de service client, évaluation des risques médicaux, offre de conseil et de soutien avant une prise de décision, etc. Inutile d'avoir une imagination débordante pour comprendre que, dans un avenir pas si lointain, les systèmes fondés sur l'IA occuperont une place croissante dans le monde réel, depuis la médecine jusqu'aux voitures autonomes. Cela se produit aussi dans le domaine militaire et dans le renseignement, où l'intelligence artificielle trouve déjà son expression. Il ne s'agit pas seulement d'analyser des images et du texte, mais également des situations en temps réel.

Pour illustrer comment des applications aident les organismes du renseignement à déjouer le terrorisme, imaginons le scénario suivant : un carrefour central très animé dans une grande ville, avec des automobiles de toutes les couleurs, les unes circulant, les autres à l'arrêt, des dizaines de piétons et de chiens, ainsi que des oiseaux dans les arbres. La situation peut sembler extrêmement banale, mais de puissants ordinateurs voient autre chose. Après s'être « enseigné » à eux-mêmes à discerner les détails les plus infimes dans ce grand tableau, ils sont capables de donner l'alerte lors d'incidents inhabituels. Par exemple, ils peuvent détecter des accidents de la circulation qui vont se produire et alerter les automobiles concernées, ou changer la couleur des feux de signalisation en temps réel afin de désengorger les routes. Le même système peut également être utilisé pour déjouer des attentats. Par exemple, un individu portant un manteau épais alors que tout le monde autour de lui porte des tenues d'été paraîtra suspect au système. Il peut également s'agir d'un avertissement numérique concernant une personne avec un long couteau dépassant de ses vêtements. Tout dépend du délai de réaction.

Maintenant, prenons cet exemple et réfléchissons-y dans le contexte de la cyber-sécurité. Que se passerait-il si une organisation terroriste piratait un tel système et était capable de l'utiliser pour observer le trafic, rechercher telle ou telle automobile ou tel ou tel individu, et préméditer un accident ou une perturbation de la circulation ? Bien évidemment, cela ne s'arrêterait pas là. L'attaquant, comprenant comment fonctionne l'IA, trouverait différentes façons de leurrer le système. Des études ont montré qu'en procédant à quelques petits changements imperceptibles à l'œil, les systèmes d'IA peuvent être induits en erreur et procéder à de fausses identifications.

Des systèmes d'IA détectant des explosifs et des armes sont communément utilisés dans les aéroports. Contrairement aux êtres humains, ils ne se fatiguent pas, peuvent apprendre et s'améliorer avec le temps, réduisant de façon spectaculaire le taux d'erreurs commises par les inspecteurs humains. C'est là que le bât blesse : non seulement ces systèmes peuvent être trompés, mais des cyber-attaquants expérimentés peuvent simplement les modifier de l'intérieur afin de leur faire manquer intentionnellement des contrebandiers ou de les empêcher d'identifier des explosifs. En d'autres termes, les nombreuses formes d'intelligence artificielle pénétrant dans nos vies augmentent considérablement le nombre de systèmes informatiques sophistiqués dont nous dépendons. Par conséquent, l'IA favorise très nettement les opportunités d'attaque. En outre, comme l'apprentissage constant rend cette technologie de plus en plus performante, il est encore plus difficile de détecter les empreintes des cyber-attaquants. L'ère des machines intelligentes pose des défis de sécurité exceptionnels.

Bien sûr, l'IA a un rôle majeur à jouer dans la cyber-défense. Elle peut traiter des attaques sophistiquées bien mieux que des systèmes défensifs qui n'incluent pas l'apprentissage des machines. Pour preuve, des chercheurs du laboratoire de l'université Ben-Gourion, créé dans le cadre de l'initiative d'Israël en faveur de centres nationaux de cyber-recherche, ont mis au point leur propre stratégie utilisant l'IA pour identifier des courriels infectés par un logiciel malveillant. Ils ont appris à l'ordinateur à faire la distinction entre cent caractéristiques générales extraites des courriels, notamment le sujet, le contenu et les pièces jointes, et l'ont « formé ». Ils ont découvert que l'IA permettait de découvrir 10 % de courriels infectés de plus que les principaux programmes antivirus sur le marché, en vérifiant les bases de données identiques de dizaines de milliers de courriels.

Selon ces chercheurs, les systèmes fondés sur l'IA sont plus efficaces parce que les méthodes traditionnelles d'identification de courriels malveillants se contentent d'une analyse partielle des contenus de chaque courriel, en s'appuyant seulement sur l'expérience passée. Ainsi, de nombreuses connexions entre différents éléments leur échappent, tout comme les modifications incessantes des virus, ou « mutations ». Les chercheurs ont découvert que dans certains cas, seule une machine capable d'apprendre peut établir un lien entre des indicateurs isolés apparemment innocents, puis donner le signal d'une éventuelle cyber-attaque.

Ce ne sont là que quelques exemples de la façon dont, dans un avenir proche, de nombreux cyber-combats, se déroulant à des vitesses sans précédent, seront menés entre des machines. L'homme demeurera davantage à un poste d'observateur, prenant des décisions dans les cas extrêmes ou servant de groupe de contrôle aux machines guerrières. Mais, tout comme aujourd'hui nous comprenons que, dans bien des domaines, les machines l'emportent sur nous, par exemple dans des calculs complexes qui permettent le vol des avions en mode pilotage automatique, ou la détection de projectiles par le recours aux radars, la planification et le contrôle des moyens de transport, nous nous adapterons à un avenir dans lequel les machines se battront principalement entre elles, en menant elles-mêmes des cyber-attaques et en organisant elles-mêmes leurs cyber-défenses.

OFFENSIVE OU DÉFENSIVE ?

L'une des questions fondamentales qui se posent à propos du cyber-espace est celle de la supériorité intrinsèque de l'offensive ou de la défense. J'ai discuté de ce sujet à l'université de Harvard, lors d'une occasion inattendue. En septembre 2016, le directeur du projet de cyber-sécurité de Harvard, Michael Sulmeyer, m'avait convié à donner une conférence. Il avait rejoint l'université après une carrière au département de la Défense – département dans lequel il retourna quelques années plus tard. À Harvard, Sulmeyer menait plusieurs études intéressantes sur la stratégie et la politique de cyber-sécurité. Immédiatement après m'avoir accueilli, alors que nous nous dirigions vers la salle du séminaire, il m'a demandé si cela ne me dérangeait pas qu'une personnalité participe à ce débat à huis clos.

« Absolument pas », lui ai-je répondu. Je lui ai demandé de qui il s'agissait.

« L'ancien Premier ministre israélien Ehud Barak. »

J'étais curieux de savoir comment Barak était arrivé à Cambridge exactement au même moment que moi, et comment il avait découvert que j'allais donner une conférence, mais j'ai accepté immédiatement. Pourquoi pas ? J'étais honoré qu'un ancien Premier ministre de mon pays veuille assister à ma conférence. Je connaissais Barak depuis qu'il avait été ministre de la Défense, à l'époque où je mettais sur pied le Bureau du cyber. Quelques jours avant qu'il ne quitte ses fonctions, après les élections de 2013, il était arrivé au Bureau pour une longue visite et un exposé approfondi sur la cyber-défense. Plus de trois ans avaient passé depuis cette visite. Je supposai que Barak s'y intéressait toujours et se tenait au courant.

Après les présentations avec des universitaires, j'ai commencé ma conférence, qui s'est rapidement transformée en un dialogue entre Barak et moi. Barak a déclaré que la création du Directoire national du cyber en Israël était une démarche importante et positive. Mais, selon lui, la cyber-défense hermétique était un objectif problématique. C'était une aventure sans fin, et il doutait qu'une cyber-défense totale et rigoureuse soit même possible. J'ai soutenu qu'en dépit des difficultés, il était possible de protéger ce qu'il importait de protéger, peut-être pas complètement, mais suffisamment.

Barak abordait l'un des points les plus intéressants de la cyber-sécurité, que bien d'autres avaient tenté de traiter, quoique de façon peu concluante. En effet, la question de l'équilibre offensive-défensive ne se pose pas seulement dans le cyber-espace. Théoriciens et praticiens en discutent depuis l'aube des conflits militaires. Toute personne ou presque ayant reçu une formation militaire, même rudimentaire, connaît la règle générale selon laquelle les agresseurs ont besoin de trois fois plus de forces que les défenseurs pour l'emporter. Mais cette règle générale, se fondant sur des modèles offensifs-défensifs, ne fait qu'effleurer la question.

L'Histoire regorge de fluctuations dans l'équilibre offensive-défensive. Dans l'Antiquité, par exemple, une ville fortifiée dotée de son propre approvisionnement en eau et de greniers bien remplis pouvait tenir un long siège. L'antique citadelle de Massada est l'un des exemples les plus fascinants de l'équilibre offensive-défensive. À l'occasion de son siège, les Romains mobilisèrent, contre quelques dizaines ou centaines de combattants juifs, une légion entière comprenant près de dix mille soldats afin de construire des camps militaires, puis une rampe de terre qui leur permettrait l'accès au sommet de la montagne où se trouvait la citadelle[7].

Depuis, l'histoire militaire a connu des changements dans l'équilibre offensive-défensive. La Première Guerre mondiale, par exemple, fut caractérisée par des combats statiques sur le front ouest, à cause notamment de la récente invention de la mitrailleuse qui semait la mort parmi les assaillants. Cette guerre de tranchées coûta la vie à d'innombrables soldats, sans que le sort de la guerre se décide. La Seconde Guerre mondiale, en revanche, fut marquée par le Blitzkrieg, ou « guerre éclair », où se succédaient mouvements constants et manœuvres. En quelques semaines seulement, l'Allemagne nazie conquit une grande partie de la France.

L'histoire de l'État d'Israël est courte mais riche en guerres, et les Israéliens connaissent bien les oscillations offensive-défensive. Pendant la guerre des Six Jours, en 1967, l'armée de l'air et le corps des blindés de Tsahal procédèrent à une frappe offensive qui leur donna l'avantage sur leurs ennemis. Mais pendant la guerre de Kippour, en 1973, seulement six ans plus tard, cet avantage temporaire fut annulé. Les missiles antichars restreignaient la liberté de manœuvre des chars israéliens, qui perdirent leur supériorité lorsque les Égyptiens franchirent le canal de Suez. Au même moment, l'armée de l'air israélienne luttait contre la défense anti-aérienne égyptienne mobile appuyée par des missiles sol-air de fabrication soviétique. Les opérations israéliennes dans les régions menacées en furent considérablement ralenties. Le général Ezer Weizmann, commandant de l'armée de l'air dans les années 1960, décrivit ainsi ce changement : « Le missile a plié l'aile de l'avion[8]. » Pourtant, cette maxime perdit sa pertinence du jour au lendemain, pendant la première guerre du Liban, en 1982, lorsque des technologies modernes intégrées dans les opérations de l'armée de l'air permirent à Tsahal d'éliminer rapidement des dizaines de batteries de missiles sol-air sans dommages pour ses propres appareils de combat, profitant ainsi d'une supériorité aérienne dans l'ensemble du secteur[9].

Les spécialistes des relations internationales ont, eux aussi, débattu longuement de l'équilibre entre offensive et défensive. L'un des arguments majeurs consiste à dire que, lorsque la technologie moderne favorise la défense, il y a moins de guerres, et que lorsqu'elle favorise l'offensive, les pays sont plus enclins à s'embarquer dans des guerres et à promouvoir leurs intérêts mondiaux par la force[10]. Quoi qu'il en soit, si la question de l'évolution de l'équilibre offensive-défensive dans le monde conventionnel a fait l'objet d'une attention soutenue, celle qui concerne le cyber-espace demeure ouverte : l'équilibre est-il le même ? Ou au contraire, lorsqu'on est dans le cyber-espace, l'une des parties possède-t-elle un avantage intrinsèque et indépassable ? C'est-à-dire non pas un avantage qui pourrait évoluer avec le temps, comme c'est arrivé avec l'invention de la mitrailleuse ou du tank, mais un avantage fondamental, définitif.

C'est un débat passionnant. D'aucuns, à l'instar de Barak, soutiennent que dans le cyber-espace, les attaquants ont un avantage de départ ; il leur suffit de découvrir un seul point faible pour l'emporter. Pendant ce temps, les défenseurs ont pour mission de protéger le moindre point d'entrée, la moindre voie d'accès possible. Les attaquants conservent donc un avantage structurel qui n'existe pas dans le monde physique.

Pour quelle raison ? Parce que, dans le monde réel, lorsqu'on trouve une simple brèche, les armées doivent y faire passer toutes leurs troupes. La brèche doit être large ; elle sera donc automatiquement connue des défenseurs. Ce n'est pas le cas dans le cyber-espace. Il suffit de trouver une entrée périphérique, secondaire, et pas forcément détectée à temps, pour envoyer une bonne « cyber-puissance de feu ». Et pour ne rien arranger, l'interconnexion des réseaux informatiques dans divers organismes engendre une difficulté supplémentaire : l'irruption peut provenir de plusieurs endroits. Comment les défenseurs peuvent-ils colmater toutes ces brèches ?

Les partisans de la supériorité offensive dans le cyber-espace soulignent aussi la difficulté d'identification : la nature clandestine de ce domaine permet en effet de monter d'énormes opérations sans qu'il soit possible de désigner avec certitude la source de l'agression et l'identité des attaquants. Ajoutez à cela la capacité de lancer de puissantes attaques-surprises à une vitesse peu commune, du fait de l'absence de contraintes géographiques.

Longtemps (relativement à l'existence du cyber-espace), une grande partie des professionnels du cyber, notamment les partisans de l'offensive, ont donc avancé que le cyber-espace donnait effectivement aux attaquants un avantage structurel. Nombreux sont ceux qui pensent encore ainsi, et les preuves tangibles qu'ils envoient – WannaCry, NotPetya et d'autres attaques moins connues – ne font que les conforter dans leur conviction. D'autres chercheurs ne partagent pas cet avis et estiment qu'avec le temps, ce sont finalement les défenseurs qui bénéficieront d'un net avantage. L'universitaire John Lindsay, qui a analysé l'attaque Stuxnet, soutient que plus les cibles sont sophistiquées, plus les choses peuvent mal tourner au cours des attaques. Il faut donc mobiliser davantage de ressources pour les lancer, de sorte que les attaques d'envergure sont extrêmement coûteuses comparées à des versions plus simples, alors que la cyber-défense, elle, n'exige pas de mobiliser autant de ressources financières supplémentaires[11]. D'autres affirment qu'il peut même exister un net avantage pour la défense : lorsque les attaques se complexifient, il y a un plus grand nombre potentiel d'erreurs humaines. Ainsi, elles deviennent également plus faciles à détecter et à déjouer.

D'une manière générale, on affirme qu'il existe une énorme différence entre être capable d'une part de lancer une simple attaque ou plusieurs attaques isolées – ce qui de l'avis général est faisable –, et d'autre part de maintenir sur la durée des cyber-capacités offensives, afin d'assurer une supériorité sur les défenseurs à long terme.

Autre argument : puisque les réseaux informatiques évoluent constamment dans leur forme, leurs connexions et leurs logiciels, le domaine dans lequel ils s'inscrivent, c'est-à-dire le cyber-espace, évolue également – contrairement aux dimensions invariables de la terre, de l'air et de la mer. Ainsi, en contrôlant leurs propres réseaux, les défenseurs contrôlent fondamentalement la nature du changement dans cette dimension, parce qu'ils peuvent connecter et changer des éléments, voire débrancher une prise ou couper l'électricité afin de stopper une attaque. Ils ont donc un avantage structurel intrinsèque sur les attaquants ; ils sont les maîtres de leurs propres réseaux et peuvent les adapter à leur avantage, aussi bien avant que pendant les attaques[12].

Ce débat dure depuis des années. À Harvard, ma discussion avec Ehud Barak finit par emprunter des directions plus pratiques que théoriques. Barak avait quitté son poste de ministre de la Défense en 2013 ; n'ayant pas conscience des capacités défensives développées depuis, il était enclin à penser que l'offensive avait un avantage intrinsèque. En particulier, affirmait-il, le problème ne se posait pas avec l'armée, qui savait se défendre, mais avec les innombrables réseaux civils qui étaient la cible des cyber-attaques. Il s'interrogeait sur les possibilités de les doter d'une protection globale sur le long terme. Pour ma part, après avoir été témoin du développement des capacités défensives d'Israël, même si la réalité est encore loin des objectifs que j'espérais atteindre, j'étais enclin à adopter une approche plus équilibrée. Sur certains points, nous étions d'accord ; sur d'autres, non. Mais c'était un débat passionnant et les universitaires furent conquis.

« C'était un événement unique en son genre, me dit Sulmeyer, d'entendre un débat entre un ancien Premier ministre israélien et l'actuel directeur du cyber israélien, en anglais, à Harvard.

– La question est de savoir si l'inverse est également possible, lui répondis-je en souriant. Y a-t-il une chance d'écouter un débat entre un ancien président des États-Unis et le responsable cyber de la Maison-Blanche, en hébreu, à l'université de Tel-Aviv ? »

CYBER-DISSUASION ET LIGNES ROUGES

L'attaque contre les installations hydrauliques d'Israël ancra fermement la cyber-guerre dans le monde réel, mais elle mit également en relief la question de savoir ce qui, dans le cyber-espace, exerce un effet dissuasif. Est-il possible de dissuader un attaquant qui se cache derrière une montagne de serveurs ? ou des tierces parties dans d'autres pays ? Et sur quoi exactement doit porter notre dissuasion ? Les cyber-attaques mineures ? Elles se produiront, que nous le voulions ou non. Qu'en est-il des attaques importantes comme celles qui visent les infrastructures ? Comment exactement fixer les lignes rouges dans une cyber-guerre ?

La dissuasion est un concept sécuritaire apparu bien avant l'ère du cyber. Elle a pour objectif – notamment la « dissuasion par la sanction », opposée à la « dissuasion par le déni » – d'éviter la guerre, en faisant comprendre clairement à l'ennemi que le prix à payer sera plus élevé que n'importe quel avantage qu'il pourrait en retirer.

La dissuasion par la sanction, ou par représailles, a été abondamment étudiée dans le monde, notamment dans le contexte des armements nucléaires. Des concepts comme « dissuasion réciproque », « capacité de seconde frappe » ou « capacité de survie » sont apparus pendant la guerre froide entre l'Union soviétique et les États-Unis. Les deux superpuissances avaient développé des capacités similaires, ce qui eut pour effet d'éviter le déclenchement d'une guerre nucléaire qui aurait détruit le monde.

Puis le concept de dissuasion a pénétré dans le monde de la guerre conventionnelle ainsi que dans l'approche sécuritaire d'Israël. David Ben Gourion, le premier chef de gouvernement d'Israël, a fondé sa doctrine nationale sécuritaire sur trois piliers : dissuasion, systèmes d'alerte et victoire décisive. Une supériorité militaire écrasante ferait comprendre à l'ennemi qu'il n'était pas dans son intérêt de faire la guerre à Israël. Et s'il envisageait malgré tout d'attaquer, Israël aurait besoin de détecter des signes avant-coureurs grâce au renseignement, afin de se préparer à la guerre, puis remporter une victoire décisive. Avec le temps, soutenait Ben Gourion, lorsqu'Israël aurait vaincu ses ennemis à maintes reprises, il disposerait d'une force de dissuasion cumulée qui découragerait les futurs adversaires[13].

Mais la dissuasion et tous ces concepts du passé conservent-ils une quelconque pertinence à l'ère du cyber ? D'aucuns soutiennent que le cyber-espace est un nouveau domaine unique en son genre et qu'il devrait changer notre approche des doctrines existantes à tous les niveaux. La dissuasion ne fait pas exception à la règle. Tout ce qui autrefois était considéré comme fondamental dans le monde réel change dès lors qu'il est question du cyber-espace, et il reste un long chemin à parcourir sur le plan méthodologique pour concevoir une théorie stable de cyber-dissuasion[14].

Prenons l'exemple suivant : dans le cyber-espace, il est extrêmement compliqué d'anticiper la véritable puissance de l'ennemi, parce que celui-ci n'utilise ni avions, ni tanks, ni armes nucléaires susceptibles de faire l'objet d'un décompte. De plus, le cyber-espace est recouvert d'un épais et permanent « brouillard de guerre » qui ne permet pas de se repérer de façon précise. Il est également difficile de détecter la plupart des nombreuses failles dans les systèmes informatiques. Toutes ces caractéristiques propres au cyber-espace encouragent les attaquants à lancer de fréquentes attaques de faible intensité. Cette tactique augmente les chances d'un hacker de faire une percée au cours de ses nombreuses tentatives et diminue les risques qu'une brèche, même détectée, se situe au-dessus du seuil auquel la victime se sent tenue de réagir.

Voici un autre exemple : dans le monde physique, les États envoient des « messages » à titre dissuasif, avant qu'une situation ne dégénère en guerre. Le redéploiement de forces à la frontière peut constituer un message dissuasif pour l'autre partie. L'envoi d'un porte-avions à une certaine destination peut aussi avoir le même objet. Mais dans le cyber-espace, que considère-t-on comme un « message » ? Cette question a donné lieu à une multitude de réponses.

Par ailleurs, comment une nation peut-elle fixer des « lignes rouges » à ses ennemis sans visage en leur envoyant des messages ? C'est l'une des questions qui ont surgi lors d'un autre débat auquel j'ai participé, à New York, dans la prestigieuse School of International and Public Affairs (SIPA) de l'université Columbia. Cette fois, c'était avec Jason Healey, un universitaire exerçant une influence énorme aussi bien sur le monde universitaire que sur les responsables politiques à la Maison-Blanche. Pendant la discussion, on m'a demandé quelles étaient les lignes rouges d'Israël dans le cyber-espace et quelle sorte de représailles nous envisagions au cas où ces lignes seraient franchies. Notre réaction se limiterait-elle au cyber-espace ou interviendrions-nous aussi dans le monde physique ?

Cette question n'était pas nouvelle pour Israël. Nous y avions déjà sérieusement réfléchi. Mais la formulation de la question par Healey était empruntée au domaine des armes nucléaires, dans lequel les lignes rouges et la dissuasion jouent un rôle déterminant. J'ai expliqué qu'en cyber-sécurité, j'hésiterais à fixer des lignes rouges précises, parce que les armes et les dommages étaient de nature différente. Les armes nucléaires sont absolument taboues, et le seul fait d'envisager d'utiliser une bombe atomique est en soi une ligne rouge. Ce n'est pas le cas en cyber-sécurité. Les cyber-armes sont utilisées chaque jour à divers degrés d'intensité. Il est donc moins aisé de fixer des lignes rouges pour dissuader des cyber-attaques.

C'est aussi ce que d'autres spécialistes ont souligné, montrant que la cyber-dissuasion ressemblerait davantage à la dissuasion conventionnelle qu'à la dissuasion nucléaire et qu'elle serait donc moins facilement obtenue par la sanction que par le déni[15], c'est-à-dire en désamorçant les cyber-attaques les unes après les autres, conduisant ainsi l'attaquant à gaspiller une énergie et un budget absolument disproportionnés avec les gains de l'attaque. Autrement dit, une stratégie de cyber-sécurité bien établie contribuera non seulement à la cyber-défense elle-même, mais aussi à la dissuasion.

Les intervenants ont également abordé la différence entre les politiques américaine et israélienne quant à l'établissement de lignes rouges en général. J'ai répondu que nous vivions dans un environnement où toutes les lignes rouges risquaient d'être franchies. Si nous fixions des lignes rouges claires et nettes, nos ennemis nous mettraient à l'épreuve en franchissant chacune juste un tout petit peu, presque imperceptiblement. Ensuite, nous nous retrouverions entraînés à contrecœur dans des représailles, uniquement pour préserver notre capacité de dissuasion. Nous perdrions notre souplesse. Donc, en Israël, les lignes rouges sont souvent délibérément brouillées. Seule la conduite du pays sur le long terme les rend plus nettes.

J'ai précisé que de manière générale, le cyber-espace avait encore un long chemin à parcourir avant qu'on puisse définir clairement les règles du jeu. D'ici là, mieux valait parler le moins possible, en agissant le plus possible. Je pense que cette approche est particulièrement adaptée au cas de la cyber-sécurité, du fait de deux raisons distinctes : la compréhension de la nature d'une attaque et le problème de son attribution.

La capacité de désigner rapidement ce qui est attaqué et qui attaque joue non seulement sur la nature de la réaction, mais aussi sur la dissuasion de base contre les cyber-attaques. Car, plus le temps passe entre une attaque et ses représailles, moins il est légitime de réagir durement. De toute manière, l'ennemi peut attaquer de façon à minimiser les risques d'être pris, et un ennemi conscient qu'il faudra du temps pour comprendre la nature d'une attaque est plus difficile à dissuader par une sanction. Il est plus simple de recourir à la dissuasion par déni, en construisant une puissante cyber-défense qui empêche le succès de l'attaquant. Il n'en demeure pas moins que les représailles, dans le cadre d'une approche dissuasive globale aussi bien par la sanction que par le déni, demeurent appropriées et nécessaires.

Alors qu'a fait Israël après l'attaque contre ses installations hydrauliques ? Le pays a-t-il procédé à des représailles ou a-t-il envoyé un message ? Aucun responsable israélien n'a officiellement attribué l'attaque à l'Iran, mais Israël n'a pas choisi d'ignorer l'incident, comme l'avait fait l'Iran après Stuxnet. Selon le *Washington Post*, deux jours après la réunion du Conseil des ministres israélien pour discuter de l'attaque, le 9 mai 2020, Israël a lancé une cyber-attaque contre un port majeur du sud de l'Iran, Bandar Abbas. L'attaque a provoqué l'effondrement des ordinateurs gérant la circulation des navires et des camions, paralysant le port pendant plusieurs jours[16]. Cet épisode n'a pas marqué la fin de la cyber-guerre entre l'Iran et Israël. Tout comme ils n'ont pas de début clairement défini, les conflits qui se déroulent dans le cyber-espace n'ont pas de date de cessez-le-feu.

GUERRES D'INFLUENCE

Il est un domaine dans lequel l'avenir de la cyber-guerre est déjà à nos portes. En langage professionnel, on appelle cela l'« influence ». Il s'agit de l'utilisation du cyber-espace pour renforcer certains messages, attiser des troubles ou accélérer des processus déjà en cours et influencer des contenus partagés sur les réseaux. Avant même l'ère du cyber, les médias étaient abondamment utilisés pour donner le ton, que ce soit par la diffusion d'émissions sur des stations de radio et des chaînes de télévision spécialisées ou par la création et l'entretien d'organisations présentées comme des médias légitimes mais qui étaient en fait mandatées par certains groupes d'intérêt. Là encore, le cyber-espace a porté tout cela à des niveaux inédits.

Les réseaux sociaux ont déployé tout un éventail de possibilités pour influencer les gens, leur conscience, leur réflexion et leurs décisions. Non seulement pour les inciter à acheter (ou ne pas acheter) certains produits, ou pour relier tout un chacun à l'ensemble des connaissances humaines, mais également pour les retourner contre leur gouvernement, leur souffler des idées anarchistes ou provoquer la désintégration de sociétés entières. Les influenceurs n'ont pas besoin d'opérer à partir de studios de radio en espérant que quelqu'un écoutera leurs émissions. Souvent, c'est le public choisi pour cible qui propage de lui-même les messages, au moyen des icônes « j'aime » et « partager ». Il arrive que l'information devienne virale, se répandant si rapidement qu'il devient impossible de l'arrêter. Le gouvernement chinois lui-même, avec ses légions de censeurs, s'évertue à en stopper tous les jours.

La Russie et la Chine connaissent bien ce terrain de jeu[17]. Mais ce ne sont pas les seules. D'autres États et services du renseignement ont compris le potentiel de l'internet, lequel permet d'exercer une influence considérable sur les populations, notamment dans les pays démocratiques. Alors que dans les pays non démocratiques les régimes ont tendance à s'octroyer un droit d'ingérence, à interdire certains sujets et à censurer les médias, dans les démocraties les gouvernements s'abstiennent la plupart du temps de jouer un rôle actif dans la manipulation des médias. Non seulement ils n'interviennent pas, mais ils répugnent à protéger leurs systèmes d'information de peur que cela ne soit perçu comme une atteinte à la liberté de la presse[18].

La capacité des utilisateurs de réseaux sociaux à produire et à partager de l'information tout en interagissant avec d'autres utilisateurs crée une illusion de pluralisme, même si, en réalité, dans le cadre des campagnes d'influence, nous savons que les cyber-attaquants utilisent des armes comme les *bots*, des logiciels qui agissent automatiquement, tels des robots, pour diffuser l'information en ligne (comme des réactions dans les fils de discussion des sites).

Il en va de même pour les « avatars ». À l'origine, le mot « avatar », issu de la théologie hindoue, désigne la manifestation d'une divinité. Il a été utilisé pour la première fois dans le monde de l'informatique pour nommer les adversaires dans des jeux informatiques virtuels. Un avatar associe un surnom à une image représentant le joueur, que l'ordinateur génère. Sur les réseaux sociaux, les avatars sont donc des personnages fictifs prétendant être des personnes réelles, empruntés au monde des jeux et adaptés au cyberespace. Ils ont pour objectif d'établir un lien avec d'autres personnes afin de glaner des informations auprès d'elles ou de les escroquer. Les avatars de bonne qualité ont une couverture élaborée sur plusieurs années, détail par détail. Ils savent, à d'infimes nuances près, parler la langue des personnes auxquelles ils souhaitent se connecter. Cela les rend plus crédibles que des *bots* ordinaires.

L'ingérence étrangère dans la campagne présidentielle américaine de 2016 constitue un parfait exemple de campagne de persuasion en ligne. Désireux de causer du tort à l'image de marque de la candidate démocrate Hillary Clinton, des hackers ont révélé des informations et divulgué le contenu de documents sensibles sur le parti et la campagne[19]. L'enquête sur l'identité des hackers et leurs intentions s'est poursuivie bien après les élections et, en juillet 2018, le FBI a officiellement accusé les services secrets russes d'être à l'origine du piratage et des fuites, sans toutefois tirer la moindre conclusion quant à leur impact sur les résultats des élections[20].

Est-ce à dire que cette attaque, et d'autres exemples d'ingérence russe dans les élections aux États-Unis, prouve une prise de position active de Moscou en faveur du parti républicain ? De l'avis de nombreux experts, les Russes se moquent éperdument de savoir qui siège à la Maison-Blanche et veulent seulement semer le trouble et la discorde aux États-Unis[21]. En d'autres termes, ils ont voulu exploiter des tendances existantes et les exacerber. Une telle stratégie est toujours plus facile et plus efficace que de partir de rien. La subversion opérée par la Russie dans le cyber-espace peut être considérée comme le prolongement direct d'une doctrine plus vaste de guerre de l'information remontant à bien avant l'ère du cyber, lorsque l'URSS recourait à des tactiques destinées à semer la confusion et le doute parmi ses adversaires et rivaux[22]. Les stratégies et les façons de duper l'adversaire d'aujourd'hui sont identiques à celles du passé. Seuls les outils ont changé, ainsi que la capacité de dérober des informations et de les manipuler.

Mais les ennemis extérieurs ne sont pas les seuls à lancer de telles attaques. Pendant les élections américaines, certaines conspirations sont venues de l'intérieur. Le général (de réserve) Hannan Geffen, qui dirigeait l'unité 8200 dans les années 1990, a étudié les tonnes d'informations publiées sur l'ingérence de la Russie dans les élections. Il a suivi en particulier l'implication de Christopher Steele, ancien agent des services secrets britanniques, qui a exaspéré la superpuissance mondiale, porté atteinte au prestige du président des États-Unis et au travail de son administration, et contribué au clivage de la société américaine[23]. Comment s'y est-il pris ?

Une entreprise privée américaine spécialisée dans le renseignement a signé un contrat de 160 000 dollars avec l'ancien agent secret britannique, qui s'est engagé à trouver des preuves incriminant le candidat républicain Donald Trump et à exposer ses relations suspectes avec les Russes. L'agent a préparé un rapport de trente-cinq pages, le « dossier Steele », présenté comme un dossier du renseignement, avec un résumé opérationnel, des sources et des informations. Il décrivait un prétendu complot russe, ourdi cinq ans plus tôt, visant à exploiter les relations d'affaires de Trump en Russie et les faiblesses de sa personnalité à des fins de chantage ultérieur. Selon ce document, les Russes étaient allés jusqu'à soutenir la campagne de Trump dans la course à la présidence.

Selon Geffen, les vétérans du renseignement qui auraient eu ce dossier entre les mains auraient vu qu'il était suspect et de piètre qualité. Mais, vers le milieu de l'année 2016, Christopher Steele et l'entreprise privée du renseignement lancèrent une campagne de marketing agressive pour promouvoir le dossier. L'inspecteur général du département de la Justice découvrit par la suite une correspondance interne entre les chefs de la division du contre-espionnage témoignant de leur haine pour le candidat Trump et de leur désir de l'écarter même s'il était élu. D'après Geffen, les fonctionnaires du département de la Justice et du département d'État tentèrent en vain d'avertir le FBI que cette documentation, fabriquée à des fins politiques, était d'une crédibilité douteuse. En juillet 2016, la division du contre-espionnage diligenta une enquête sur le dossier Steele. En mai 2017, Robert Mueller fut nommé procureur spécial pour enquêter sur l'incident. Les enquêteurs du FBI se joignirent à son équipe.

Les États-Unis furent en proie à une crise, au bord de la panique. Au cours des quatre premiers mois de la présidence de Donald Trump, les médias américains regorgeaient d'articles selon lesquels Trump était un « pion » des services secrets russes, et l'enquête du FBI contraignit le président à limoger son conseiller à la sécurité nationale, le général Michael Flynn.

Trois ans seulement après le dossier Steele, le procureur spécial rejeta les allégations de collusion entre le président Trump (et son équipe) et les Russes[24].

Certains journaux américains appelèrent les médias et les services du renseignement à procéder à un sérieux examen de conscience à propos de cette affaire, qui avait égaré tant de responsables de l'establishment américain et des médias, lesquels avaient pendant trois ans soupçonné Trump et ses associés d'avoir collaboré avec les Russes ou d'être les victimes de leur chantage[25].

La leçon la plus importante qu'on puisse tirer de cet incident est la facilité avec laquelle des récits peuvent être construits à partir d'une information non vérifiée, que leurs instigateurs soient des adversaires extérieurs ou des ennemis de l'intérieur du système. Ces histoires qui divisent les pays ont des implications sur la confiance qu'accorde le public aux institutions dirigeantes et à la démocratie elle-même. Si les Russes étaient vraiment derrière cette campagne de désinformation, alors celle-ci a dépassé toutes les attentes. Les services secrets et les médias des États-Unis se sont démenés pour rien. Si cette affaire s'est développée au sein du système américain, elle donne matière à réflexion sur la désinformation et, d'une façon générale, sur le combat pour la vérité et contre le mensonge.

Les Israéliens ont eux aussi compris qu'il fallait prendre au sérieux l'éventualité d'une interférence, sous la forme d'une ingérence de l'extérieur via des campagnes d'« influence » ou via le piratage des systèmes de vote pour modifier le décompte des voix. Ayant observé ce qui s'était produit aux États-Unis, nous avons décidé d'impliquer le Directoire du cyber dans la protection du processus électoral dès 2017, conscients du fait que, plus tôt nous analyserions et gérerions le risque, mieux nous serions préparés lors des élections elles-mêmes.

Le moment de vérité est survenu lors des élections israéliennes de mars 2019, puis dans la rapide succession de trois autres élections de 2019 à 2021. Le Directoire du cyber a constitué à la Knesset (le parlement israélien) une salle de crise qui fonctionnait sous l'égide du comité central des élections et qui a accompagné le processus électoral. Naturellement, la première élection était la plus chargée de suspense. Pour l'équipe du Directoire du cyber qui supervisait le processus et pour les consultants externes embauchés par la Knesset, la moindre petite panne informatique – et il s'en est produit – a suscité de fortes présomptions de piratage. Des dizaines de responsables du Directoire du cyber s'étaient installés au parlement, prêts à tout scénario, en contact direct avec le centre de défense à Beersheva. Les élections se sont finalement déroulées sans accroc.

Mais les élections ne sont qu'un exemple de processus clé susceptible de pâtir des campagnes de désinformation. Le cyber-espace envenime les guerres d'information, les portant à des sommets jamais atteints. Ce dont nous avons été témoins au cours des processus électoraux n'a été que le coup d'envoi d'un conflit d'un genre nouveau dans l'ère du cyber : les guerres portant sur les récits que l'on « pousse » auprès des populations, les guerres pour la conquête des esprits, les guerres pour gagner la confiance du public, les guerres concernant la vérité.

Le problème est si alarmant que personne ne peut écarter la possibilité que, dans quelques décennies, les historiens doivent lutter pour déterminer quels événements se sont véritablement produits et lesquels n'étaient que des *fake news*. Il sera possible de fabriquer l'histoire.

Les terrains de lutte seront la vérité et le mensonge, le vrai et le faux, ce qui s'est véritablement passé, ce qui s'est réellement dit ou pas. À ce rythme, la vérité risque de devenir entièrement subjective. Il existe déjà des logiciels d'hypertrucage qui permettent de faire tenir certains propos à certaines personnes et d'en réaliser des vidéos. Ces fausses déclarations, potentiellement mises dans la bouche de dirigeants, constitueront une matière première de choix entre les mains des faussaires de l'histoire[26].

CONFLITS MULTIDIMENSIONNELS

Le 24 février 2022, le monde entier a retenu son souffle lorsque, de façon inattendue et attendue à la fois, une importante armée russe a envahi l'Ukraine, marquant le début de la guerre russo-ukrainienne dans l'Est de l'Europe. Une guerre qui a fait des dizaines de milliers de morts et a détruit des villes entières. Une guerre dont bon nombre ne pensaient pas qu'elle pourrait se produire sous cette forme, dans l'Europe du XXIe siècle. Une guerre cinétique difficile, avec des tanks avançant à vive allure, des canons, des avions et, à leurs côtés, des missiles et des drones. L'affrontement d'armées conventionnelles, plus ou moins modernes.

Mais aussi une cyber-guerre.

Le cyber s'est en effet invité dans ce conflit, mais pas de façon voilée ou atténuée, ni comme une campagne secondaire dans le sillage de l'affrontement principal, ou entre deux conflits. Cette fois-ci, le cyber fait partie intégrante de la guerre.

La veille du 24 février, les Russes ont lancé un véritable « cyber-pilonnage » contre des centaines d'objectifs en Ukraine en vue de paralyser les systèmes informatiques et de détruire une partie d'entre eux. Ils ont attaqué les ordinateurs du gouvernement afin de perturber le fonctionnement de l'administration ukrainienne et créer un chaos qui devait entraîner une perte de confiance dans le régime. Ils s'en sont également pris aux systèmes permettant de véhiculer l'information aux citoyens, et à toutes sortes de médias, entre autres[27].

La riposte ukrainienne est venue de toutes parts. Aux instances gouvernementales, chargées d'arrêter l'attaque, d'assurer la défense et de rétablir les systèmes informatiques, se sont ajoutés de nombreux volontaires venus d'Ukraine même et du monde entier. Après sa journée de travail, une véritable armée d'informaticiens s'est portée volontaire pour faire partie de la muraille protectrice de cyber-défense ukrainienne. Or, certains de ces défenseurs ont également entrepris de contrattaquer. Un groupe de hackers opposants au régime biélorusse, allié de la Russie, a repéré des points de vulnérabilité dans le cyber-espace de ce pays – notamment son réseau ferroviaire, qui s'appuyait sur d'anciens systèmes d'exploitation Windows. Lorsqu'ils ont compris que les Russes allaient utiliser ce réseau pour acheminer leurs soldats au front via la Biélorussie, ils ont attaqué les systèmes de contrôle et de commande afin de perturber le trafic ferroviaire, portant ainsi un coup sérieux à la logistique russe[28].

Mais outre les hackers, un partenaire plus puissant s'est tenu au côté de l'Ukraine dès le début des hostilités : Microsoft. Cette société, dont les logiciels subissaient une grande partie des attaques puisqu'ils constituent l'infrastructure principale des systèmes informatisés, a exploité ses exceptionnelles capacités à identifier et à stopper les attaques et les attaquants partout dans le monde afin de défendre les systèmes informatiques civils ukrainiens. Microsoft s'est attaché en particulier à protéger les systèmes critiques pour la vie des citoyens, ainsi que leur capacité à recevoir une information fiable sur les événements en cours, de sorte qu'ils puissent maintenir une communication avec les instances gouvernementales et les services publics[29].

Le siège de Microsoft, situé à Redmond, dans l'État de Washington, abrite une équipe de cyber-défenseurs chevronnés, lesquels ont travaillé jour et nuit pour soutenir le gouvernement ukrainien. « Le front russo-ukrainien passe en fait par Redmond, [dans l'État de] Washington », a même déclaré Brad Smith, le président de Microsoft[30].

En janvier 2022, après avoir détecté un logiciel malveillant dans une dizaine de réseaux en Ukraine et publié ses découvertes, Microsoft avait déjà entrepris de travailler en étroite coopération avec le gouvernement ukrainien et certaines sociétés ukrainiennes, entre autres, pour les préparer à l'éventualité d'une cyber-attaque russe d'envergure. Dans ce contexte, les experts de Microsoft ont étudié les moyens d'attaque et les doctrines des principaux organismes chargés des cyber-attaques en Russie, leurs objectifs et les moyens de les contrer. Microsoft a ainsi identifié de puissantes capacités d'attaque – une atteinte au Renseignement ukrainien, au moral et à l'information, et une potentielle destruction des systèmes.

Au cours de la guerre, une part croissante d'attaques a ciblé des objectifs cyber qui, immédiatement après, ont également été attaqués de façon conventionnelle, avec des munitions réelles[31].

Microsoft a également permis au gouvernement ukrainien de renforcer ses serveurs, son Renseignement et divers services dont le cloud, outil ultramoderne fourni notamment par Microsoft, et qui permet de disposer d'un espace protégé et plus sûr pour différentes activités et données. Il peut être assimilé aux fortifications souterraines qui sont utilisées depuis longtemps dans les guerres conventionnelles pour défendre des endroits importants, ou pour déplacer certains civils (les enfants par exemple) dans des zones éloignées du front. Le cloud proposé par les géants de l'internet offre une alternative mieux protégée et plus sûre pour les activités courantes des organisations et des gouvernements, même lorsqu'une partie de leurs systèmes a été touchée, ou lorsqu'ils se trouvent aux prises avec une cyber-attaque. Protégé par les meilleurs cyber-défenseurs du monde, le cloud décentralise l'information et les services dans ses différentes parties, ce qui permet d'assurer une continuité du fonctionnement.

La participation assumée de Microsoft à la défense des actifs numériques de l'Ukraine est unique en son genre. Elle ressemble, quoiqu'en plus puissante, à ce qu'avait déjà fait Microsoft lors de l'attaque NotPetya. On ne saurait trop insister sur le caractère unique de cet événement qui a changé la donne des relations internationales; en effet, c'est une société civile (qui plus est un géant du cyberespace), et non un État ni une puissance, qui s'est rangée aux côtés de l'Ukraine sur ce front.

Toutefois, le gouvernement américain a lui aussi, par l'intermédiaire de l'Agence de cyber-sécurité, contribué à protéger l'Ukraine dans le cyber-espace. Ses équipes d'experts ont préparé ce pays-cible à amortir ou bloquer l'attaque avant même le début de la guerre, semble-t-il dès la fin de l'année 2021. Cette entreprise s'inscrit dans une doctrine américaine baptisée *hunt forward*[32] et qui vise à aider les autres nations à traquer les cyber-attaques.

Le conflit russo-ukrainien nous fournit sans doute des indices sur ce qui va façonner les guerres de l'avenir. Le cyber constitue une nouvelle dimension dans laquelle les armées modernes devront apprendre à combattre, mais à un autre rythme, avec d'autres «guerriers», d'autres types d'organismes, en recourant à d'autres forces et à d'autres dispositifs. Il s'agit d'un espace différent, mais, on l'a vu, il comprend toutes sortes de nouvelles formes de guerre : dégâts causés aux infrastructures, perturbations dans la vie civile et sur les marchés, et puissantes campagnes d'influence.

Les nouvelles formes de guerre imposeront aussi aux militaires de repenser la nature de la guerre en général. Tout comme l'avait fait la révolution industrielle, la révolution du cyber modifiera le visage des conflits. La guerre industrielle que nous connaissons est un mode d'affrontement qui se caractérise par la manœuvrabilité des troupes, une puissance de feu considérable, des bombardements, des armées hiérarchisées d'unités sur le terrain et de renforts intervenant pour remporter des victoires décisives sur l'ennemi.

Ces éléments demeurent dominants dans la guerre – la guerre russo-ukrainienne en est la preuve. Mais elle prouve aussi la progression d'un nouveau front autour duquel se déroulent les combats : le cyber-espace.

Les projectiles de la cyber-guerre, ce sont les bits qui filent à la vitesse de la lumière d'une extrémité du globe à l'autre dans des câbles sous-marins, entre des fermes de serveurs et des routeurs. Le fonctionnement de ces conflits repose sur l'exploitation de réseaux informatiques qui n'étaient pas conçus à cet effet, en vue de dupliquer, détruire et perturber. Il repose aussi sur l'exploitation des applications et des infrastructures des médias à des fins militaires. La cyber-guerre prend pour cible des systèmes informatiques, où qu'ils se trouvent, dans les secteurs civil et militaire, et pas nécessairement (ni même spécifiquement) contre un ennemi direct et ses forces. Elle est menée par des as de l'informatique, des guerriers en ligne, des spécialistes en ingénierie logicielle et des mathématiciens.

Ceux qui protègent ces systèmes sont eux aussi des combattants-défenseurs d'un genre nouveau. Ce sont parfois les responsables de la sécurité et de la protection des informations dans des sociétés et organisations civiles ; parfois des informaticiens dont c'est le « deuxième emploi », et qui s'y consacrent seuls ou dans le cadre de milices de protection créées ad hoc ; parfois encore des équipes de protection expérimentées au sein d'organismes gouvernementaux ou militaires ; et parfois de puissantes sociétés de cyber-défense, ou des géants mondiaux de la technologie comme Microsoft.

La cyber-guerre présente d'autres caractéristiques uniques en leur genre, dont les implications ne sont pas encore très nettes. Elle est extrêmement dépendante d'une connexion au domaine, à l'internet et aux lignes de communication. Les réseaux isolés sont eux aussi exposés aux cyber-attaques, mais sont plus difficiles à atteindre par des cyber-campagnes prolongées.

Enfin, la cyber-guerre n'est pas nécessairement symétrique. Des unités d'élite de cyber-guerriers peuvent causer des dommages même aux superpuissances. À quel point ? La réponse à cette question est très controversée. Et, en parallèle, un cyber-défenseur de talent, doté de technologies civiles défensives, peut, presque à lui seul, stopper les cyber-campagnes d'une superpuissance. Quelles conséquences immédiates cela a-t-il sur notre capacité à appréhender la cyber-guerre comme partie intégrante de la guerre en général ? Des guerres peuvent-elles être menées alors qu'elles reposent en grande partie sur les défenseurs d'organismes spécifiques ?

Tous ces éléments se conjuguent pour créer une nouvelle forme de guerre. Une guerre hybride, à la fois dans la dimension réelle et dans la dimension virtuelle. À ce stade, la dimension virtuelle intervient à côté de la guerre conventionnelle et à titre de renfort, mais aussi *avant* que les canons ne tirent, afin d'obtenir un premier avantage sur l'ennemi en perturbant la capacité de contrôle et de commande. La cyber-guerre accompagne les tirs à balles réelles en intervenant avant et pendant, afin de neutraliser les systèmes de protection. Cette dimension permet également de semer la confusion et le chaos dans les infrastructures et les services civils, dans le cadre d'une guerre d'influence sur le moral de l'ennemi, laquelle peut avoir un impact direct sur la prise de décisions par l'État et sa capacité à garder le contrôle.

Enfin, le champ de bataille n'est pas le seul domaine concerné. La dimension économique joue également un rôle important, on l'a vu notamment lors de l'offensive économique lancée contre la Russie par les États-Unis et leurs alliés après l'invasion de l'Ukraine, laquelle s'est principalement traduite par des sanctions financières. Une partie de ces sanctions s'est déployée dans le cyber-espace, puisque la Russie a été privée, par exemple, de l'accès à la plateforme interbancaire mondiale SWIFT[33].

Il est à présent évident que le cyber-espace prend une place de plus en plus déterminante dans les guerres de demain. Mais jusqu'à quel point ? Les cyber-experts de la sécurité et de l'armée tout comme les dirigeants des États sont en plein questionnement sur le futur de la guerre. Les combats continueront-ils à se dérouler majoritairement dans une dimension physique, le cyber ne jouant qu'un rôle d'accompagnement, ou bien la cyber-guerre prendra-t-elle le dessus ?

RECRÉER OU RÉFORMER L'ARMÉE

D'une façon ou d'une autre, les armées vont devoir changer leur mode d'organisation.

Toutes ces caractéristiques sont connues. Mais comment façonneront-elles l'évolution de la cyber-guerre ? Comment le cyber-espace se développera-t-il et se reliera-t-il aux autres facettes des conflits modernes ? C'est moins clair, même si certaines tendances se dégagent. La première concerne la structure changeante des armées et des systèmes sécuritaires. Les armées devront se doter de cyber-commandements, et d'autres organismes de sécurité connaîtront une croissance disproportionnée, jouant un rôle dans la guerre moderne. Israël et Tsahal offrent des exemples de ces deux possibilités.

« Sur terre, dans l'air et sur mer. » Comme le précise Tsahal, les guerres sont menées dans ces trois domaines physiques. Les armées doivent construire et utiliser leurs capacités dans chacun d'eux. Elles doivent planifier, entraîner et recourir à toutes sortes de compétences. En outre, les guerres suivent un rythme propre à chacun de ces trois domaines, affectant de façon différente la nature de la planification, des préparatifs et du déploiement des armes. Mais les armées modernes sont expertes dans les trois. Compte tenu de l'engagement intense dans le cyber-espace et du fait que certains aspects de la guerre évoluent à leur rythme, la question pour Tsahal est de savoir s'il est nécessaire de créer un nouveau corps, celui du cyber, à l'instar de l'armée de terre, de la marine et de l'armée de l'air.

Actuellement, l'activité opérationnelle dans le cyberespace est placée sous la responsabilité du Directoire du renseignement de Tsahal, et la cyber-défense des biens de Tsahal relève de son directoire C4I. Tsahal en fait-il assez ? La division en deux branches conviendra-t-elle sur le long terme ? D'aucuns pensent que la structure existante suffira, avec quelques modifications tenant compte de l'évolution, et que ce serait une erreur de la changer. D'autres estiment que Tsahal devrait créer un service entièrement nouveau, chargé d'exécuter tout ce que l'armée est censée faire dans le cyber-espace, depuis la planification et le recrutement jusqu'aux opérations, en passant par la gestion des systèmes et des cyber-attaques, et la défense, dans une perspective technologique opérationnelle globale. Le chef de ce service siégerait à la même table que l'état-major général, au même titre que le commandant de l'armée de l'air ou le commandant de la marine.

La question ne se pose pas seulement pour Tsahal. Les armées à travers le monde devront décider à quoi ressembleront leurs préparatifs pour cette nouvelle ère de la guerre dans le cyber-espace. Ce n'est pas là une question mineure. La plupart des armées ne possèdent pas de services du renseignement d'origine électromagnétique, les fameux ROEM, lesquels sont la base de connaissances à partir de laquelle s'est développée la cyber-guerre. De nombreux autres pays n'ont pas développé de cyber-compétences dans leurs armées, mais plutôt dans des unités de leurs services du renseignement et au sein d'opérations spéciales extramilitaires.

Les armées créeront-elles ex nihilo leurs cyber-unités afin de demeurer opérationnelles dans les guerres de demain, ou des organismes extramilitaires vont-ils se développer et jouer un rôle plus important dans la guerre ? Si cette dernière possibilité se confirmait, elle entraverait l'intégration de ce nouveau domaine dans les guerres multidimensionnelles. Cela équivaudrait à construire une nouvelle armée de l'air hors de l'armée. Possible ? Oui. Efficace ? Pas nécessairement.

Une autre évolution majeure concerne le profil des soldats. Les armées devront réfléchir au prestige respectif qui s'attachera aux soldats « traditionnels » et aux cyber-soldats. Ces derniers seront plus difficiles à recruter et disposeront d'alternatives extrêmement rémunératrices hors de l'armée, ce qui conduira à une situation délicate dans laquelle des soldats qui ne risquent pas leur vie recevront une solde supérieure à celle de leurs camarades envoyés sur le champ de bataille.

En effet, les cyber-soldats seront physiquement éloignés du champ de bataille sur lequel ils « combattent », souvent sans avoir au-dessus d'eux une véritable chaîne de commandement. Les armées devront investir davantage dans l'éducation des troupes concernant les règles, ce qui est permis et ce qui ne l'est pas. Une nouvelle éthique militaire devra placer les limites de ce que les démobilisés auront le droit de faire avec les compétences acquises pendant leur service militaire. Comment une armée peut-elle apprendre à des gens à s'introduire dans des ordinateurs, à détruire des systèmes de communication, copier des informations, induire d'autres personnes en erreur, mais s'assurer qu'ils ne feront jamais usage de ce savoir-faire hors de l'armée ? Ce problème est en fait déjà connu aujourd'hui. De nombreux étudiants considèrent que l'utilisation d'instruments de cyber pour pirater le serveur d'une université et voler des sujets d'examen n'est pas un délit aussi grave qu'une effraction physique.

LA PREMIÈRE CYBER-GUERRE ?

Revenons à l'attaque lancée contre le port de Bandar Abbas dans le sud de l'Iran. Selon le *Washington Post*, elle paralysa le port pendant plusieurs jours. Mais ce n'est pas la fin de l'histoire. La guerre qui fait rage entre l'Iran et Israël est caractérisée par des représailles et des contre-attaques permanentes. En général, ces opérations se terminent sans grand dommage. Pour la plupart, seuls les organismes et autres services de sécurité pris pour cible sont au courant. Est-ce à cela que ressembleront les cyber-guerres à l'avenir ?

Pas seulement.

Nous l'avons vu, la guerre russo-ukrainienne montre que le cyber constitue une nouvelle dimension des combats qui vient s'ajouter à la dimension physique. Sur ce nouveau front, les armées des États sont rejointes par des groupes de hackers d'une part, et des entreprises d'envergures mondiales de l'autre.

Et ce n'est là qu'un prélude. Les cyber-guerres annoncent le début d'une ère nouvelle dans les conflits. Tous les acteurs du cyber-espace vont apprendre à se familiariser avec un nouveau théâtre des opérations, les modalités de l'attaque et de la défense, la place des armées et des sociétés de sécurité, les frontières du possible ainsi que ce qui est permis ou interdit.

Les parties évoluent prudemment, et les destructions sont bien moindres qu'elles pourraient l'être, en ampleur et en intensité. Qu'apportera le futur ? L'intégration du cyber-espace et des domaines physiques, des attaques contre les infrastructures nationales accompagnées de campagnes d'influence dans les médias, une série d'armes offensives et d'excellentes capacités défensives, la guerre en temps de routine et la routine en temps de guerre, et des campagnes entre les guerres, ainsi qu'une dimension militaire entièrement nouvelle – dominante ou simplement complémentaire –, tout est possible. Les premières cyber-hostilités ne donnent qu'une idée des possibilités, tout comme les premiers boulets tirés après l'invention de la poudre à canon. On sait ce qui s'ensuivit à l'ère industrielle. Que se passera-t-il dans l'ère du cyber ?

Une chose est certaine : les guerres du futur dépasseront tout ce que nous pouvons imaginer.

REMERCIEMENTS

EN GUISE DE CONCLUSION

L'histoire n'est pas terminée, car nous sommes au seuil d'une nouvelle ère.

C'est toujours une gageure de vouloir décrire des révolutions en temps réel, parce que les événements évoluent à un rythme vertigineux. Nous avons commencé à écrire ce livre en 2019 pour l'achever en 2021. En matière de cyber, le monde entier a été transformé durant ce laps de temps, et cela même pour nous, les auteurs. Nous avons tenté ici d'avoir une vue d'ensemble, au mieux de nos capacités, et de présenter des idées qui garderaient leur validité dans la nouvelle ère qui s'amorce, avec toutes ses promesses et ses dangers latents. Nous avons voulu présenter une histoire engageante, et non des travaux de recherche. Nous espérons qu'à la fin de ce livre, nos lecteurs, même s'ils ne sont ni des hackers ni des experts, comprendront (et aimeront) le monde de la cyber-sécurité.

Ce livre a été écrit à partir d'innombrables discussions entre nous, ainsi que de dizaines d'interviews menées dans le monde entier avec les protagonistes de cette histoire que nous connaissons personnellement. Bien évidemment, nous ne pouvions pas tout inclure. Il reste des sujets qu'il vaut mieux passer sous silence, mais nous avons partagé tout ce que nous pouvions. Quoi qu'il en soit, avant sa publication, ce livre a été approuvé par le censeur de l'armée israélienne et par un comité ministériel, comme il est d'usage lorsque l'un des auteurs est un haut fonctionnaire. Nous remercions les membres de la censure militaire et ceux du comité ministériel pour leur approche professionnelle et le libéralisme dont ils ont fait preuve en autorisant la publication de ce livre.

Avant tout, précisons que ce livre n'aurait pas été publié, et nous n'aurions pas pu raconter cette histoire sans une dynamique équipe de partenaires que nous souhaitons remercier : tous les responsables du cyber israélien, dans le gouvernement, la défense, l'industrie et l'université, qui ont fait d'un rêve une réalité, et tous ceux qui ont partagé leur histoire avec nous. Ils sont trop nombreux pour être tous cités ici, mais en voici quelques-uns : l'équipe du Directoire national du cyber, partenaires dans ce merveilleux processus de la création des cyber-industries d'Israël; tous les membres de Cybertech, notamment Chaïm Amit qui nous a aidés à réunir la documentation et à produire ce livre, et qui a établi des relations de collaboration avec le secteur privé et les gouvernements dans le monde; Gal Shmueli, ami et associé, qui a lu les premières versions et nous a éclairés sur bien des points; Shmuel Rosner, notre merveilleux directeur aux éditions Kinneret-Zemora-Dvir, qui nous a aiguillonnés tout en nous donnant le temps de souffler, et sa collègue Yael Naamani dont les observations furent édifiantes; Eylon Levy, qui a intelligemment traduit le livre de l'hébreu en anglais; le colonel (de réserve) Reuven Ben-Shalom, pour son immense contribution à la version anglaise; et enfin les éditeurs de Kinneret-Zemora-Dvir, qui ont publié la version originale en hébreu de ce livre, qui ont cru en nous avant même que nous ayons rédigé le moindre chapitre. Nous leur exprimons notre gratitude.

Prof. Eviatar Matania, Amir Rapaport
août 2021

NOTES

INTRODUCTION

1. Le récit de cette visite se fonde sur des entretiens et interviews menés par les auteurs avec Nadav Tsafrir et d'autres membres de l'unité 8200 qui assistèrent à cette visite.
2. Entretien et interview des auteurs avec Yohanan Locker, juin 2018.
3. Remarques faites par Nétanyahou le 4 janvier 2018 en prenant congé d'Eviatar Matania, qui quittait ses fonctions de directeur général du Directoire national du cyber d'Israël.
4. L'unité de recherche et développement du Directoire israélien de la Défense (DDR&D) a été constituée à la fin des années 1980 par le ministre de la Défense Ariel Sharon (futur Premier ministre d'Israël) pour chapeauter toutes les initiatives de R&D au ministère de la Défense et au sein de Tsahal. Il comprend un département central de recherche et développement dirigé par un général de brigade, un département chargé de la recherche sur l'infrastructure scientifique de base et de projets spécifiques comme «'Homah» (Muraille), spécialisé dans les systèmes de défense antimissile, «Etgar» (Défi), qui développe la technologie des satellites, et une unité spéciale de développement de drones.
5. Remarques faites par Nétanyahou le 4 janvier 2018 en prenant congé de l'un des deux auteurs, Eviatar Matania, qui quittait ses fonctions de directeur général du Directoire national du cyber d'Israël.

L'AUBE D'UNE NOUVELLE ÈRE

1. Le terme «licorne», utilisé pour désigner le phénomène, assez rare, d'une entreprise de technologies valorisée à plus d'un milliard de

dollars, a été inventé par Aileen Lee, un spécialiste du capital-risque, dans son article « Welcome to the Unicorn Club: Learning from Billion-Dollar Start-Ups », TechCrunch.com, 2 novembre 2013, disponible sur le site https://techcrunch.com/2013/11/02/welcome-to-the-unicorn-club/.

2. Cette donnée provient du Directoire national du cyber ou IVC, citée in Uri Berkovitz, « L'industrie locale du cyber a levé 2,9 milliards de dollars en 2020 », *Globes*, 21 janvier 2021 [en hébreu], disponible en ligne, https://www.globes.co.il/news/article.aspx?did=1001357904; Tali Tsipori, « Voici comment Israël est devenu une superpuissance en cyber : 0,5 milliard de dollars levés par an, plus de 400 entreprises actives et 18 exits », *Globes*, 24 janvier 2021 [en hébreu], disponible en ligne, https://www.globes.co.il/news/article.aspx?did=1001097641.
3. Graham Kendall, « Your Mobile Phone vs. Apollo 11's Guidance Computer », RealClearScience.com, 2 juillet 2019, disponible en ligne, https://www.realclearscience.com/articles/2019/07/02/your_mobile_phone_vs_apollo_11s_guidance_computer_111026.html.
4. Arne Holst, extrait de Statista.com, juin 2021, disponible en ligne, https://www.statista.com/statistics/871513/worldwidedata-created/.
5. À partir d'interviews et d'entretiens avec Danny Dolev, menés séparément par les auteurs à diverses occasions.
6. Avec l'ajout du « D » de « Defense », l'ARPA est aujourd'hui devenue la DARPA. Pour plus de détails sur cet organisme, voir son site, www.darpa.mil/about-us/about-darpa.
7. Voir l'article de l'*Encyclopaedia Britannica* sur ARPANET et les paquets de données, https://www.britannica.com/topic/ARPANET/A-packet-of-data. Pour un tour d'horizon global sur l'histoire de l'internet, voir également John Naughton, « The Evolution of the Internet: From Military Experiment to General Purpose Technology », *Journal of Cyber Policy*, vol. 1, n° 1, 2016, p. 5-28.

8. Fred Cohen, « Computer Viruses – Theory and Experiment », *Computers & Security*, vol. 6, n° 1, 1987, p. 22-35. Voir également son site internet, http://all.net/books/virus/index.html.
9. Voir par exemple Kim Zetter, « Nov. 10, 1983: Computer 'Virus' Is Born », *Wired*, 10 novembre 2009, accessible en ligne, https://www.wired.com/2009/11/1110fred-cohen-first-computer-virus/.
10. À partir d'un entretien entre l'un des auteurs (Amir Rapaport) et Nir Barkat.
11. Ce passage se fonde en partie sur une interview de Gil Shwed par Amir Rapaport, le 12 novembre 2018.
12. Optrotech fusionna plus tard avec Orbot pour devenir Orbotech.
13. Schmidt allait ultérieurement devenir le PDG de Sun Technology Enterprises, puis le patron de Google, et le président de sa maison mère, Alphabet.
14. Pour plus de détails sur cet important algorithme, voir l'article de l'*Encyclopaedia Britannica*, https://www.britannica.com/topic/RSA-encryption [En français, article bien documenté de Wikipédia, https://fr.wikipedia.org/wiki/Chiffrement_RSA, N.d.T.].
15. Interview avec Amir Rapaport.
16. Ce récit se fonde en partie sur une interview d'Udi Mokady par Amir Rapaport, le 1er mars 2018.
17. Voir l'article sur Edward Snowden dans l'*Encyclopaedia Britannica*, https://www.britannica.com/biography/Edward-Snowden.
18. Voir « This Is Everything Edward Snowden Revealed in One Year of Unprecedented Top-Secret Leaks », *Business Insider*, 16 septembre 2016, disponible en ligne, https://www.businessinsider.com/snowden-leaks-timeline-2016-9.
19. Pour plus de détails sur la cyber-surveillance et le ROEM, voir par exemple Cortney Weinbaum, Steven Berner et Bruce McClintock, « SIGINT for Anyone: The Growing Availability of Signals Intelligence in the Public Domain », Santa Monica, RAND Corporation, PE-273-OSD, 2017, disponible en ligne, https://www.rand.org/pubs/perspectives/PE273.html.

20. Pour une explication et une analyse plus fouillées des changements opérés par les agences du ROEM dans le cyber, voir « Intelligence and the Internet » (chap. 9), in *Evolution of the Cyber Domain – The Implications for National and Global Security*, International Institute for Strategic Studies (IISS), p. 137-158.
21. Allocution du général Clark à la conférence de Cybertech Midwest organisée à Indianapolis en 2019.
22. Les détails sur Stuxnet fournis dans ce paragraphe se fondent sur plusieurs publications, entre autres : Joby Warrick, « Iran's Natanz Nuclear Facility Recovered Quickly from Stuxnet Cyberattack », *The Washington Post*, 16 février 2011, disponible en ligne, https://www.washingtonpost.com/world/irans-natanz-nuclear-facility-recovered-quickly-from-stuxnet-cyberattack/2011/02/15/ABUIkoQ_story.html; Ellen Nakashima et Joby Warrick, « Stuxnet Was Work of US and Israeli Experts, Officials Say », *The Washington Post*, 2 juin 2012, disponible en ligne, https://www.washingtonpost.com/world/national-security/stuxnet-was-work-of-us-and-israeli-experts-officials-say/2012/06/01/gJQAlnEy6U_story.html ; Kim Zetter, « An Unprecedented Look at Stuxnet, the World's First Digital Weapon », *Wired*, 11 mars 2014, disponible en ligne, https://www.wired.com/2014/11/countdown-to-zero-day-stuxnet/ ; Kim Zetter, *Countdown to Zero Day: Stuxnet and the Launch of the World's First Digital Weapon*, New York, Crown, 2014; David Kushner, « The Real Story of Stuxnet », *IEEE Spectrum*, 26 février 2013, disponible en ligne, https://spectrum.ieee.org/telecom/security/the-real-story-of-stuxnet ; voir également *Encyclopaedia Britannica*, https://www.britannica.com/technology/Stuxnet.
23. Pour une explication simple avec des diagrammes sur l'enrichissement de l'uranium, notamment en utilisant des centrifugeuses, voir la documentation de l'U.S. Nuclear Regulatory Commission, https://www.nrc.gov/materials/fuel-cycle-fac/ur-enrichment.html, ou celle de l'Association nucléaire mondiale, https://www.world-nuclear.

org/information-library/nuclear-fuel-cycle/conversion-enrichment-and-fabrication/uranium-enrichment.aspx.

24. Voir « The Biggest Hacking Attacks of 2011 », *Business Insider*, 13 juin 2011, disponible en ligne, https://www.businessinsider.com/imf-cyber-attacked-hackers-sony-rsa-lockheed-martin-epsilon-michaels-2011-6?r=US&IR=T.
25. Au fil des ans, ce modèle a été critiqué, affiné et mis à jour, mais son idée maîtresse – la description des étapes des cyber-attaques avancées – bénéficie d'un consensus relativement large.
26. Damien McGuinness, « How a Cyberattack Transformed Estonia », BBC News, 27 avril 2014, disponible en ligne, https://www.bbc.com/news/39655415.
27. David Hollis, « Cyberwar Case Study: Georgia 2008 », *Small Wars Journal*, janvier 2011, disponible en ligne, https://smallwarsjournal.com/jrnl/art/cyberwar-case-study-georgia-2008.
28. D'après Ben-Israël et les responsables du Shin Bet de l'époque.

NAISSANCE D'UNE CYBER-NATION

1. Créé en 1979, « Talpiot » est un programme universitaire de l'armée visant à former les meilleurs officiers de R&D de Tsahal et du complexe militaro-sécuritaire. Ce cursus associe études de mathématiques, de physique et d'informatique à l'Université hébraïque de Jérusalem, et expérience sur le terrain dans les divers corps et branches de Tsahal. Les diplômés se voient confier des postes clés dans les systèmes de R&D.
2. Communiqué de presse après le Conseil des ministres du gouvernement israélien, 11 décembre 2011 [en hébreu], disponible en ligne, https://www.gov.il/he/departments/publications/reports/-govmes111211.
3. Il fut décidé que mes réunions avec le Premier ministre seraient fixées via le secrétaire militaire, comme c'était le cas avec d'autres organes de sécurité.

4. Sefi Krupsky et Oded Yaron, « Saudi Hackers Claim to Post Personal Information of 400,000 Israelis », *Haaretz*, 3 janvier 2012, disponible en ligne, https://www.haaretz.com/1.5157878 ; « The Saudi Hacker: A New Era in Israel's Cyberspace », Israel Defense, 17 janvier 2012, disponible en ligne, https://www.israeldefense.co.il/en/content/saudi-hacker-new-era-israels-cyberspace.
5. Pour de plus amples détails sur la théorie de cette doctrine défensive en trois strates, voir un article publié par l'un des auteurs : Eviatar Matania, Lior Yoffé et Michael Mashkautsan, « A Three-Layer Framework for a Comprehensive National Cyber-Security Strategy », *Georgetown Journal of International Affairs*, vol. 17, n° 3, 2016, p. 77-84.
6. Il importe de décider quels projets sont les plus vastes et les plus importants et, ensuite, d'établir des priorités. Pourquoi ? Parce que l'effort requis pour mettre sur pied et promouvoir un petit projet est généralement le même que l'effort requis pour un vaste projet. En effet, la bureaucratie gouvernementale est telle que chaque projet a besoin d'un budget, lequel est difficile à assurer, et chaque budget met en jeu des commissions et des appels d'offres, des conseillers juridiques et des comptables, puis des décisions, etc. C'est pratiquement le même effort pour chaque projet, qu'il s'agisse d'un petit projet tactique ou d'un grand projet stratégique. Il est donc essentiel de se concentrer sur les projets les plus importants, ceux qui peuvent véritablement stimuler l'économie. Dans un deuxième temps, après avoir décidé des questions les plus importantes, il faut lancer divers plans et ne pas mettre tous ses œufs dans le même panier, parce qu'il est difficile de prédire exactement d'où viendra le succès. En résumé, pour avoir une chance raisonnable de réussir, il est important de mener un certain nombre d'initiatives dans chacun des domaines stratégiques les plus importants. C'est ce qu'on appelle, en jargon professionnel, la « redondance ».
7. « Le Bureau national du cyber et MAFAT annoncent la création d'un programme destiné à promouvoir des projets de R&D dans les

secteurs civil et militaire du pays», communiqué de presse du bureau du Premier ministre, 31 octobre 2012 [en hébreu], disponible en ligne, https://www.gov.il/he/departments/news/spokemasad311012.

8. Raphael Kahan, «Le Bureau national du cyber va investir 50 millions de shekels dans la recherche informatique de pointe», *Calcalist*, 24 mai 2012 [en hébreu], disponible en ligne, https://www.calcalist.co.il/internet/articles/0,7340,L-3572170,00.html.
9. Anat Bereshovsky, «Deutsche Telecom crée un laboratoire à l'université Ben-Gourion», ynet, 6 février 2006 [en hébreu], disponible en ligne, https://www.ynet.co.il/articles/0,7340,L3211874,00.html.
10. ICRC – Blavatnik Interdisciplinary Cyber Research Center (Centre Blavatnik de recherche interdisciplinaire de cyber-études), université de Tel-Aviv (tau.ac.il), https://icrc.tau.ac.il/.
11. CS BIU – Computer Science Department at Bar-Ilan University (département d'informatique, université Bar-Ilan), https://www.cs.biu.ac.il/labs/54.
12. Inauguration (technion.ac.il), https://cyber.technion.ac.il/events/inauguration/.
13. Centre du droit et de la politique du cyber, https://cyber.haifa.ac.il/.
14. Centre d'innovation du cyber de l'université d'Ariel [en hébreu], https://www.ariel.ac.il/wp/technology-administration/ariel-cyber-innovation-center/.
15. «Dans quelles universités en Israël trouve-t-on des centres de recherche sur le cyber?», Directoire national du cyber [en hébreu], https://www.gov.il/he/departments/general/academicresearchcenter.
16. Un autre projet était déjà en plein essor à Beersheva. Il s'agissait de «Magshimim», une initiative fort réussie des services du renseignement de Tsahal pour former des lycéens de la périphérie et leur donner des connaissances approfondies en cyber-technologie.
17. «Le Premier ministre Benyamin Nétanyahou annonce la création d'une capitale nationale du cyber à Beersheva», communiqué de

presse de l'université Ben-Gourion, 27 janvier 2014 [en hébreu], disponible en ligne, https://in.bgu.ac.il/pages/news/CyberSpark.aspx.

18. Au moment de la rédaction de ce livre, vers le milieu de l'année 2021, il n'y a aucune base opérationnelle pour les unités technologiques de Tsahal dans la région de Beersheva, mais certaines sont déjà en chantier.
19. Nous avons réussi à obtenir une résolution gouvernementale pour financer en partie le coût d'embauche d'employés dans les entreprises de cyber-sécurité de Beersheva, subventions dégressives sur sept ans.

BIENVENUE DANS LE DARK WEB

1. En voici un exemple : Zohar Schachar Levy, «J'ai parlé à des amis sur WhatsApp de la tentative de chantage contre la Leumi», *Calcalist*, 15 mars 2015 [en hébreu], disponible en ligne, https://www.calcalist.co.il/local/articles/0,7340,L-3654566,00.html.
2. «Le président sur l'incident du chantage exercé sur la banque : la publication conduira au chaos dans le système bancaire», *The Marker*, 11 mars 2015 [en hébreu], disponible en ligne, https://www.themarker.com/markets/1.2587294.
3. Les mesures prises par Mme Russak-Aminoach pour numériser la banque ont ensuite été enseignées à la faculté de gestion de Harvard (Harvard Business School) comme une étude de cas de la direction financière, https://www.hbs.edu/globalactivities/2020/israel/Pages/default.aspx.
4. Pour mieux comprendre le dark web, ou Darknet, et son influence sur la cyber-sécurité, voir par exemple https://blog.radware.com/security/2019/02/understanding-the-darknet-and-its-impact-on-cybersecurity/.
5. Taylor Hatmaker, «Healthcare Data Breach in Singapore Affected 1.5M Patients, Targeted the Prime Minister», TechCrunch,

20 juillet 2018, disponible en ligne, https://techcrunch.com/2018/07/20/singapore-hack-health/.

6. Présenté à Cybertech Europe à Rome en 2019.
7. Alex Drozhzhin, «The Greatest Heist of the Century: Hackers Stole $1bln», *Kaspersky Blog*, 16 février 2015, disponible en ligne, https://www.kaspersky.com/blog/billion-dollar-apt-arbanak/7519/.
8. Theo Douglas, «What Can We Learn from Atlanta?», govtech.com, 25 septembre 2018, disponible en ligne, https://www.govtech.com/security/what-can-we-learn-from-atlanta.html.
9. Dans une série de conférences et d'entretiens avec les auteurs.
10. Neil Dennis, «$2 Billion: North Korean Hackers Hit Crypto Exchanges and SWIFT to Evade UN Sanctions», Cryptoglobe, 13 août 2019, disponible en ligne, https://www.cryptoglobe.com/latest/2019/08/north-korean-hackers-steal-2-billion-to-evade-un-sanctions/; Michelle Nichols, «North Korea Took $2 Billion in Cyberattacks to Fund Weapons Program: U.N. Report», Reuters, 5 août 2019, disponible en ligne, https://www.reuters.com/article/us-north-korea-cyber-un/north-korea-took-2-billion-in-cyberattacks-to-fund-weapons-program-un-report-idUSKCN1UV1ZX.
11. «Fake White House Bomb Report Causes Brief Stock Market Panic», CBC News, 23 avril 2013, disponible en ligne, https://www.cbc.ca/news/business/fake-white-house-bomb-report-causes-brief-stock-market-panic-1.1352024.
12. Cyber-crime (interpol.int), https://www.interpol.int/en/Crimes/Cybercrime.
13. «Sony Pictures Computer System Hacked in Online Attack», BBC News, 25 novembre 2014, disponible en ligne, https://www.bbc.com/news/technology-30189029.
14. «Sony to Pay Staff $8M Compensation over Cyberattack», BBC News, 26 novembre 2015, disponible en ligne, https://www.bbc.com/news/entertainment-arts-34931148.

15. «Cyber Attack Could Cost Sony Studio As Much As $100 Million», Reuters, 10 décembre 2014, disponible en ligne, https://www.reuters.com/article/uk-sony-cybersecurity-costs-idUKKBN0JN2L220141210.
16. Jack Kim et Steve Holland, «North Korea Denies Hacking Sony, U.S. Stands by Its Assertion», Reuters, 20 décembre 2014, disponible en ligne, https://www.reuters.com/article/us253sony-cybersecurity-usa-idUSKBN0JX1MH20141220.

UN BOND PRODIGIEUX

1. C'est en effet ce qui ressort d'un entretien entre l'un des auteurs (Eviatar Matania) et Ben-Israël afin de comprendre les ressorts de la recommandation jointe au rapport sur l'Initiative cyber concernant la cyber-défense nationale, laquelle confiait au Bureau la responsabilité de développer une stratégie nationale.
2. Un point de vue intéressant sur la logique de cette responsabilité est défendu dans l'article d'un officier de Tsahal, une fois la question réglée tant dans l'armée qu'au gouvernement, Roni Katzir, «By Land, by Sea, by Air, and by Cyber?», *The Dado Center Journal*, n° 4, 2015, p. 117-135.
3. Ben-Israël n'hésita pas à admettre qu'il avait changé d'avis avec le temps, et l'annonça même publiquement lors d'une conférence organisée à l'université de Tel-Aviv le 21 septembre 2014.

COMMENT DEVENIR UNE SUPERPUISSANCE

1. Yoav Limor, «Le chef du directoire de cyber-défense : “Les Iraniens ont tenté de saboter les systèmes d'alerte du Commandement central”», *Israel Hayom*, 7 février 2019 [en hébreu], disponible en ligne, https://www.israelhayom.co.il/article/631159.
2. Ce récit se fonde sur une interview d'Assaf Rappaport menée par l'un des deux auteurs, Amir Rapaport.
3. Les CASB sont d'ordinaire des logiciels (mais parfois du hardware) opérant dans le cloud, et qui permettent à des organisations

de bénéficier des services du cloud en toute sécurité et en conformité avec la politique, les besoins et l'aversion pour le risque de chaque organisation.

4. Dans une interview menée spécialement pour ce livre.
5. Extrait du site internet de Cybereason : « Nous sommes parvenus à la conclusion, avec un haut niveau de certitude, que l'auteur de la cyber-menace est affilié à la Chine et vraisemblablement sous l'égide de l'État. Les outils et les techniques utilisés lors de ces attaques correspondent à ceux de plusieurs auteurs de cyber-menaces chinois, comme l'APT10, dont on estime qu'il agit pour le compte du ministère chinois de la Sécurité de l'État. »
6. Rome ne s'est pas construite en un jour. Pendant la majeure partie de l'année 2015, nous avons œuvré principalement sur la planification, les procédures et l'intégration des premiers employés. L'Autorité n'a commencé à travailler véritablement qu'en 2016. Lorsque les unités du Directoire ont fusionné en 2018, les branches du renseignement et des opérations ont été regroupées. Une partie de ce que nous avions planifié ne prit forme que quelques années plus tard.
7. Avec le temps, toutes les branches en charge du premier niveau de la cyber-sécurité ont été rassemblées en un seul ensemble au sein du Directoire, ensemble qui prit le nom du niveau lui-même, le « complexe robustesse ». Nous avons ensuite créé une unité opérationnelle comprenant le renseignement, les opérations et le Centre national de réaction aux crises (CERT). Cette unité fut responsable du travail du Directoire concernant le deuxième niveau, celui de la résilience et du traitement en temps réel des informations et des événements, ainsi que des tâches du Directoire au troisième niveau, celui de la défense nationale.

COMPÉTITION ET COOPÉRATION DANS LE CYBER-ESPACE

1. Pour ceux qui souhaiteraient en apprendre davantage sur le cas, unique en son genre, de WannaCry, Wikipédia fournit une explication

détaillée, de même que les sites internet des compagnies de cybersécurité Check Point et Imperva. Voir https://www.checkpoint.com/cyber-hub/threat-prevention/ransomware/wannacry-ransomware et https://www.imperva.com/learn/application-security/wannacry-ransomware/.

2. L'effort fut payant. En 2020, la Grande-Bretagne était devenue une véritable puissance dans le domaine des technologies de pointe en Europe. En 2019, l'investissement britannique dans le secteur du high-tech augmenta plus que n'importe où ailleurs en Europe – davantage qu'en Israël. Il atteignit quelque 14 milliards de dollars, soit l'équivalent de l'investissement total israélien dans la haute technologie cette année-là, et davantage que les investissements allemand et français réunis dans ce secteur – environ un tiers du total des investissements en Europe. Du point de vue des licornes (les entreprises estimées à plus de 1 milliard de dollars), la Grande-Bretagne bat des records en Europe, avec soixante-dix-sept sociétés de ce type depuis 2010, devant l'Allemagne et ses trente-deux licornes. Voir « UK Tech Sector Beats Both US and China to Lead Global Growth in 2019 », Technation, 15 janvier 2020, disponible en ligne, https://technation.io/news/2019-a-record-year-for-uk-tech/.
3. Lila Hay Newman, « The Leaked NSA Spy Tool That Hacked the World », *Wired*, 7 mars 2018, disponible en ligne, https://www.wired.com/story/eternalblue-leaked-nsa-spy-tool-hacked-world/.
4. Microsoft Security Bulletin MS17-010 – Critical, Microsoft Docs, disponible en ligne, https://docs.microsoft.com/en-us/security-updates/securitybulletins/2017/ms17-010.
5. Thomas Brewster, « Microsoft Just Took a Swipe at NSA over the WannaCry Ransomware Nightmare », *Forbes*, 14 mai 2017, disponible en ligne, https://www.forbes.com/sites/thomasbrewster/2017/05/14/microsoft-just-took-a-swipe-at-nsa-over-wannacry-ransomware-nightmare/.

6. Ellen Nakashima, «NSA Found a Dangerous Microsoft Software Flaw and Alerted the Firm – rather than Weaponizing It», *The Washington Post*, 14 janvier 2020, disponible en ligne, https://www.washingtonpost.com/national-security/nsa-found-a-dangerous-microsoft-software-flaw-and-alerted-the-firm--rather-than-weaponize-it/2020/01/14/f024c926-3679-11ea-bb7b-265f4554af6d_story.html; Julian E. Barnes et David E. Sanger, «N.S.A. Takes Step Toward Protecting World's Computers, Not Just Hacking Them», *The New York Times*, 14 janvier 2020, disponible en ligne, https://www.nytimes.com/2020/01/14/us/politics/nsa-microsoft-vulnerability.html.
7. Anne Neuberger a depuis été nommée directrice de la cybersécurité au Conseil national de sécurité de l'administration Biden en janvier 2021.
8. Pour des explications plus détaillées sur l'attaque par le rançongiciel WannaCry, voir le site de Check Point, https://www.checkpoint.com/cyber-hub/threat-prevention/ransomware/wannacry-ransomware.
9. Tom Bossert, «It's Official: North Korea Is Behind WannaCry», *The Wall Street Journal*, 18 décembre 2017, disponible en ligne, https://www.wsj.com/articles/its-official-north-korea-is-behind-wannacry-1513642537.
10. Interview donnée spécialement pour ce livre à Amir Rapaport, 11 mars 2019.
11. Kim Zetter, «Feds Say That Banned Researcher Commandeered a Plane», *Wired*, 5 mai 2015, disponible en ligne, https://www.wired.com/2015/05/feds-say-banned-researcher-commandeered-plane/; voir également Justin Moyer, «Hacker Chris Roberts Told FBI He Took Control of United Plane, FBI Claims», *The Washington Post*, 18 mai 2015, disponible en ligne, https://www.washingtonpost.com/news/morning-mix/wp/2015/05/18/hacker-chris-roberts-told-fbi-he-took-control-of-united-plane-fbi-claims/.

12. Voir le site internet du Department of Homeland Security, https://www.dhs.gov/about-dhs.
13. La CISA (Cybersecurity and Infrastructure Security Agency) est une agence indépendante au sein du département américain de la Sécurité intérieure. Elle constitue un perfectionnement du département qui supervisait autrefois la cyber-sécurité, le NPPD, avec lequel nous travaillions avant la création de la CISA en 2018.
14. En 2019, *Nature* publia un article traitant de l'influence de WannaCry sur le système de santé anglais. Cet article mettait en évidence un déclin des traitements et interventions chirurgicales de quelques pour cent (moins de 10 %) dans les hôpitaux directement touchés par WannaCry, quoique sans incidence sur le taux de mortalité. Voir Saira Ghafur *et al.*, « A Retrospective Impact Analysis of the WannaCry Cyberattack on the NHS », *Nature*, 2019, disponible en ligne, https://www.nature.com/articles/s41746-019-0161-6.pdf.
15. Le magazine *Wired* publia une analyse selon laquelle l'attaque de 2016, censée être beaucoup plus destructrice, avait échoué. Voir Andy Greenberg, « New Clues Show How Russia's Grid Hackers Aimed for Physical Destruction », *Wired*, 12 septembre 2019, disponible en ligne, https://www.wired.com/story/russia-ukraine-cyberattack-power-grid-blackout-destruction/. Pour mieux connaître la cyber-guerre menée par la Russie dans le cadre de sa doctrine de la guerre hybride dans sa sphère d'influence, notamment en Ukraine, voir Donghui Park, Julia Summers et Michael Walstrom, « Cyberattack on Critical Infrastructure: Russia and the Ukrainian Power Grid Attacks », *University of Washington*, 11 octobre 2017, disponible en ligne, https://jsis.washington.edu/news/cyberattack-critical-infrastructure-russia-ukrainian-power-grid-attacks/.
16. Jack Stubbs et Matthias Williams, « Ukraine Scrambles to Contain New Cyber Threat after 'NotPetya' Attack », Reuters, 5 juillet 2017, disponible en ligne, https://www.reuters.com/article/us-cyberattack-ukraine-backdoor-idUSKBN19Q14P.

17. Aparna Banerjea, « NotPetya: How a Russian Malware Created the World's Worst Cyberattack Ever », *Business Standard*, 27 août 2018, disponible en ligne, https://www.business-standard.com/article/technology/notpetyahow-a-russian-malware-created-the-world-s-worstcyberattack-ever-118082700261_1.html.
18. L'histoire de NotPetya et de la façon dont Maersk négocia l'attaque est exposée dans un excellent article d'Andy Greenberg, « The Untold Story of NotPetya, the Most Devastating Cyberattack in History », *Wired*, 22 août 2018, disponible en ligne, https://www.wired.com/story/notpetya-cyberattack-ukraine-russia-code-crashed-the-world/.
19. Cette histoire provient d'une source de première main : le PDG de Cybereason, Lior Div, au cours d'un entretien avec les auteurs, le 1er mars 2021.
20. Pour de plus amples informations sur les opinions à propos de l'initiative du GGE, ses réalisations, ses problèmes et l'avenir d'un accord international sur les cyber-attaques, voir Anders Henriksen, « The End of the Road for the UN GGE Process: The Future Regulation of Cyberspace », *Journal of Cybersecurity*, vol. 5, nº 1, 2019, p. 1-9.

LES GUERRES DU FUTUR

1. Center for Strategic and International Studies (csis.org), « April 2020. Suspected Iranian hackers unsuccessfully targeted the command and control systems of water treatment plants, pumping stations, and sewage in Israel », dossier « Significant Cyber Incidents » ; Alex Winston, « Iran Used US Servers in Cyberattack on Israeli Water Facilities – Report », *The Jerusalem Post*, 7 mai 2020, disponible en ligne, https://www.jpost.com/israel-news/iran-responsible-for-cyberattack-on-israeli-water-facilities-report-627236 ; Hollie McKay, « Iran Picks Cyber Fight with Israel as Both Sides Target Critical Infrastructure », Fox News, 21 mai 2020, disponible en ligne, https://www.foxnews.com/

world/iran-picks-cyber-fight-with-israel-as-both-sides-target-critical-infrastructure; TOI Staff, «Cyber Attacks Again Hit Israel's Water System, Shutting Agricultural Pumps», *The Times of Israel*, 17 juillet 2020, disponible en ligne, https://www.timesofisrael.com/cyber-attacks-again-hit-israels-water-system-shutting-agricultural-pumps/.

2. Aron Heller, «Israeli Cyber Chief: Major Attack on Water Systems Thwarted», Associated Press, 28 mai 2020, disponible en ligne, https://apnews.com/article/63c081ec091f4c1e3f438ee35243efe0.
3. Amir Rapaport, «Entre deux guerres et deux virus : qu'arriva-t-il après la cyber-attaque contre l'approvisionnement en eau ?», *Israel Defense*, 9 octobre 2020 [en hébreu], disponible en ligne, https://www.israeldefense.co.il/node/45749.
4. «'Cyber Winter Is Coming,' Warns Israel Cyber Chief after Attack on Water Systems», *The Times of Israel*, 28 mai 2020, disponible en ligne, https://www.timesofisrael.com/israeli-cyber-chief-attack-on-water-systems-a-changing-point-in-cyber-warfare/.
5. Judah Ari Gross, «Cyberattack on Port Suggests Israeli Tit-for-Tat Strategy, Shows Iran Vulnerable», *The Times of Israel*, 19 mai 2020, disponible en ligne, https://www.timesofisrael.com/cyberattack-on-port-suggests-israeli-tit-for-tat-strategy-shows-iran-vulnerable/; Hollie McKay, «Iran Picks Cyber Fight with Israel as Both Sides Target Critical Infrastructure», Fox News, 21 mai 2020, disponible en ligne, https://www.foxnews.com/world/iran-picks-cyber-fight-with-israel-as-both-sides-target-critical-infrastructure.
6. Michael Safi et Graeme Wearden, «Everything You Need to Know about the Saudi Arabia Oil Attacks», *The Guardian*, 16 septembre 2019, disponible en ligne, https://www.theguardian.com/world/2019/sep/16/saudi-arabia-oil-attacks-everything-you-need-to-know.

7. Masada – World History Encyclopedia, https://www.worldhistory.org/Masada/; en français, voir l'article de Wikipédia, https://fr.wikipedia.org/wiki/Massada.
8. Cette expression fut forgée par Ezer Weizman après la guerre d'usure et devint une formule beaucoup plus commune après la guerre de Kippour. Weizman, qui devint président de l'État d'Israël, l'utilisa pour décrire les limites que les missiles sol-air imposaient à la supériorité aérienne des avions de chasse. Yossi Abudi, « Le missile qui plia l'aile de l'avion », *Revue de l'Armée de l'air*, n° 153, 1er octobre 2003 [en hébreu], disponible en ligne, https://www.iaf.org.il/1213-21478-he/IAF.aspx.
9. Tal Giladi, « Avant et après le Liban », *Revue de l'Armée de l'air*, n° 235, 29 juin 2017 [en hébreu], disponible en ligne, https://www.iaf.org.il/8982-49328-he/IAF.aspx; Meir Finkel, « Préparation des forces en vue de l'opération Courtilière 19 (1973-1983) », *Bein HaKatavim* (*Entre les pôles*, revue de Tsahal), p. 20-21, juillet 2019 [en hébreu].
10. Keir A. Lieber, « Grasping the Technological Peace: The Offense-Defense Balance and International Security », *International Security*, vol. 25, n° 1, été 2000, p. 71-104.
11. Jon R. Lindsay, « Stuxnet and the Limits of Cyber Warfare », *Security Studies*, vol. 22, n° 3, 2013, p. 365-404.
12. Voir par exemple Eviatar Matania et Eldad Tal-Shir, « Continuous Terrain Remodeling: Gaining the Upper Hand in Cyber Defense », *Journal of Cyber Policy*, vol. 5, n° 2, 2020, p. 285-301, disponible en ligne, https://www.tandfonline.com/doi/full/10.1080/23738871.2020.1778761.
13. Chuck D. Freilich, *Israeli National Security*, Oxford, Oxford University Press, 2018, p. 23-25.
14. Voir par exemple Amir Lupovici, « The Dog that Did Not Bark, the Dog that Did Bark, and the Dog that Should Have Barked: A Methodology for Cyber Deterrence Research », *International Studies Review*, vol. 23, n° 4, 2021, p. 1-27, disponible en ligne,

https://academic.oup.com/isr/advance-article/doi/10.1093/isr/viab032/6329772?login=true.

15. Voir Erica D. Borghard et Shawn W. Lonergan, « Deterrence by Denial in Cyberspace », *Journal of Strategic Studies*, 2021, publié en ligne le 3 août 2021, disponible en ligne, https://www.tandfonline.com/doi/full/10.1080/01402390.2021.1944856.
16. Joby Warrick et Ellen Nakashima, « Officials: Israel Linked to a Disruptive Cyberattack on Iranian Port Facility », *The Washington Post*, 19 mai 2020, disponible en ligne, https://www.washingtonpost.com/national-security/officials-israel-linked-to-a-disruptive-cyberattack-on-iranian-port-facility/2020/05/18/9d1da866-9942-11ea-89fd-28fb313d1886_story.html.
17. « Russia's Use of Cyber Coercion » (webinaire), IISS, 3 décembre 2020, disponible en ligne, https://www.iiss.org/events/2020/12/russia-cyber ; « US Election 2020: Who Do Russia, China and Iran Want to Win? », BBC News, 5 octobre 2020, https://www.bbc.co.uk/news/election-us-2020-54293489. Pour plus de détails sur la cyber-stratégie de la Russie et de la Chine, voir Bilyana Lilly et Joe Cheravitch, « The Past, Present, and Future of Russia's Cyber Strategy and Forces », 2020 12th International Conference on Cyber Conflict (CyCon), Estonie, NATO CCDCOE Publications, 2020, p. 129-155 ; Marius Kristiansen et Njaal Hoem, « Russian Cyber Strategy », *Small Wars Journal*, 14 février 2021, disponible en ligne, https://smallwarsjournal.com/jrnl/art/russian-cyber-strategy ; Lyu Jinghua, « What Are China's Cyber Capabilities and Intentions? », Carnegie Endowment, 1er avril 2019, disponible en ligne, https://carnegieendowment.org/2019/04/01/what-are-china-s-cyber-capabilities-and-intentions-pub-78734 ; Magnus Hjortdal, « China's Use of Cyber Warfare: Espionage Meets Strategic Deterrence », *Journal of Strategic Security*, vol. 4, nº 2, 2011, p. 1-24.
18. Pour de plus amples détails sur les attaques des réseaux informatiques en vue d'exercer une influence (CNI, *computer network*

influence) et sur l'infériorité intrinsèque des démocraties par rapport aux dictateurs dans la contre-attaque, voir Deganit Paikowsky et Eviatar Matania, « Influence Operations in Cyber: Characteristics and Insights », in Yossi Kupperwasser et David Siman-Tov, *The Cognitive Campaign – Strategic and Intelligence Perspectives*, Memorandum n° 197, Institute for National Security Studies (INSS), octobre 2019, disponible en ligne, https://www.inss.org.il/publication/influence-operations-in-cyber-characteristics-and-insights/.

19. « Clinton Campaign 'Hacked' along with Other Democratic Groups », BBC News, 29 juillet 2016, disponible en ligne, https://www.bbc.co.uk/news/election-us-2016-36927523 ; Phil Helsel *et al.*, « Computer Program Used by Clinton Campaign Hacked as Part of DNC Cyber Attacks », NBC News, 30 juillet 2016, disponible en ligne, https://www.nbcnews.com/news/us-news/clinton-campaign-computer-system-was-hacked-report-n620051.
20. Kathleen Hall Jamieson, « How Russia Cyberattacks Helped Trump to the US Presidency », *The Guardian*, 22 octobre 2018, disponible en ligne, https://www.theguardian.com/commentisfree/2018/oct/22/russia-cyber-theft-trump-us-election-president-clinton.
21. « US Election 2020: Who Do Russia, China and Iran Want to Win? », BBC News, 5 octobre 2020, https://www.bbc.co.uk/news/election-us-2020-54293489.
22. Michael Connell et Sarah Vogler, « Russia's Approach to Cyber Warfare », CNA, septembre 2016, disponible en ligne, https://apps.dtic.mil/sti/pdfs/AD1019062.pdf ; « Russia's Use of Cyber Coercion », (webinaire), IISS, 3 décembre 2020, disponible en ligne, https://www.iiss.org/events/2020/12/russia-cyber.
23. Geffen a publié ses observations dans une série d'articles passionnants, intitulés « House of Cards », sur le site Israel Defense, dirigé par l'un des deux auteurs de ce livre (Amir Rapaport) : Hannan Geffen, « Comment un agent secret britannique a rendu fou le

gouvernement des États-Unis ? », *Israel Defense*, 20 mai 2019 [en hébreu], disponible en ligne, https://www.israeldefense.co.il/node/38593Hannan. Pour une enquête sur cet épisode dans les médias des États-Unis, voir Aaron Maté, « The Rise and Fall of the 'Steele Dossier' », *The Nation*, 11 janvier 2021, disponible en ligne, https://www.thenation.com/article/politics/trump-russiagate-steele-dossier/.

24. Hannan Geffen, « Lorsque politique, médias et services secrets fusionnent », *Israel Defense*, 12 avril 2021 [en hébreu], disponible en ligne, https://www.israeldefense.co.il/node/38240.
25. Aaron Maté, « The Rise and Fall of the 'Steele Dossier' », *The Nation*, 11 janvier 2021, disponible sur le site https://www.thenation.com/article/politics/trump-russiagate-steele-dossier/.
26. Il existe bien sûr des tentatives de concevoir des logiciels capables de détecter de telles contrefaçons, mais ils ne pourront probablement pas détecter tous les faux.
27. Tom Burt, « The Hybrid War in Ukraine », Microsoft, 27 avril 2022, https://blogs.microsoft.com/on-the-issues/2022/04/27/hybrid-war-ukraine-russia-cyberattacks/.
28. Preston Gralla, « Russia Is Losing the Cyberwar Against Ukraine, Too », *Computerworld*, 2 mai 2022, https://www.computerworld.com/article/3658951/russia-is-losing-the-cyberwar-against-ukraine-too.html.
29. James Coker, « Microsoft President: Cyberspace Has Become the New Domain of Warfare », Infosecurity, 19 mai 2022, https://www.infosecurity-magazine.com/news/microsoft-cyberspace-domain-warfare/.
30. Chris Daniels, « How Microsoft Was on "Frontiers" of Russia-Ukraine Conflict Early on », K5, 23 mai 2022, https://www.king5.com/article/tech/microsoft-frontlines-russia-ukraine-conflict/281-f61acb51-7bca-4736-b83c-5c496ab7e59e.
31. « Special Report: Ukraine. An overview of Russia's Cyberattack Activity in Ukraine », Microsoft, Digital Security Unit, 27 avril

2022, https://www.computerworld.com/article/3658951/russia-is-losing-the-cyberwar-against-ukraine-too.html.

32. Maggie Miller, « The World Holds Its Breath for Putin's Cyberwar », *Politico*, 23 mars 2022, https://www.politico.com/news/2022/03/23/russia-ukraine-cyberwar-putin-00019440.
33. « An Update to Our Message for the Swift Community », SWIFT – Company Information, 20 mars 2022, https://www.swift.com/news-events/news/message-swift-community.

TABLE DES MATIÈRES

L’exemplaire que vous tenez entre les mains
a été rendu possible grâce au travail de toute une équipe.

Édition : Flore Gurrey
Couverture : Éric Pillault
Mise en page : Cursives
Révision : Emmanuel Dazin, Jean-Luc Demizieux et Isabelle Paccalet
Fabrication : Maude Sapin
Commercial et marketing : Pierre Bottura
Coordination : Jean-Baptiste Noailhat
Relations libraires et réseaux sociaux : Laura Darmon
et Damien Nassar
Presse et communication : Isabelle Mazzaschi avec Axelle Vergeade
Les Arènes du savoir : Pierre Bottura avec Marc Blactot,
Laura Darmon, Adèle Hybre, Guillaume Lollier et Clémentine Malgras

Rue Jacob Diffusion : Élise Lacaze (direction),
Katia Berry (grand Sud-Est), François-Marie Bironneau (Nord et Est),
Charlotte Jeunesse (Paris et région parisienne),
Christelle Guilleminot (grand Sud-Ouest), Laure Sagot
(grand Ouest), Diane Maretheu (coordination), Charlotte Knibiehly
(ventes directes) et Camille Saunier (librairies spécialisées)

Distribution : Interforum

Droits France et juridique : Bertille Comar,
Geoffroy Fauchier-Magnan et Anne-Laure Stérin
Droits étrangers : Sophie Langlais
Accueil et librairie : Laurence Zarra et Lucie Martino
Envois aux journalistes et libraires : Vidal Ruiz Martinez
Comptabilité et droits d’auteur : Christelle Lemonnier,
Camille Breynaert et Christine Blaise
Services généraux : Isadora Monteiro Dos Reis

IMPRIM'VERT®

PEFC
10-31-2541
Certifié PEFC
Ce produit est issu de forêts gérées durablement et de sources contrôlées
www.pefc-france.org

L'ensemble de cet ouvrage a été réalisé dans le respect des règles environnementales en vigueur. Il a été imprimé par un imprimeur certifié Imprim'vert, sur du Lac 2000 PEFC pour l'intérieur et une carte Metsäboard PEFC pour la couverture.

Achevé d'imprimer sur les presses de l'imprimerie
Normandie Roto Impression s.a.s.
à Lonrai (Orne) en juillet 2022.

ISBN : 979-10-375-0695-5
N° d'impression : 2202794
Dépôt légal : Septembre 2022